분단 70년의 국제관계

분단 70년의 국제관계

초판 1쇄 발행   2016년 6월 30일

엮은이 ㅣ 경남대학교 극동문제연구소
펴낸이 ㅣ 윤 관 백
펴낸곳 ㅣ 도서출판 선인

등   록 ㅣ 제5-77호(1998.11.4)
주   소 ㅣ 서울시 마포구 마포대로 4다길 4 곳마루 B/D 1층
전   화 ㅣ 02)718-6252/6257
팩   스 ㅣ 02)718-6253
E-mail ㅣ sunin72@chol.com

정가 18,000원

ISBN   978-89-5933-986-0 94300
ISBN   978-89-5933-984-6   (세트)

· 잘못된 책은 바꿔 드립니다.

경남대학교 극동문제연구소 분단70년 특별기획시리즈 ②

분단 70년의 국제관계

경남대학교 극동문제연구소 편

도서출판 선인

⊱ 서문 ⊰

　　분단 70년의 세월이 지나갔다. 70년이라는 오랜 세월이 흐르는 동안 남북한은 서로 다르게 변화했으며, 분단질서는 아직 지속되고 있다. 이러한 현실 속에서 통일당위론을 내세우고 정형화된 해법을 제시하는 것만으로는 분단의 제약을 극복하고 통일을 달성하기가 어렵다. 따라서 이 책의 필진들은 기존 통일연구 및 남북관계의 접근법과 문제의식에 대한 반성과 성찰을 토대로, 분단과 통일의 논의에 대한 새롭고 창의적인 접근법을 모색하였다.

　　이러한 문제의식에 기초해 필진들은 우선 분단에 따른 남북한의 변화를 다양한 층위와 수준에서 체계적으로 정리했다. 일련의 세미나와 기획회의를 통해 분단 70년의 한반도를 입체적으로 조망하는 것과 더불어 기존에 논의하지 않았던 접근법은 무엇인가에 대해서도 심층적으로 토의했다. 한반도 분단의 주요 당사자가 남북한이라는 점에서 남북관계의 주요 쟁점사항을 분석함과 동시에 한반도 분단을 둘러싼 국제관계라는 시각에서 고찰했으며, 사회·문화연구를 통해서 남북한의 이질적 문화와 정서가 주는 함의에 대해서도 연구를 진행했다.

　　본 연구서 시리즈는 분단 및 통일 관련 주요 이슈를 '남북관계', '국제관계', '남북한 사회·문화'로 분류했으며, 총 3권의 17편의 논문으로 구성되어 있다. 이 책에서 다루고자 하는 내용을 개괄하면 다음과 같다.

제2권 국제관계 편에서는 미국과 중국 등 주변 강대국의 관계에 따라서 형성된 한반도 분단구조를 고찰하였으며, 향후 동북아질서의 변화가 한반도에 어떠한 영향을 미치는가에 대해서 전망한다. 이혜정은 한반도 분단의 보편성과 특수성을 포착하기 위하여 이론적, 역사적 틀의 건설을 시도하였다. 최근 분단에 대한 다양한 학제적 접근이 이루어지고는 있지만, 분단 자체에 대한 이론적, 역사적 검토는 시기적으로도 그 내용면에서도 부족하다는 점을 지적한다. 한반도 분단을 설명하는 틀로서 정치－경제－안보의 삼중구조와 미국패권의 기본 논리를 제시하고, 이 틀을 통해서 한반도 분단의 역사적 진화에 대해서 분석한다.

김흥규는 미중관계의 변화에 따른 한국의 외교정책을 제언한다. 우선 시진핑 시기 이전의 미중관계와 중국의 대한반도정책을 살펴보며, 미국의 오바마 행정부와 중국 시진핑 집권 이후 변화하는 미중관계를 분석한다. 이러한 미중관계의 변화 속에서 한국의 외교정책 방향으로 연미협중의 전략 추진, 한미중 간의 조화로운 관계 설정, 미중과 한반도 통일 비전 공유 노력을 제시한다.

김양희는 한국의 FTA 네트워크를 활용한 개성공단 국제화 가능성을 모색한다. 개성공단 국제화의 한 유형으로서 개성공단의 제품을 남측의 FTA 네트워크를 활용하여 수출하는 것에 주목하며 14건의 FTA, 그 중에도 특히 한중 FTA와 개성공단의 접점에 주목한다. FTA 조항에 대한 분석을 통해서, 이 조항들이 개성공단 활성화에 기여할 것인지 분석하였으며, FTA정책과 개성공단의 연계가 지니는 정치경제학적 의미를 강조한다. 나아가 FTA를 통해서 개성공단의 국제화 기반을 마련하기 위한 향후 과제를 제시한다.

임수호는 북핵문제에 대한 접근법이 '비핵화'에서 '외교적 관리'로 바뀌어야 한다고 주장한다. 국제 비핵화 사례, 북한의 핵정책, 그리고 중국의 대북정책을 검토함으로써 '예측 가능한 미래'에 북한을 비핵화 시키는 것이 왜 붉가능한가를 설명한다. 그리고 북핵문제를 둘러싸고 전개되고 있는 미국과 중국의 전략게임과 이에 대한 북한의 대응을 검토하고, 북핵회담 재개 가능성을 전망한다.

이수훈은 북핵문제를 기존의 주장과는 다른 새로운 관점에서 다루고 있다. 21세기 들어서면서 변화하는 동북아지역질서가 야기하는 불확실성 혹은 유동성과 북핵 프로그램 사이의 연관성을 분석한다. 이러한 문제의식 속에서 다음과 같은 두 가지 주장을 펼친다. 첫째, 제2차 북핵위기를 다루기 위해 만들어진 '6자회담'은 동북아 지정학 동요의 명징한 반영이라는 것이다. 둘째, 북한은 동요하는 동북아 안보환경을 나름대로 타개해나가는 전략적 카드로 북핵프로그램을 사용해왔다는 것이다. 따라서 북핵문제는 동북아에 새로운 지역질서가 정착될 때 비로소 해결의 실마리를 찾을 수 있을 것으로 본다.

구갑우는 탈식민·탈패권·탈분단의 시각에서, 민주화와 탈냉전시대에 등장한 한반도 평화체제라는 의제의 역사와 쟁점을 검토한다. 탈식민·탈패권·탈분단은 세계사적 맥락과 동시에 한반도적 맥락에서 국제관계의 진보를 지향하는 담론으로 규정한다. 힘의 균형 또는 힘의 우위에 기초한 평화가 아니라 협정을 포함한 다양한 제도의 건설을 통해 한반도 평화체제 구축을 하는 것이, 지속가능한 평화와 통일을 추구하는 다양한 정치세력에게는 필요한 정책 대안일 수 있다는 점을 지적한다.

분단 70년이 지난 오늘날에도 북한의 제4차 핵실험, 개성공단 폐쇄, 유엔의 대북제재, 사드(고고도미사일방어) 배치 등 남북관계문제가 산적해있다. 이러한 복잡다단하고 지난한 문제를 해결하기 위해서는 우리 국민들의 지혜와 슬기로움이 어느 때보다 절실하다. 아무쪼록 본 연구가 한반도의 분단과 통일에 대해서 고민하는 사람들에게 새로운 접근법과 해법을 생각할 수 있는 단초가 되기를 바란다. 아울러 이 책이 남북 간의 긴장을 완화하고 한반도 평화를 공고히 하는데 미력하나마 도움이 되었으면 한다.

이 책이 나오기까지 물심양면으로 격려와 지원을 아끼지 않은 박재규 총장께 감사드린다. 세 권의 책으로 출간될 수 있도록 각각의 원고를 책임지고 제출해준 필자들에게 감사의 마음을 전하고 싶다. 아울러 기획과 편집의 수고를 아끼지 않은 김근식 교수와 박재호 연구원을 비롯한 연구진의 노고에 감사드린다. 마지막으로 책을 출간하는데 각별히 애써주신 도서출판 선인의 윤관백 사장님과 관계자분들께도 고마운 마음을 전한다.

2016. 6.

경남대학교 극동문제연구소 소장

윤 대 규

차례

미국패권과 한반도 분단

이 혜 정

중앙대학교 정치국제학과 교수

미국패권과 한반도 분단

I. 서론

일본이 태평양전쟁에서 패배한지 70년이 지났다. 1945년 미국과 소련이 일본군의 무장해제를 위해 분할 점령했던 한반도는 여전히 남과 북으로 분단되어 있다. 남북한(의 국가권력)은 한반도 전역을 영토로 규정하고, 각기 자신이 한민족의 역사적 정통성을 계승하고 있다고 주장한다. 남북한은 유엔에 동시 가입한 주권국가이지만, 남북 기본합의서에 따르면, 남북관계는 "나라와 나라 사이의 관계가 아닌 통일을 지향하는 과정에서 잠정적으로 형성되는 특수관계"이다.

개별국가의 영토적 지배가 강대국 권력정치에 의해서 줄곧 훼손되어왔다는 점에서 주권이 "조직적 위선"이라면,[1] 한반도란 공간의 분단

---

[1] Stephen Krasner, *Sovereignty: Organized Hypocrisy* (Princeton: Princeton University Press, 1999).

을 민족의 분단으로 그리고 남북한을 분단국가로 규정하는 것은 한국 민족주의의 '조직적 위선'이다. 남북한은 1948년에 수립되었고, 1910년 부터 1945년까지 한반도는 일제가 지배하였다. 한반도 전역을 남북이 실효적으로 지배한 적은 단 한 번도 없었다는 점에서 남북한의 영토규 정은 '상상'의 기획이다. 한반도에 오랜 시간 한민족의 정치공동체가 수립되어온 것은 역사적 사실이지만, 조선왕조 혹은 대한제국이 자유 민주주의도 아니었고 '주체의 사회주의'를 실현하는 인민민주주의도 아니었던 점을 고려하면, 남북한의 역사적 민족 정통성 주장도 '상상' 의 기획이다.

그러나 한반도에 단일한 국가를 수립하겠다는 남북한의 기획은 결 코 허구가 아니었다. 김일성의 국토완정론은 민족상잔의 비극을 초래 하였고, 이승만의 북진통일론은 그 비극을 외세가 휴전으로 끝내는 데 반대하였다. 한반도를 분단한 것도, 남북한의 내전에 의한 무력통일을 가로막은 것도 외세였다. 한반도를 분할 점령한 외세는 미국과 소련이 었고, 한국전쟁에서 직접적으로 충돌한 외세는 미국과 중국이었다. 이 후 한반도의 분단은 남북과 미, 소, 중, 재건된 일본까지 외세가 벌이 는 경쟁과 협력의 변주였다.

홍석률은 그 특징을 히스테리로 규정한다. 한반도의 분단은 "전쟁도 평화도 아닌 휴전상태가 장기 지속되고, 남북이 통일이 되는 것도 완 전히 갈라선 것도 아니며, 한반도 분단문제가 완전히 국제화되거나 내 재화되는 것도 아닌, 어정쩡하고 변덕스러운 상태"이며, 그에 따라 "한 반도 내외에 크고 작은 변동과 사건이 발생할 때마다 관련 주체들이 히스테리한 반응을 보이며 주기적으로 심각한 군사적, 외교적 긴장과 갈등, 위기가 반복되는 상태"라는 것이다.[2] 백낙청의 경우에는 분단이 반복하는 '히스테리'보다 남북의 대결에 따른 민중의 고난에 주목한다.

세계체제와 남북한 개별체제를 매개하는, 남북의 기득권세력이 민중을 억압하는 "무언가 본질적으로 다른 두 개의 분단사회를 망라하는 특이한 복합체"로 "한반도 분단체제"가 작동하고 있다는 것이다.[3]

한반도의 분단은 얼마나 특수하며, 어떻게 진화해왔는가? 이 글은 한반도 분단의 보편성과 특수성을 포착해낼 수 있는 이론적, 역사적 틀을 건설하려는 시론적인 시도이다. 분단의 역사는 70년이나 되었지만, 그 실체는 '미스터리'에 가깝다. 최근 분단에 대한 다양한 학제적 접근이 이루어지고는 있지만, 분단 자체에 대한 이론적, 역사적 검토는 시기적으로도 그 내용면에서도 일천하다.[4] 그 이유는 크게 두 가지, '객관적인' 분단 연구를 제약하는 현실의 압력과 분단의 복합적 실체를 포착할 수 있는 학제적 접근의 난점으로 볼 수 있다. 이 글은 '미스터리'로서 분단에 대한 문제제기에서 출발해서, 한반도 분단을 포착하는 틀로서 정치-경제-안보의 삼중구조와 미국패권의 기본 논리를 제시하고, 이 틀에서 한반도 분단의 역사적 진화에 대한 기술을 시도해본다.

2) 홍석률, 『분단의 히스테리』 (파주: 창작과비평사, 2012), pp.386~387.
3) 백낙청, 『분단체제 변혁의 공부길』 (서울: 창작과비평사, 1994), p.17; 『흔들리는 분단체계』 (서울: 창작과비평사, 1998); 『2013년 체제 만들기』 (서울: 창작과비평사, 2012).
4) 조우현·조영주, "분단연구의 동향과 과제," 『북한학연구』 제10권 제2호, (2014), pp.35~63; 전재성, "분단 70년의 국제환경, 대내구조, 남북 관계의 조명," 『통일정책연구』 제24권 제1호, (2015), pp.1~27; 고유환, "분단 70년 북한연구 경향에 관한 고찰," 『통일정책연구』 제24권 제1호, (2015), pp.29~54; 전현준, "분단 70년 통일 분야 연구: 동향과 과제," 『통일정책연구』 제24권 제1호, (2015), pp.55~88.

II. 분단의 미스터리

분단이 '미스터리'로 남아 있는 첫째 이유는 분단 연구가 대단히 현실적, 실천적이기 때문이다. 북진통일의 시대에 평화통일을 논하는 것은 목숨을 거는 일이었다. 북한의 위협을 내세워 의회민주주의를 폐기하고 통일주체국민회의를 운영하면서 머리와 치마 길이까지 단속하던 유신시대에 한국의 민주주의나 남북한 통일정책에 대한 자유로운 연구는 개인에게 허용되지 않았다. 미국 역시 정치적 금기였다. 주한미군지위협정은 1966년에서야 처음으로 조인되었다. 미국에 대한 정치적 '봉인'이 풀린 것은 1980년 광주의 학살에서 미국의 책임에 대한 격렬한 항의를 거친 이후, 1987년 민주화 이후였다. 분단 연구에 대한 직접적인 정치적 제약이 풀린 이후에도, (물론 북한은 여전히 반국가단체이지만) 분단의 기원이나 진화와 관련해서 친일이나 반공, 용공, '종북' 논란은 사라지지 않았다. 분단의 관리나 극복과 관련해서도 햇볕정책에서부터 이라크파병, 한미동맹 전환, 북한인권법에 이르기까지 한국의 대북, 대미정책은 첨예한 남남갈등의 대상이다.

최근 박근혜 정부의 역사 교과서 국정화 시도에서 보이듯이, 국사 서술은 결국 권력의 문제다. 한국사의 '분단 시대'에 분단 연구는 정파적 사상과 기억 투쟁에서 자유로울 수 없다. 대다수의 분단 관련 연구는 정권의 통일정책을 홍보 또는 비판하거나, 한미동맹의 안보 논리를 추종, 강화하거나 이에 맞서 시민사회의 통일, 평화운동의 논리를 건설하는 것과 같은, 실천적 목적에 충실히 그리고 기꺼이 복무하고 있다. 카(E. H. Carr)의 분류에 따르자면, 분단 연구는 현실의 분석보다 분단의 관리나 극복의 구체적인 목적에 복무하는 이상주의의 단계에 머물러 있고, '분단 시대'가 지속되는 한 이러한 성격은 크게 변하지 않

을 것이다.[5]

학술적으로 보면, 분단 연구의 화두는 분단의 보편성과 특수성을 포착해내는 것이다. 분단의 총체적 실체는 남북한과 미국, 소련, 중국과 일본의 국제정치는 물론 각국의, 적어도 남북한의 '한반도 징치'의 시민사회와 개인의 일상사의 차원에서 정치경제적 제도와 의식, 정체성의 문제까지 포괄한다.[6] 이와 같은 분단의 전체상과 그 특수성은 개별 학제가 분단의 각 측면을 충실히 검토해내고 그것들이 다학제적 접근으로 종합되어 세계사적 표준과 비교될 때만 가늠이 가능한 것이다. 이 두 가지 조건 모두 미비하다.

학제 간 단절은 어느 국가나 어느 주제에나 해당되는 보편적 문제라고 볼 수 있지만, 그 폐해는 분단 연구에서 특히 심각하다. 예를 들면, 한반도 분단과 해방정국과 관련된 '해방의 국제정치'를 이해하기 위해서는, 일제의 식민지 지배와 독립운동, 식민지 조선의 정치경제적 상황, 소련과 중국의 혁명과 내전, 미국과 소련 및 일본의 전쟁수행과 종전 협상 등에 대한 총체적 이해가 필요하다. 그러나 1945년을 분기점으로 역사학, 사회학, 정치학, 국제정치학 등에서 각각의 주제는 모두 분절적으로 다루어지고 있다. 또한, 한국전쟁의 기원에서부터 정전협정, '북핵문제'에 이르기까지, 한반도의 군사적, 냉전적 분단을 규명하는 작업은 북한의 수사나 미국의 정책적 선언, 이승만과 박정희부터 박근혜 정부에 이르기까지 한국의 대미외교 어느 하나에만 치중해서는 불가능하다. 그럼에도 북한학은 북한의 특수성을 강조하고, 한미관

5) E. H. Carr, *The Twenty Years' Crisis, 1919-1939: An Introduction to the Study of International Relations* (London: Macmillan, 1939, 1964).

6) 서보혁, "분단체제와 북한인권: 북한인권 논의의 재설정," 『통일인문학』 제61집, (2015), pp.474~475; 정영철 외, 『한반도 정치론: 이론, 역사, 전망』 (서울: 선인, 2014).

계의 외교사 연구들은 이승만이나 박정희의 개인적 (혹은 '영웅적') 업적이나 한미동맹의 특수성을 강조하는 한편, 국제정치학의 외교정책 연구는 그러한 특성들을 무시하는 경향을 보인다.[7]

개별 학제가 분단의 특수성을 포착할 수 있는 이론을 갖고 있는지도 의문이다. 거칠게 일반화하면, 한국의 역사학, (역사)사회학, 그리고 국제정치학의 기반은 여전히 서구의 민족/국민국가 모델인데, 이 틀에서는 식민지 조선에서 남북의 분단에 이르는 한반도의 식민, 냉전, 탈냉전기 사회변동과 국가건설이 충분히 규명되지 않는다. 해방 70년 남북의 정권이 민중의 이익에 바탕을 둔 진정한 국민국가의 수립에 실패했다는 민족주의 사관이나, 친일의 혐의를 원천적으로 봉쇄하는 1948년 대한민국 건국의 뉴라이트 사관은 모두 '애국애족'의 민족/국민국가 모델의 변형으로, 반식민/반제국 투쟁이 냉전과 결합된 한반도 분단의 총체적 실체를 포착하는데 한계가 있다.[8]

미국은 1945년부터 현재까지 한반도 분단의 주역이고, 한미관계는 그 핵심적 부분으로 집중적으로 연구되었다. 그러나 한미관계의 보편성과 특수성에 대한 조명은 미흡하다. 미국의 대한정책이 세계전략의 부속물이라는 것은 일종의 '공리'이다. 하지만 미국에게 한국은 항상 동양의 폴란드나 그리스처럼 미국의 세계전략 상 주요한 다른 지역 (someplace else)으로 표상되었다는 사실에 대한 인식이나 그 다른 지역들과 한국과의 비교는 제대로 이루어지지 않았다.[9] 그 이유는 아마

---

7) 이러한 한계를 극복해보려는 예외적인 시도에서도 학제적 차이는 분명하다. 서울대 국제문제연구소 편, 『남북한 관계와 국제정치 이론』 (서울: 서울대학교, 2012).

8) 김성보, "미완의 해방기획: 한반도에 국민주권국가는 진정 존재하는가," 『내일을 여는 역사』 제59집, (2015), pp.41~52; 김일영, 『건국과 부국: 이승만, 박정희 시대의 재조명』 (서울: 기파랑, 2010).

9) James I. Matray, "Someplace Else: The Tragedy of Korean-American Relations," *Diplomatic*

도 한국의 건국에서부터 미국이 지니는 압도적 영향력이 사학계와 국제정치학의 학제적 편향과 맞물리면서, 한국에서 미국 연구의 주류를 한미 외교사나 양국의 (대표적으로 국제정치학계의 한미동맹 연구처럼) 정책공조 연구로 제한하는 역설을 연출했기 때문일 것이다.[10]

국가-제국-패권건설의 역사적 팽창을 거듭해오면서,[11] 미국은 건국 초기의 원주민 지도자들에서부터 아프간의 카르자이에 이르기까지 수많은 이승만과 박정희와 개입과 협력, 배반의 게임을 수행해왔다. 특히 냉전시대에 지역적 갈등, 내전을 배경으로 미국(과 소련)으로부터 원조를 '뜯어내려는' 이승만과 박정희는 전 지구적으로 넘쳐났다. 최근의 냉전의 지구사적 시각에서 보면, 홍석률이 지적하는 것처럼, "한국 현대사가 보여주는 냉전의 양상들은 냉전의 예외적 현상이라기보다는 오히려 '예외적으로' 냉전의 규칙과 본질, 냉전 시기 지역들 사이에 맺어지는 위계적 관계를 노골적으로 보여주는 사례라 할 수 있다."[12]

한국의 국제정치학은 '한국적 국제정치학'의 정립을 추구하지만, 주권국가의 존재를 전제로 하는 미국 국제정치학의 주류 모델을 직수입하면서, 분단 자체의 보편성과 특수성에 대한 이론화에 나서지 않고 있다.[13] 호프만(Stanley Hoffman)은 미국의 국제정치학이 정의보다는

History, Vol. 28, (2004), pp.159~164.

[10] Jooyoung Lee, "Underdevelopment of American Studies in South Korea: Power and Ignorance," Journal of American-East Asian Relations, Vol. 18, (2011), pp.274~294.

[11] James Kurth, "America's Grand Strategy: A Pattern of History," The National Interest, Vol. 43, (1996), pp.3~19.

[12] 홍석률, "냉전의 예외와 규칙-냉전사를 통해 본 한국 현대사," 『역사비평』 제110집, (2015), p.131.

[13] 이철순, "'한국적 (국제)정치학' 정립을 위한 담론 비평," 『21세기 정치학회보』 제22집 제3호, (2012), pp.93~131; 유진석, 박건영, "국제정치 연구의 한국적 현실과 대안

질서, 역사보다는 이론, 그리고 미국패권의 정책적 현안 해결에 집중하면서 '미국의 사회과학'이 되었다는 지식사회학적 비판을 제기하였다.[14] 이러한 비판을 적용하면 (민주화 이후 대학에 대한 정부와 자본의 통제와 지식사회 전반의 미국화가 비단 국제정치학만의 문제는 아니지만) 한국 국제정치학의 이론과 정책연구 차원에서의 미국화는 심각한 문제이다. 미국은 그나마 워싱턴의 정책연구가 일반 대학의 학술연구와 구분되고 학계의 규모와 연구의 축적이 상당하지만, 한국의 경우 청와대와 교육부의 통제와 영향력에서 벗어난 독자적, 비판적 연구의 축적은 대단히 미약하기 때문이다. 그 대표적인 병폐는 미국의 북한에 대한 오리엔탈리즘을 직수입하는 '북핵 문제' 연구이다.[15]

한반도의 분단은 '한국적 국제정치학'의 핵심적 과제이다. 비록 인문학적 상상력과 변혁운동의 논리를 내세워 사회과학에게 그 이론적 체계화의 책임을 전가하고는 있지만, 백낙청이 제시해온 한반도 분단체제론은 분단에 관한 주요한 이론적 시도임은 분명하다. 한국의 국제정치학이 한반도 분단체제론과의 대화나 비판에 적극적으로 나서지 않고 있는 것은 학제적 책임의 방기일 지도 모른다. 예외적으로 전재성이 동아시아 국제정치에서 근대 이행과정의 복합성과 위계성에 주목하며 남북한 관계에서 주권과 통일게임의 복합 내지는 교착을 지적하고는 있지만, 이러한 노력은 아직 분단구조 전반의 기원과 동학에 대한 체계적인 규명으로는 발전되지 못한 상태이다.[16]

을 위한 방향 모색," 『아태연구』 제15집 제1호, (2008), pp.57~71.

14) Stanley Hoffman, "An American Social Science: International Relations," *Daedalus*, Vol. 106, No. 3, (1977), pp.41~60.

15) 김근식, "2013 한반도 위기: 북한 시선으로 해석하기," 『평화학연구』 제15권 제3호, (2014), pp.5~22; 구갑우, "북한 연구의 국제정치: 오리엔탈리즘 비판," 『현대북한연구』 제5권 제1호, (2002).

박순성은 백낙청의 한반도 분단체제론에 대한 가장 성실한 독자이자 비판적 지지자일 것이다.[17] 그가 '막연한 불편함'이라는 우회적 표현으로 제기하는 분단체제론에 대한 비판은 사실 한국 학계 전반의 한반도 분단 연구가 지니는 문제점에 대한 지적이다: "모호한 방식으로 표현하자면, 분단체제론의 노력에도 불구하고, '분단현실에 대한 사회과학'과 '분단의 역사' 사이의, '분단현실의 분석'과 '분단의 의미' 사이의, '분단현실의 모순이 요청하는 탈분단체제라는 미래-지향'과 '민족공동체의 분단이라는 역사가 요청하는 민족통일이라는 당위' 사이의 간격이 여전히 좁혀지지 않고 있다는 '막연하지만 불편한' 느낌이라고 할 수 있겠다."[18]

한반도 분단체제론은 세계체제와 남북체제 사이의 매개변수로서 한반도 분단체제를 자리매김하면서도 한반도 내부의 변혁운동에 주목한 나머지, 세계체제와 한반도 분단체제 사이의 정치경제적 연계와 그로 인한 한반도 분단의 변형과 진화를 충분히 포착해내지 못했다는 것이 필자의 판단이다. 구체적으로 미국 변수에 대한 체계적 설명의 부재가 한반도 분단체제론의 결정적 한계라 할 수 있다. 미국패권은 세계체제와 한반도 분단의 연계를 규정하는 핵심적 변수이다. 한반도 분단체제론이 강조하는 남북권력의 "적대적 의존"은 쌍무적 관계라기보다는 사실 미국을 매개로 하는 남북미의 "삼인사각 경주"이다. 이는 '미제와의

---

16) 전재성, "국제정치의 복합조직원리론으로 분석하는 남북 관계," 서울대 국제문제연구소 편, 『남북한 관계와 국제정치 이론』(서울: 서울대학교, 2012), pp.13~45.

17) 그는 한반도 분단체제론이 처음 제기되었을 때부터 최근까지 꾸준히 이에 대한 천착을 계속해오고 있다. 박순성, "분단체제와 변혁운동: '분단체제론'의 비판적 이해를 위하여,"『동향과 전망』제24호, (1994); 박순성, "한반도 분단체제와 한국의 민주주의: 억압정치에서 동맹정치로,"『북한학연구』제10권 제2호, (2014), pp.5~34.

18) 박순성, "한반도 분단현실에 대한 두 개의 접근: 분단체제론과 분단/탈분단의 행위자-네트워크 이론,"『경제와 사회』제94호, (2012), 각주 19, p.30.

투쟁'이 정권의 위협 요인인 동시에 존립 근거인 북한의 시각에서 보면, 더욱 그러하다. 남북의 상대적인 경제적 능력의 변화는 한반도 분단의 역사적 진화를 결정한 주요한 요인이며, 이 역시 남북미 "삼인사각 경주"의 산물이다.[19]

III. 해석의 틀

한반도 분단체제 혹은 구조의 핵심은, 앞서 한국 민족주의의 '조직적 위서'이라 언급했던, 한반도 전역에서 자신의 체제에 따른 단일한 민족/국민국가를 건설하려는 남북의 국가건설 경쟁이다. 한반도는 대륙세력과 해양세력의 교량이었고, 19세기 중반 이후 일본제국주의의 부상에 의한 동아시아 지역질서 변화의 진원지였다. 청일전쟁과 러일전쟁이 모두 한반도에서 벌어졌고, 일제 지배하의 한반도는 일제의 만주와 중국 본토로의 북방진출의 교두보였다. '해방' 이후 남북한 국가권력의 탄생과 체제 경쟁은 한반도의 지역적, 세계적 차원에서의 지정학적, 지경학적 좌표를 배경으로 하는 것이다. 남북의 국가건설 경쟁으로서 한반도 분단은 결코 한반도의 물리적, 국지적 공간에 국한되지 않았다.

---

[19] "삼인사각 경주"는 정일준의 표현이다. 정일준, "남북한의 대미정책과 미국,"『황해문화』제32권, (2001), p.79. "적대적 의존"에 대해서는 박명림, "분단질서의 구조와 변화: 적대와 의존의 대쌍관계 동학: 1945-1995,"『국가전략』제3권 제1호, (1997); 이종석, "대통령선거와 북한−남북한 적대적 의존관계와 변화가능성,"『역사비평』제60권, (2002), pp.101~113; 손호철·방인혁, "'적대적 상호 의존론' 비판: 1972년 남한 유신헌법과 북한 사회주의헌법 제정을 중심으로,"『한국과 국제정치』제28권 제2호, (2012), pp.1~28.

이와 같은 한반도 분단의 보편성과 특수성을 가늠하고 그 역사적 진화를 추적하는 해석의 틀(heuristic device)로서 이 글은 두 가지를 제시한다. 하나는 정치－경제－안보의 삼중 틀이고, 다른 하나는 미국패권이다. 전자의 요소는 첫째, 지배를 정당화 하는 이념과 제도, 특정한 행위주체를 정치적 주체로 설정/배제하는 정체성을 포함하는 넓은 의미의 정치, 둘째, 부(富)가 생산되고 유통되는 과정의 요소들과 그 기제로서 경제, 그리고 셋째, 폭력의 운용에 관련되는 전쟁과 평화의 질서로서 안보다. 이 세 가지 요소는, 아주 넓은 의미에서 보자면, 인류사의 모든 사회의 기본적 영역이자, 권력의 요소이며, 동시에 권력의 유지를 위한 필수적 과제이다.[20]

정치－경제－안보의 삼중 틀은 다양한 용도로 쓰일 수 있다. 정치적 이념과 경제적, 안보적 이익의 조화는 모든 국가가 안고 있는 (국가 건설과 보존의) 보편적 과제이다. 구체적으로 그 조화나 갈등의 양상에 주목하면, 이 삼중 틀은 개별 국가의 외교정책 결정과정을 검토하는 하나의 모델이 된다. 국제적 환경의 구성 요소로서도 이 삼중 틀은 작동한다. 정치－경제－안보의 영역이나 권력의 위계적 구조화란 측면에서 보면, 패권 국가는 세계경제체제와 국제체제에서 가장 강력한 영향력을 지니는 동시에 그러한 자신의 지배적 지위를 정당화하는 이념과 제도를 국제적, 초국적 차원에서 투사, 조직할 수 있는 정치적 능력

---

[20] 정치－경제－안보의 삼중 틀은 만(Michael Mann)의 권력의 분류(IEMP Model: Ideological, Economic, Military, Political Model)로 보자면, 정치와 이념을 하나로 놓고, 경제와 군사력을 독립시킨 것이고, 카(E.H. Carr)의 권력 분류에 따르면, 생각을 통제하는 힘과 경제력, 군사력의 구분과 일치하는 것이다. Michael Mann, *The Sources of Social Power Vol. 2: The Rise of Classes and Nation-States, 1760-1914*, Vol. II (New York: Cambridge University Press, 1993), Carr, *The Twenty Years' Crisis*. 또한 이 삼중 틀은 대전략 논의의 기본 구도이기도 하다. 이혜정, "자제 대 패권: 탈냉전기 미국 대전략의 이해," 『한국정치연구』 제24집 제3호, (2015), pp.171~197.

을 지닌 존재이다.[21]

지구적 차원에서 패권은 산업자본주의 시대에 산업화의 선두주자이자 지구적인 제해권을 지닌 영국에 의해서 처음 건설되었다. 영국에서 미국으로의 패권 전이는 19세기 후반부터 진행되어 양차 대전을 거치면서 확실해졌는데, 그 결정적 계기는 대공황이었다. 대공황 이후 세계자본주의체제의 재건이 미국패권의 핵심적, 경제적 과제였다. 유럽에서 2차대전이 발발하면서, 미국의 패권주의자들은 미국체제가 생존할 수 있는 공간을 지구 전체의 "대영역(The Grand Area)"으로 규정하고, 이의 재건을 미국의 2차대전 개입의 궁극적 목적으로 설정했다. 안보질서의 측면에서 보면, 미국은 유럽의 내전으로서 양차대전이 제국적 질서의 와해와 동시에 소련의 부상을 가져왔기 때문에, 이 양자의 도전에 동시에 대응해야 하는 과제를 안고 있었다. 정당성의 이념과 제도의 측면에서 보면, 영국패권이 서구의 자유주의와 인종주의, 식민주의 등을 내용으로 한 데 반해서, 미국패권은 뉴딜의 수정자본주의와 브레튼우즈체제, 신탁통치를 통한 식민주의의 점진적 해체, 전후 강대국의 지속적인 협력과 유엔 등을 2차대전 중에 전후 질서의 원칙으로 제시했었다.[22]

정치-경제-안보의 삼중 틀은 일제 지배 아래 한반도의 위상에서부터 남북한 개별체제, 남북의 국가건설 경쟁으로서 한반도 분단, 그리고 2차대전 이후 제3세계의 독립과 국가건설 노력 및 미국패권의 운

---

21) 이와 같은 패권의 정의는 현실주의적 패권개념과 그람시적 패권개념의 종합이다. Robert Gilpin, *War and Change in World Politics* (New York: Cambridge University Press, 1981); Robert Cox, *Production, Power, and World Order: Social Forces in the Making of History* (New York: Columbia University Press, 1987).

22) Heajeong Lee, *The Making of American Hegemony from the Great Depression to the Korean War* (Seoul: Seoul National University Press, 2000).

용 등에 이르기까지 다양한 대상을 보편적 관점에서 종합적으로 조명할 수 있게 해준다. 미국패권은 한반도 분단 70년 전 시기를 포괄하는 역사적 지평을 제공할 뿐 아니라, 한반도 분단을 지역적, 세계적 차원과의 연관에서 검토할 수 있게 해준다.

1945년 일제 패망 직전의 한반도는 대동아 전쟁을 수행하는 일본제국의 식민지였다. 한반도에서 한민족의 정치적 지위는 일제의 '황국신민'이었다. 한반도의 지경학적 좌표는 기존의 일본본토와 만주지역과의 경제적 통합에 더하여 동남아까지 확장된 대동아 공영권의 일부였으며, 그 지정학적 좌표 혹은 안보질서는 대동아 전쟁이었다. '황민'을 새로운 국가의 국민으로 만드는 작업이 한국 민족주의의 (이후 남북의) 역사적 과제였다.

정치적 영역을 중심으로 보면, 남북의 국가건설 경쟁은 1) 민족적 정통성과 2) 한반도 전역의 영토주권 주장, 3) 이질적 사회체제 건설, 그리고 4) 국제적 주권인정 경쟁의 네 가지 차원 혹은 층위에서 진행되었다. 민족적 정체성의 공유는 역사적 공통체로서 원초적·역사적 민족(주의)의 작용이고, 민족적 정통성의 경쟁은 '상상의 공동체'를 건설하는 근대의 정치적 기획으로서 민족주의의 작동이다. 민족주의의 두 가지 측면이 동시에 나타나고 있는 것이다.[23] 한국 민족주의의 특수성과 보편성의 또 다른 준거는 탈식민 국가 건설의 문제이다. 민족주의 정통성은 (남이 주장하는 임시정부의 법통과 북의 항일 '보천보 전투' 투쟁에서처럼) 과거의 역사에 대한 해석이나 통제의 문제이기도 하고, 현재의 탈-식민 국가건설의 이념적 정당화의 과제이기도 하다.[24]

[23] Benedict Anderson, *Imagined Communities: Reflections on the Origins and Spread of Nationalism* (London: Verso, 1991).

[24] 정영철, "시선과 경쟁: 남북관계, 시선의 정치학," 정영철 외, 『한반도 정치론』, pp. 29~60;

일제 지배로부터의 '해방'은 한반도 전역의 민족국가 수립 기획(1과 2)으로 이어졌고, 미국이 소련과의 냉전으로 (신탁통치에 의한) 단일 민족국가 기획을 폐기하고 한국문제를 유엔에 이관하면서 남북의 국민국가 건설(2와 3)과 국제적인 주권인정(3과 4) 경쟁이 시작되었다.

정치적 차원에서 남북의 경쟁은 경제와 군사적 차원과 긴밀히 연관되어 있다. 우선 통일은 남북한 권력이 단일한 민족국가와 국민국가 건설을 기획하게 된 근본적 이유이자 궁극적 목적이고, 남북의 국가건설 경쟁은 대내외적으로 이념적, 경제적, 군사적 자원을 최대한 동원하는 데 달려 있기 때문이다. 통일의 방식은 정치-경제-안보의 각 측면에서, 연방이나 연합과 같은 합의에 의한 정치체제의 통합, 경제적 교류에 의한 경제공동체 건설, 군사적 정복의 세 가지가 존재한다. 군사적 정복을 통한 통일은 경제적 통합과 정치체제, 이념의 통일을 이루는 '첩경'이다. 군사적 통일이나 영토주권은 군사력에 달렸고 사회주의와 자본주의 체제건설은 경제력(성장)에 달린 문제인데, 이들 군사와 경제력의 확보는 다시 남북한이 각자가 속한 냉전의 진영체제에서 얼마나 많은 지원을 확보하느냐에 달린 문제였다. 체제건설의 실제는 남북이 각자의 진영에서 전범이나 모델로서 위상을 확보했었던 것에서 알 수 있듯이 이념적·정치적 문제이기도 했다.

조은희, "남북한 정통성 만들기 역사와 비교," 이화여자대학교 통일학연구원 편, 『남북관계사: 갈등과 화해의 60년』 (서울: 이화여자대학교 출판부, 2009), pp.86~138.

Ⅳ. 한반도 분단의 역사적 진화

1. 전후 70년 정치−경제−안보의 역사적 진화와 한반도

1945년 이후 지구적 차원에서 정치−경제−안보 영역의 역사적 진화는 1970년대를 분수령으로 해서 안보가 결정적 변수였던 전반기와 경제가 결정적 변수가 되는 후반기로 크게 나눠볼 수 있다. 1945년을 기점으로 가장 직접적이고 강력한 변화는 안보 영역에서 발생해서 정치와 경제 영역으로 연계·전이되었다. 즉, 2차대전의 전쟁과 혁명/내전을 거치면서 새로운 국가나 정권이 들어서고 이들 정치권력은 경제 재건, 좀 더 일반적인 차원에서 보자면, 지속가능한 경제성장의 정치경제모델을 수립해야 하는 과제에 직면했던 것이다.[25] 전후의 탈식민화는 일단락되는 한편 서구 자본주의의 고도성장은 멈추고 생산성의 하락 등 사회주의경제의 구조적 문제는 심화되기 시작한 1970년대 이후에는 진영 별, 국가 별로 경제의 성과가 정치와 안보의 운명을 결정했다. 미국패권과 한반도의 분단 역시 이러한 지구적 변화에서 예외는 아니었다.

전후 70년 안보 영역의 변화는 2차대전, 냉전과 탈냉전으로 도식화할 수 있다. 2차대전은 1차대전 이후 유럽의 내전으로서 '30년 전쟁'의

---

[25] 물론 2차대전 자체가 파시즘세력과 그에 반대하는 자본주의와 사회주의 연합(미국, 영국, 소련의 대동맹)의 이념적 대립이자 총력전이었기 때문에, 정치−경제−안보의 엄밀한 구분이 의미가 없다고 볼 수도 있다. 그러나 전쟁의 승패가 정권이나 국가의 존망과 탄생을 결정했고, 미국처럼 전쟁특수로 대공황에서 탈출한 경우에도 전쟁의 종식은 전시동원체제의 해체와 이를 대체할 새로운 정치경제적 모델을 요구했던 점을 고려하면, 안보−정치−경제의 순차적 모델(과제)을 전후 70년 전반기의 지구적·보편적 모델로 보는 것은 크게 무리가 없을 것이다.

일부로, 그 여파는 미소의 양극체제에 머물지 않고 기존 유럽 제국주의 세력 전반의 약화에 따른 지구적 사회변동에까지 미쳤다. 태평양/대동아전쟁 시기 일본제국주의의 부상도 독일의 유럽정복에 따른 유럽제국(프랑스, 네덜란드, 영국 등)의 식민지 지배 약화를 배경으로 한 것이었다. 전후는 냉전과 탈냉전으로 크게 구분할 수 있고, 냉전은 안보질서 혹은 전쟁의 성격을 기준으로 셋으로 구분할 수 있다. 첫째는 미소의 군사적, 지정학적, 이념적 대립으로, 이는 미소 진영 간 대립과 미소의 각 진영 내부에 대한 통제의 이중 봉쇄를 그 기본 논리로 한다. 둘째는 미소가 주도하는 핵 군비경쟁과 핵 억지의 게임이다. 셋째는 제3세계의 탈식민 사회혁명－국가건설에 대한 미소의 경쟁적 개입과 통제, 지원으로서의 제3세계에서의 냉전이다.[26]

냉전의 종언은 이상의 세 가지 차원 모두에 영향을 미쳤다. 첫째, 미국은 기존의 동맹에 대한 통제를 지속하며 동맹네트워크의 확장과 미국체제의 전 지구적 확장을 시도했다. 둘째, 미국이 비확산체제의 지구화 · 항구화를 중심으로 대량살상무기 전반과 기술 등 폭력기제 전반에 대한 통제를 강화하는 가운데 핵 군비 경쟁과 억지, 그리고 핵확산의 게임은 지속되고 있다. 셋째, 제3세계에 대한 미소의 경쟁적 지원과 개입이 사라지면서 인종적 · 종교적 갈등, 자연재해와 빈곤 · 저발전이 무장 갈등과 결합된 복합 위기(complex emergency)와 실패국가의 내전, 그리고 이와 연관된 국지적, 지역적, 지구적 테러가 발생하였다. 실패국가 아프간을 발진기지로 하였던 알카에다의 미국에 대한 9.11 테러와 그에 대한 미국의 대테러전쟁은 탈냉전기 안보질서와 새로운

26) Mary Kaldor, *The Imaginary War: Understanding the East-West Conflict* (London: Basil Backwell, 1990); Odd Arne Westad, *The Global Cold War: Third World Interventions and the Making of Our Times* (New York: Cambridge University Press, 2005).

전쟁의 대표적인 예이다.[27]

　전후 70년 지구적 차원에서 정치 영역의 가장 큰 변화는 기존 제국의 해체에 따른, 그리고 진영체제의 통제와 인권규범의 강화를 동반한, 주권국가체제의 지구적 확산이다. 그 역사적 이정표로는 1945년 유엔의 창설에서 시작해서 1948년의 세계 인권선언, 1955년의 반둥회의, 1960년 유엔의 식민지 독립부여 선언, 1970년대 77그룹의 등장과 제3세계의 신국제경제질서 수립 요구, 1990년대 르완다, 소말리아, 보스니아, 코소보 등에서의 인도적 개입 논란, 그리고 2005년 유엔의 보호책임 규범화, 2006년 유엔 인권이사회의 창설 등을 꼽을 수 있다.[28] 경제적 변화는 세 단계로 나눠볼 수 있다. 첫째는 전후 자본주의의 '황금기(1945~73)'이고, 둘째는 1970년대 달러－금본위제의 폐지와 석유파동, 스태그플레이션 등의 혼란을 거치면서 시작되어 1980년대의 외채위기 및 1990년대 사회주의권의 체제전환을 통해 가속화된 세계자본주의의 금융화와 지구화, 셋째는 이와 같은 1970년대 이후 워싱턴 합의 혹은 신자유주의에 따른 경제적 지구화의 구조적 산물로서 2008년 세계 금융위기와 그 이후의 단계이다.[29]

---

[27] Mary Kaldor, "Nations and Blocs: Toward a Theory of the Political Economy of the Interstate Model in Europe," in *Rethinking the Cold War*, ed. Allen Hunter (Philadephia: Temple University Press, 1998), pp.193~211; David Keen, *Complex Emergencies* (London: Polity, 2008).

[28] Robert H. Jackson, *Quasi-States: Sovereignty, International Relations and the Third World* (Cambridge: Cambridge University Press, 1990); Jack Donnelly, "State Sovereignty and International Human Rights," *Ethics & International Affairs*, Vol. 28, No. 2, (2014), pp.225~238.

[29] Eric Hobsbawm, *The Age of Extremes: A History of the World, 1914-1991* (New York: Vintage Books, 1994); Sarah Babb, "The Washington Consensus as Transnational Policy Paradigm: Its Origins, Trajectory and Likely Successor," *Review of International Political Economy*, Vol. 20, No. 2, (2013), pp.268~297.

1970년대 중반을 기점으로 냉전의 각 진영의 운명이 갈렸다. 위기는 베트남전쟁과 '68혁명'이 상징하듯 제1세계, 즉, 서구와 미국 진영에 가장 먼저 찾아왔지만, 몰락은 1980년대 제3세계와 1990년대 제2세계의 순서로 진행되었다. 제1세계는 기존의 '복지-군사국가'의 재정위기를 신자유주의적 구조조정, 즉, 금융 자유화와 복지의 축소, 노동에 대한 통제 강화를 통해서 관리해나갔다. 1960년대 아프리카의 탈식민화를 배경으로 한 제3세계의 부상은 1970년대 77그룹의 등장, 신국제경제실서의 주창과 OPEC의 자원 민족주의로 정점에 달했지만 이후 극적인 반전을 겪었다. 한국, 대만 등 신흥발전국의 등장은 경제적 측면에서 제3세계의 분열로 이어졌고, 특히 OPEC의 석유자금은 제3세계 외채위기의 구조적 원인으로 작동하면서 제3세계의 몰락을 추동했다. 1970년대 이후 소련과 제2세계의 몰락도 극적이었다. 미국이 베트남전쟁과 재정위기 및 워터게이트의 대내외적 정치경제적 위기에 빠져있을 때, 소련은 미국과의 데탕트 및 앙골라, 아프가니스탄 등 제3세계에 대한 개입을 통해서 명실상부한 초강대국으로 자리 잡는 듯했다. 그러나 1970년대 동구의 위성국가들은 서구의 자본에 '종속'되기 시작했고, 소련체제의 정치경제적 위기는 아프간 침공과 노쇠한 지도부의 잇따른 사망으로 심화되어 고르바초프가 사회주의의 보존을 위해서 대대적인 개혁을 추진할 수밖에 없는 상황에 이르렀다. 그 노력의 결과는 사회주의제국의 몰락, 소련연방 자체의 해체였다.[30]

이와 같은 지구적 수준에서 진영들의 엇갈린 운명은 한반도 분단에

---

[30] Giovanni Arrighi, "The World Economy and the Cold War, 1970-1990," In Melvyn P. Leffler and Odd Anre Westad eds., *The Cambridge History of the Cold War Vol. III: Endings* (Cambirdge: Cambridge University Press, 2010), pp.23~44; John Toye, "Assessing the G77: 50 Years After UNCTAD and 40 Years After the NIEO," *Third World Quarterly*, Vol. 35, No. 10, (2014), pp.1759~1774.

도 그대로 적용되었다. 그 영향은 북한에게 특히 압도적이었다. 한국은 미국에게 안보는 물론 상당 기간 경제와 정치적으로도 의존적이었던, 달리 말하면, 미국 진영에 직접적이고 깊숙이 편입되어 사회주의 진영이나 제3세계의 충격을 직접 마주하는 것이 아니라 미국(진영)의 '완충 장치'를 통해서 걸러낼 수 있었다. 이에 반해서 사회주의 진영 자체가 미국 진영에 비해 열세인 데다가, 중소의 대립으로 북한은 '홀로 서기'를 강요당했다. 물론 1959년 쿠바의 공산화나 탈식민화에 따른 제3세계의 전반적인 부상은 북한의 위상을 높이는 계기가 되기도 하였다. 그러나 냉전 전 시기에 걸쳐 중국이나 소련은 미국에게 군사적으로 열세였고 북한에게 한미동맹과 같은 직접적인 안보 공약을 제공하지도 않았으며, 북한은 한국전쟁에서 미국의 압도적 군사력을 처참하게 체험한 이후 줄곧 미국의 군사적 위협에 노출되어 있었다. 그런 북한에게 미국의 1961년 쿠바 침공이나 1962년 쿠바 미사일 위기와 같은 군사력 시위는 직접적인 위협이 아닐 수 없었다. 북미 관계를 중심으로 보면, 한반도 안보 질서는 냉전 시기에도 지구적 수준의 함의를 지니고 있었던 것이다. 냉전의 종언 이후 '북핵 위기'의 지구적 성격은 더욱 분명하다. 1990년대 북미의 제네바 합의가 가능했던 이유는 미국이 비확산체제의 지구화를 꾀했기 때문, 즉, 북의 핵개발 카드가 미국의 지구적 안보정책에 직접적인 위협이 되었기 때문이다. 9/11 테러 이후 미국의 대테러전쟁은 '제2차 북핵위기'의 배경이었고, 미국의 전략적 초점이 여전히 중동에 있기 때문에 북한의 3차에 걸친 핵실험에도 불구하고 미국의 '전략적 인내'가 견지되고 있는 것이기도 한다. 한미 군사동맹의 성격 역시 1970년대 이후 정전협정과 유엔사체제와 독자적인 한미연합사의 제도를 통해서 미국의 세계전략에 직접적으로 연동되어 한반도적 규정을 상당부분 벗어난 것으로 볼 수 있다. 카터 행정부가 기존의 주한미군 감축을 완전히 중단하고 한국 군부의 1979년 쿠데타와 1980년 광주 민주화운동 진압을 인정하게 된 데는 이슬람혁명과 미 대사관 인질사태로 이어진 이란 정세의 불안이 크게 작용했다.[31]

1970년대를 전환점으로 하는 제2, 3세계의 경제적 몰락의 '리듬'은 북한에게 직접적으로 적용된다. 남북의 경제적 역전이 시작된 것이 1970년대 중반이며, 1970년대 동구가 서구의 자본에 의해 침식되기 시작한 것처럼 북한의 경제적 쇠퇴도 1970년대 서방자본의 도입으로 인한 외채 위기로 심화되었던 것이다. 1990년대 북한의 경제난, '고난의 행군'이 제2,3세계의 경제적 몰락의 비극적 증거라면, 반인도적 범죄의 명목으로 북한의 최고 지도자를 국제법정에 세우려는 유엔 차원의 움직임은 정치·이념적으로 제2, 3세계의 몰락이 어디까지 진행되었는지를 극명하게 보여준다.[32]

2. 미국패권과 한반도

1) 해방, 냉전과 한국전쟁

미국은 한반도의 '해방'과 분할점령, 분단의 주체이다. '해방'은 미국의 태평양전쟁 전후 처리의 부속물이었다. 미국은 19세기 말 스페인과의 전쟁을 계기로 하와이를 합병하고 필리핀을 정복하며 동아시아로 진출하였다. 1차대전 이후 워싱턴체제를 건설하면서 미국은 태평양을 미국의 '내해'로 만들어나갔다.[33] 일본은 태평양전쟁 시기를 제외하고

---

31) 박원곤, "5.18 광주 민주화 항쟁과 미국의 대응,"『한국정치학회보』제45집 제5호, (2011), pp.125~145; 장준갑, "제5공화국 출범과 한미관계,"『서양사학연구』제28집, (2013), pp.231~252.

32) Alex J. Bellamy, "The Chronic Protection Problem: The DPRK and the Responsibility to Protect," *International Affairs*, Vol. 91, No. 2, (2015), pp.225~244.

20세기 내내 동아시아에서 지구적 패권국가 (초반에는 영국, 1차대전을 계기로는 미국) 다음의 제2의 강대국으로, 이들과의 협력을 이어갔다. 태평양전쟁 시기 일본의 도전은 지구 전체의 '대영역'을 재건, 관리하려는 미국패권의 시각에서 보면 용납할 수 없는 것이었다. 일본의 대동아 공영권이든 독일의 생존권이든 영국의 영연방이든 이후 냉전 시기 소련의 진영체제이든 모두 해체와 재건, 미국 중심 세계체제로의 편입의 대상이었다. 미국이 일본의 대동아 공영권을 해체, 통합하는 과정은 전후 직접적인 군사적 점령을 통해서 일본을 '개조'하여 동맹으로 만든 1951년 샌프란시스코 평화조약과 미일동맹 조약 체결에서 시작해서, 1990년대 APEC과 WTO를 통해서 미국 중심의 아태 지역 경제적 통합을 제도화하고 이를 다시 지구적 수준의 개방경제체제로 제도화하면서 완성되었다고 볼 수 있다.[34)]

미국의 한반도 정책은 지역적으로는 일본제국의 해체와 통합, 지구적으로는 '대영역'의 건설을 목표로 하는 패권전략에 의해 규정되었다. 1945년 한반도의 38선 이남은 일본 본토의 일부로 취급되어 미군이 점령하였고, 그 이북은 만주와 함께 소련군이 점령하였다. 한국전쟁은 소련진영과의 경계를 설정하는 계기이자 소련의 위협을 명분으로 한 패권전략을 제도화하는 계기로, 한국전쟁 발발 이후 트루먼(Harry S. Truman) 정부가 처음 의회에 신청한 추가경정예산은 서유럽의 재무장

---

33) 태평양 세력으로서 미국에 관한 역사적 개관은 Jean Heffer, *The United States and the Pacific: History of a Frontier*, trans. Donald Wilson (Notre Dame: University of Notre Dame Press, 2002).

34) 브루스 커밍스, "1등 (혹은 2등): 1894~2014년간의 동아시아 질서에서 일본에 대한 미국의 선호," 『아시아리뷰』 제4권 제2호, (2015), pp.133~163; R. B. Smith and Chad J. Mitcham, *Changing Visions of East Asia, 1943-93: Transformations and Continuities* (London: Routledge, 2007); Michael Schaller, *Altered States: The United States and Japan Since the Occupation* (Oxford: Oxford University Press, 1997).

을 위한 것이었다. 소련으로서는 미국이 주도하는 '대영역'의 자본주의 체제를 수용할 수 없었고, 미국은 소련이 군사력으로 점령한 지역의 전후처리를 통제할 수 없었다. 미국은 소련 진영에 대한 봉쇄와 소련 진영 이외의 '대영역'에 대한 재건과 통합의 '이중 봉쇄(double containment)'에 나섰다. 1952년 말 이임을 앞두고 행한 한 연설에서 트루먼 대통령은 1945년 미국이 제시한 전후질서의 원칙들을 소련을 거부하면서 미국은 1947-8년에 트루먼 독트린과 마셜플랜 등의 새로운 청사진을 마련해야 했고, 이들을 1950년 한국전쟁을 계기로 (3배 이상 증가한 안보예산을 토대로) 제도화하였다고 회고했다.[35]

냉전의 종언 이후 미국의 전략가들은 1945-53년을 미국 대전략의 '황금기'로 회상하고 있다. 당시에는 미국의 민주주의, 자본주의, 안보이익에 직접적인 위협을 제기하는 소련의 존재(정확히는 그러한 해석) 때문에 미국패권의 제도화에 대한 대내외적 지지를 쉽게 획득할 수 있었던 데 반해서, 냉전 이후에는 그러한 유용한 위협을 찾을 수 없다는 것이다.[36] 소련이 미국에게 대단히 '유용한 적'이었던 것은 분명하지만, 냉전 기간 미국의 패권전략이 일관되게 운영되고 그에 대한 대내외적 지지를 안정적으로 획득했던 것은 아니다.

---

[35] Harry S. Truman, "U.S. Foreign Policy in Review," *Department of State Bulletin* (January 12, 1953), pp.43~46; 이혜정, "미국세기의 논리: 이차대전과 미국의 대영역," 『한국정치학회보』 제35집 제1호, (2001), pp.365~380.

[36] Hal Brands, *What Good is Grand Strategy? Power and Purpose in American Statecraft from Harry Truman to George W. Bush* (Ithaca: Cornell University Press, 2014); Krasner, Stephen. "An Orienting Principle for Foreign Policy." *Policy Review*, Vol. 163, (2010), pp.3~12; 이혜정, "자제 대 패권: 탈냉전기 미국 대전략의 이해."

2) 베트남전쟁과 데탕트

한국전쟁으로 동아시아와 유럽에서 미국과 소련진영의 경계가 설정된 이후, 냉전은 제3세계로 확장되었고 미국의 제3세계 개입은 전반적으로 실패였다. 대표적인 사례가 베트남전쟁이다. 존슨(Lyndon Johnson) 정부는 복지정책의 확대와 베트남 전쟁에 대한 개입을 동시에 진행하였다. 그 결과는 정치적으로는 반전운동과 인종갈등의 도시폭동, 경제적으로는 재정과 달러화의 위기, 그리고 안보의 차원에서는 베트남 전황의 악화라는 삼중의 위기였다. 1968년 존슨 대통령은 현직의 이점에도 불구하고 대선 출마를 포기해야 했다. 현직 대통령이 재선 도전을 포기한 것은 1952년 한국전쟁으로 인한 재정위기와 국내정치적 지지의 하락으로 재선에 나선지 못한 트루먼에 이어 두 번째였다. 1952년 대선에서는 한국전쟁의 종식을 내건 아이젠하워(Dwight Eisenhower)가 당선되어, 트루먼의 대규모 재무장 정책 대신에 핵무기와 비밀공작에 의존하는 뉴룩정책을 시행했다. 1968년 대선에서는 베트남전쟁의 명예로운 종식을 주창한 공화당 후보 닉슨(Richard Nixon)이 압승을 거두었다. 닉슨 정부는 소련과는 핵무기 경쟁의 제한에 대한 합의를 도출하고, 소련과 대립하고 있던 중국과는 화해를 통해서 베트남전쟁을 종식하는 한편 이를 통해서 소련을 견제하는 데탕트 정책을 추진했다. 1972년 미소 간의 전략무기제한협정이 체결되었고, 닉슨이 중국을 방문했다. 1973년 미국과 북베트남의 평화협정이 체결되었고, 1975년 북베트남에 의해서 베트남이 통일되었다.[37]

베트남전쟁은 동아시아 냉전의 분수령이었고, 데탕트는 남북한 모

---

37) Fredrik Logevall, *Embers of War: The Fall of an Empire and the Making of America's Vietnam* (New York: Random House, 2014).

두에게 충격이었다. 베트남은 한반도와 함께 1945년 일본군의 무장해제를 위해서 16도선을 경계로 분할되었다가, 1954년 제네바 회담을 통해서 두 지역은 다시 휴전선과 17도선으로 분단되었다. 한국전쟁과 베트남전쟁은 모두 미중의 대립을 배경으로 한 것이었다. 이들의 화해와 베트남전쟁의 종식으로 (과거 일본의 대동아 공영권 지역에서) 사회주의 대 자본주의의 이념·진영 대립과 착종된 반제국주의 독립운동으로서 "동아시아의 냉전은 1970년대 중반 사실상 종식되었다."[38] 한국전쟁의 정전체제는 남북의 무력통일 즉, 내전의 군사적 논리를 제한하는 것이었다. 미중의 화해는 남북에게 모두 '배반'이었고, 남북이 분단을 무력으로 해소할 수 있는 길을 완전히 봉쇄해버렸다. 남북은 이념적 대립의 체제적 정당성을 보존하면서도 실제로는 평화 공존의 길로 나서지 않을 수 없었다. 7.4 남북 공동성명과 남북의 독재체제 강화가 남북의 권력이 찾은 답이었다.[39]

데탕트를 추동한 근본 원인은 경제였다. 좀 더 넓은 의미에서 보자면, 패권의 핵심 기반이 경제다. 세계자본주의체제에서 부상하는 국가의 대외정책은 팽창적이기 마련이며, 산업화 이후 군사력의 기반 역시 경제다. 대공황이 미국으로의 패권전이의 결정적인 역사적 분수령이었고, 1960년대 후반 이래 미국경제의 상대적 쇠퇴는 브레턴우즈 체제의 기본인 달러의 금 태환 중지로 이어졌다. 미국패권의 최종적 쇠퇴 역시 대공황에 버금가는 경제적 위기에 의해 배태될 것이다. 대침체로 불리는 2008년 이후 미국발 경제위기가 미국패권에 미치는 영향을 정

---

[38] Warren I. Cohen, *East Asia at the Center* (New York: Columbia University Press, 2000), p.413; 김정배, "중미화해, 한반도정치, 그리고 냉전체제," 『미국사연구』 제36권, (2012), pp.205~245.

[39] 전재성, "분단 70년의 국제환경, 대내구조, 남북 관계의 조명," 『통일정책연구』 제24권 제1호, (2015).

확히 가늠하기는 아직 이르지만, 미국패권의 국내 정치경제적 기반이 상당히 침식된 점과 기존 미국패권의 국제 제도적, 이념적 장치의 재구조화를 통해서 중국의 부상 등 새로운 도전을 흡수해야 하는 과제에 직면한 것은 분명하다.[40]

남북의 국가건설 경쟁의 '대역전'과 소련의 해체를 가져온 것도 역시 경제였다. 북한과 소련 진영 전반의 경제성장의 하락은 1960년대부터 시작되어, 1970년대에는 그 하락폭이 더욱 커졌고 1980년대에는 사회주의를 살리기 위해서는 대대적인 체제개혁이 불가피한 역설적인 상황에 이르렀다. 이와 대조적으로 한국경제는 1960년대 일본과의 국교 정상화와 베트남전쟁 참전을 계기로 고도성장을 시작하여 1970년대 중반에는 북한을 따라잡기 시작했다. 남북의 '대역전'은 미중 수교의 여파로 유엔의 '공식적인' 한국문제 논의(UNCURK)가 중단되고 1970년대 중후반을 정점으로 제3세계의 (비동맹운동과 신국제경제질서의 요구) 쇠락을 배경으로 한 것이었다. 제2, 3세계의 전반적인 쇠퇴와 맞물린 남북 경제 격차의 '대역전'으로 외교와 군사안보, 체제의 이념 경쟁의 전 분야에 걸쳐 북한은 열세에 몰렸다. 소련의 해체와 동구에서 냉전의 종식에 앞서 한국은 북방정책을 통해 이미 진영의 경계를 넘기 시작했고, 냉전 종식의 혼란기에 북한은 그동안 거부해오던 유엔 동시 가입을 수락하고 남북의 '특수 관계'를 명문화하는 기본합의서를 채택했다.[41]

---

40) G John Ikenberry, "Liberal Internationalism 3.0: America and the Dilemmas of Liberal World Order," *Perspectives on Politics*, Vol. 7, No. 1, (2009), pp.77~87.

41) 김명섭, "한국과 '조선'의 국제관계," 『현대사광장』 제5권, (2015), pp.86~105.

3) 냉전의 종언

냉전의 종언은 미국패권의 '이중 봉쇄'의 논리를 전면에 노정시켰다. 부시(George H. W. Bush) 정부 시기 냉전 종식의 혼란이 미국경제의 침체와 맞물리면서 평화배당(peace dividends)의 요구가 있었지만, 동맹에 대한 통제와 지구적 개입의 패권적 관성은 이를 이겨냈다. 클린턴(Bill Clinton) 정부는 개입과 확장 전략으로 방향을 잡았고, 1990년대 후반 미국 경제의 부활을 배경으로 미국의 전략가들은 미래의 알 수 없는 위협까지 찾아서 차단하여 단극시대를 영속화시키는 패권기획에 몰두했다. 9.11 테러 이후 부시(George W. Bush)는 대테러전쟁의 이름으로 미국 예외주의와 군사적 일방주의, 예방전쟁의 논리를 결합시키며 이라크를 침공했다. 이라크전쟁은 베트남에서의 국가건설 기획의 실패를 재연했다. 국내정치적 반대도 고조되었다. 미국 주택담보대출 시장의 문제가 2008년 리먼 브러더스의 파산을 계기로 지구적인 금융위기·대침체로까지 이어지면서, 미국은 한국전쟁과 베트남전쟁에 이어 이라크전쟁을 배경으로 다시금 정치－경제－안보의 삼중위기에 직면했다. 2008년 대선에서는 이라크전쟁에 반대해온 오바마(Barack Obama)가 미국 역사상 최초의 흑인 대통령으로 당선되었다. 오바마는 아이젠하워와 닉슨에 이어 세 번째로 미국패권의 지구적 개입을 일정하게 축소시키는 작업에 착수했다. 그 핵심은 미국의 재건에 집중하고 중동에서 전쟁을 종식시킴으로써 도덕적 리더십을 회복하고 아시아로 미국의 외교안보적 노력의 무게 중심을 옮기는 것이었다.[42]

---

[42] Fareed Zakaria, "On Foreign Policy, Why Barack is Like Ike," *Time* (19 Dec 2012); 이혜정, "오바마의 전쟁: 미국의 경제위기와 대테러전쟁의 해체," 『21세기정치학회보』 제20집 제3호, (2010), pp.259~271; 이혜정·최계원, "관타나모 수용소: 9/11 이후 미국의 안보와 민주주의, 그리고 인권의 딜레마," 『민주주의와 인권』 제12권 제2호, (2012), pp.173~210; 이혜정, "오바마가 서울에 오는 까닭은? 9/15 시대 미국의 아시아 정책과

냉전의 종언은 남북 모두에게 충격이었던 데탕트와 달리 북한에게 일방적으로 불리하게 작용했다. 소련과 중국은 한국과 수교하며 북한을 '배반'했고, 북한은 핵개발로 체제의 생존을 도모하기 시작했다. 북한의 주된 군사적 위협은 더 이상 전면적 남침의 혁명전쟁이 아니라, 미국패권이 주도적으로 규정하는 비확산의 지구적 규범에 대한 도전이었다. '북핵 위기'가 미국의 지구적 전략에 따라 협상으로 봉합되거나 예방전쟁의 위협으로 악화되거나 중국에게 책임이 전가되거나 '전략적 인내'로 방치되면서, 지난 세기 말 김대중 정부의 햇볕정책과 남북 정상회담이 마련했던 한반도 평화체제 수립의 역사적 기회를 유산시켰다. 다른 한편 북한체제의 (자체 내파나 외부의 압력에 의한) 붕괴 가능성 역시 남북의 평화공존을 위협하고 있다. 유엔의 북한 핵실험에 대한 제제나 북한의 인권에 대한 문제제기가 웅변하듯, 탈냉전기 북한(핵) 문제는 지구화되었다. 한미동맹 역시 한국의 군사적 기여를 높이는 방향으로의 재조정은 물론 경제와 가치의 영역으로, 그리고 공간적으로 지역적, 지구적으로 확장·재조정되었다. 정치, 경제적 차원에서 한미관계의 재조정도 꾸준히 진행되었다. 1987년 절차적 민주화의 제도화로 한국정치에서 미국의 직접적 영향력과 책임은 사라졌고, 1997년의 'IMF 위기'는 한국이 더 이상 냉전의 전초기지로 지정학적 프리미엄을 지니고 있지 않음을 비극적으로 증명했다. 한국의 민주화와 경제성장, 경제적 지구화는 한편으로는 남북의 경제적 격차의 심화가 추동하는 보수의 흡수통일론과 다른 한편으로는 진보적인 시민사회의 평화운동을 배태했다.[43]

한국" 지식협동조합 좋은나라, 『현안과 정책』 제28호, (2014년 4월 14일); 이혜정·김상기, "오바마를 위한 변명: '담대한 희망' 대 역사," 『21세기정치학회보』 제24집 제3호, (2014), pp.625~653.

V. 결론: 한반도 분단 4.0 혹은 '잃어버린 20년'

이 글은 한반도 분단의 역사적 진화를 지구적 수준에서 정치－경제－안보의 변화와 미국패권과의 관계에서 검토하였다. 이러한 접근은 한국전쟁과 한국의 민주화에 주목하는 기존의 시각과 다르다. 그 차이와 이 글의 논의를 도식적으로 정리해보자. 한반도 분단구조 혹은 체제의 역사적 기점으로는 흔히 1953년 정전체제가 꼽힌다.[44] 1953년 (혹은 제네바회의의 1954년)은 분명 남북의 군사적 대립과 한반도 안보질서에 대한 국제(법)적 규정으로서, 또 한미동맹의 원년으로서 의미 있는 역사적 기점이다. 남북 권력의 결탁에 비판적인 한반도 분단체제론의 시각에서 한반도 분단의 주요한 역사적 전환점은 1961년 이후 1987년까지 이어진 '긴 박정희체제'의 권위주의 군부통치와 1987년의 민주화이다.[45]

이 글은 지구적 수준과 미국패권, 그리고 한반도 분단구조의 세 가지 차원 모두에서 공통적으로 중요한 첫 번째 역사적 전환점으로 1970년대를 강조했다. 이때 전후 자본주의의 황금기가 끝났고, 미국과 중국, 그리고 중국과 일본의 화해와 수교로 동아시아에서 냉전이 사실상

---

43) 박명규, "남북관계와 비대칭적 분단국체제론," 『통일과 평화』 제1권 제1호, (2009), pp.3~28; 김종엽, "분단체제와 87년체제의 교차로에서," 『창작과비평』 제41권 제3호, (2013), pp.466~ 489; 『역사비평』 편집위원회 엮음, 『갈등하는 동맹: 한미관계 60년』 (서울: 역사비평사, 2010); 장달중·이정철·임수호, 『북미 대립: 탈냉전 속의 냉전 대립』 (서울: 서울대학교출판문화원, 2011); 박인휘, "북핵 20년과 한미동맹: '주어진' 분단 vs. '선택적' 분단," 『한국국제정치논총』 제53집 제3호, (2013), pp.181~208.

44) 박명림, 『한국전쟁의 발발과 기원 1, 2』 (서울: 나남, 1996); 김학재, 『판문점체제의 기원: 한국전쟁과 자유주의 평화기획』 (서울: 후마니타스, 2015).

45) 김종엽, "분단체제와 87체제의 교차로에서," 『창작과비평』 제41집 제3호, (2013), pp.466~489.

종식되었으며, 이를 배경으로 남북의 정당성에 대한 유엔의 공식적 통제(UNCURK)가 풀리고 남북은 공존을 인정하기 시작했으며 남북의 경제적 격차도 역전되기 시작했다. 두 번째 공통적인 역사적 전환점은 냉전의 종언이었고, 탈냉전기 미국패권의 진화에 초점을 맞추면 9.11 테러와 2008년 세계금융위기가 주요한 역사적 분수령이다.

이 글의 시각에서 '1953년 체제'와 박정희 정권의 '선건설 후통일론'은 동아시아 냉전체제하의 분단 1.0(1945~1975)의 하위체제이다. 정전체제는 남북의 경제발전 전략까지 규정하지는 못했고, 미국이 요구하는 한국의 일본과의 경제적 통합은 박정희의 쿠데타 이후에야 실현되었다. 1975년은 1인당 국민소득에서 한국이 북한을 앞서기 시작한 해이며 원조는 물론 차관을 '졸업'하기 시작한 한국이 미국에게 무역흑자를 보기 시작한 해이다. 한국에 대한 미국의 경제적인, 신자유주의적인 압력은 이때부터 본격적으로 시작되었고, 1980년대 초반부터 한국역시 적극적인 개방화를 추진하였다. 미국패권의 경제적 토대에 주목하면 신자유주의 시대는 2008년 세계금융위기까지 지속되지만, 안보질서와 남북의 정치적 관계에 주목하면 분단 2.0(1945~1992)은 냉전의 종언까지로 규정할 수 있고, 유신 후반부와 '긴 박정희체제'의 군부권위주의, 그리고 1987년 민주화는 분단 2.0의 하위체계이다.

9.11 테러보다는 2008년 미국발 세계금융위기가 미국패권에 직접적인 영향을 주었고, 그 여파가 경제규모에서 중국의 일본 추월, 미국의 아시아 재균형정책, 일본의 집단자위권 제도화, 중국의 미국에 대한 신형대국관계 요구와 정치, 경제, 안보의 전 방위적인 신 지역질서 구상 등으로 구체화되는 데는 일정한 시차가 있었다. 북한이 경제건설과 핵무장의 병진노선을 천명하며 3차 핵실험을 단행한, 그리고 미일이 외교국방장관 회담에서 일본의 집단자위권 제도화에 합의한 2013년은

탈냉전기 분단 3.0(1993~2012)의 한반도 문제의 한반도화에 의한 평화와 안정에 대한 희망을 여지없이 깨뜨린 분단 4.0(2013~)의 시작인지도 모른다.

1953년 정전체제는 한반도에서 남북의 군사적 분계선을 확정하는 의미 이외에 적어도 세 가지의 합의/기제가 작동한 것이다. 첫째는 지구적 수준에서 미소의 냉전의 안정화 혹은 미소진영의 직접적 경계에 대한 상호합의, 둘째는 지역적 수준에서 한국전쟁 휴전에 대한 미중의 합의, 그리고 셋째는 일본의 재건에 대한 미국의 일방적인 조치(샌프란시스코 평화조약과 미일동맹)가 그것이다. 이제 중국은 냉전기 소련에 버금가는 G2의 위치에 올랐고, 북한의 군사적 위협은 (핵과 미사일에 대한 통합적 대비를 요구하는 것으로) 지구화되었으며, 미국이 추진하는 한미일 동맹의 일체화는 직접적으로는 북한을 간접적으로는 중국을 겨냥한 것이다. 남북 권력에 의한 민족국가건설 및 헌정질서 차원에서 체제경쟁의 '정치적 이용'이 여전하기는 하지만, 한반도 분단의 지정학적, 지경학적, 그리고 이념적 단층은 더 이상 1953년의 것이 아니다.

참 고 문 헌

고유환. "분단 70년 북한연구 경향에 관한 고찰."『통일정책연구』제24권 세1호, (2015).

구갑우. "북한 연구의 국제정치: 오리엔탈리즘 비판."『현대북한연구』제5권 제1호, (2002).

김근식. "2013 한반도 위기: 북한 시선으로 해석하기."『평화학연구』제15권 제3호, (2014).

김명섭. "한국과 '조선'의 국제관계."『현대사광장』제5권, (2015).

김성보. "미완의 해방기획: 한반도에 국민주권국가는 진정 존재하는가."『내일을 여는 역사』제59집, (2015).

김일영.『건국과 부국: 이승만, 박정희 시대의 재조명』(서울: 기파랑, 2010).

김정배. "중미화해, 한반도정치, 그리고 냉전체제."『미국사연구』제36권, (2012).

김종엽. "분단체제와 87년체제의 교차로에서."『창작과비평』제41권 제3호, (2013).

김학재.『판문점체제의 기원: 한국전쟁과 자유주의 평화기획』(서울: 후마니타스, 2015).

박명규. "남북관계와 비대칭적 분단국체제론."『통일과 평화』제1권 제1호, (2009).

박명림.『한국전쟁의 발발과 기원 1, 2』(서울: 나남, 1996).

_____. "분단질서의 구조와 변화: 적대와 의존의 대쌍관계 동학: 1945-1995."『국가전략』제3권 제1호, (1997).

박순성. "분단체제와 변혁운동: '분단체제론'의 비판적 이해를 위하여,"『동향과 전망』제24호, (1994).

_____. "한반도 분단현실에 대한 두 개의 접근: 분단체제론과 분단/탈분단의 행위자-네트워크 이론."『경제와 사회』제94호, (2012).

_____. "한반도 분단체제와 한국의 민주주의: 억압정치에서 동맹정치로."『북한학연구』제10권 제2호, (2014).

박원곤. "5.18 광주 민주화 항쟁과 미국의 대응."『한국정치학회보』제45집 제5호, (2011).

박인휘. "북핵 20년과 한미동맹: '주어진' 분단 vs. '선택적' 분단."『한국국제정치논총』제53집 제3호, (2013).

백낙청.『분단체제 변혁의 공부길』(서울: 창작과비평사, 1994).

_____.『흔들리는 분단체제』(서울: 창작과비평사, 1998).

_____.『2013년 체제 만들기』(서울: 창작과비평사, 2012).

브루스 커밍스. "1등 (혹은 2등): 1894-2014년간의 동아시아 질서에서 일본에 대한 미국의 선호."『아시아리뷰』제4권 제2호, (2015).

서보혁. "분단체제와 북한인권: 북한인권 논의의 재설정."『통일인문학』제61집, (2015).

서울대 국제문제연구소 편.『남북한 관계와 국제정치 이론』(서울: 서울대학교, 2012).

손호철, 방인혁. "'적대적 상호 의존론' 비판: 1972년 남한 유신헌법과 북한 사회주의헌법 제정을 중심으로."『한국과 국제정치』제28권 제2호, (2012).

『역사비평』편집위원회 엮음.『갈등하는 동맹: 한미관계 60년』(서울: 역사비평사, 2010).

유진석, 박건영. "국제정치 연구의 한국적 현실과 대안을 위한 방향 모색."『아태연구』제15집 제1호, (2008).

이종석. "대통령선거와 북한—남북한 적대적 의존관계와 변화가능성."『역사비평』제60권, (2002).

이철순. "'한국적 (국제)정치학' 정립을 위한 담론 비평."『21세기정치학회보』제22집 제3호, (2012).

이혜정. "미국세기의 논리: 이차대전과 미국의 대영역."『한국정치학회보』제35집 제1호, (2001).

_____. "오바마의 전쟁: 미국의 경제위기와 대테러전쟁의 해체."『21세기정치학회보』제20집 제3호, (2010).

_____. "오바마가 서울에 오는 까닭은? 9/15 시대 미국의 아시아 정책과 한국."

지식협동조합 좋은나라 『현안과 정책』 제28호, (2014년 4월 14일).

_____. "자제 대 패권: 탈냉전기 미국 대전략의 이해." 『한국정치연구』 제24집 제3호, (2015).

이혜정, 김상기. "오바마를 위한 변명: '담대한 희망' 대 역사." 『21세기정치학회보』 제24집 제3호, (2014).

이혜정, 최계원. "관타나모 수용소: 9/11 이후 미국의 안보와 민주주의, 그리고 인권의 딜레마." 『민주주의와 인권』 제12권 제2호, (2012).

장달중, 이정철, 임수호. 『북미 대립: 탈냉전 속의 냉전 대립』 (서울: 서울대학교 출판문화원, 2011).

장준갑. "제5공화국 출범과 한미관계." 『서양사학연구』 제28집, (2013).

전재성. "국제정치의 복합조직원리론으로 분석하는 남북 관계." 서울대 국제문제 연구소 편, 『남북한 관계와 국제정치 이론』 (서울: 서울대학교, 2012).

_____. "분단 70년의 국제환경, 대내구조, 남북 관계의 조명." 『통일정책연구』 제24권 제1호, (2015).

전현준. "분단 70년 통일 분야 연구: 동향과 과제." 『통일정책연구』 제24권 제1호, (2015).

정영철. "시선과 경쟁: 남북관계, 시선의 정치학." 정영철 외, 『한반도 정치론』 (서울: 선인, 2014).

정영철 외. 『한반도 정치론: 이론, 역사, 전망』 (서울: 선인, 2014).

정일준. "남북한의 대미정책과 미국." 『황해문화』 제32권, (2001).

조우현, 조영주. "분단연구의 동향과 과제." 『북한학연구』 제10권 제2호, (2014).

조은희. "남북한 정통성 만들기 역사와 비교." 이화여자대학교 통일학연구원 편, 『남북관계사: 갈등과 화해의 60년』 (서울: 이화여자대학교 출판부, 2009).

홍석률. 『분단의 히스테리』 (파주: 창작과비평사, 2012).

_____. "냉전의 예외와 규칙-냉전사를 통해 본 한국 현대사." 『역사비평』 제110집, (2015).

Anderson, Benedict. *Imagined Communities: Reflections on the Origins and Spread of Nationalism*. London: Verso, 1991.

Arrighi, Giovanni. "The World Economy and the Cold War, 1970-1990." In Melvyn P. Leffler and Odd Anre Westad (eds.). *The Cambridge History of the Cold War Vol. III: Endings*. Cambirdge: Cambridge University Press, 2010.

Bab, Sarah. "The Washington Consensus as Transnational Policy Paradigm: Its Origins, Trajectory and Likely Successor." *Review of International Political Economy*, Vol. 20, No. 2, 2013.

Bellamy, Alex J. "The Chronic Protection Problem: The DPRK and the Responsibility to Protect," *International Affairs*, Vol. 91, No. 2, 2015.

Brands, Hal. What Good is Grand Strategy? *Power and Purpose in American Statecraft from Harry Truman to George W. Bush*. Ithaca: Cornell University Press, 2014.

Carr, E. H. *The Twenty Years' Crisis, 1919-1939: An Introduction to the Study of International Relations*. London: Macmillan, 1964.

Cohen, Warren I. *East Asia at the Center*. New York: Columbia University Press, 2000.

Cox, Robert. *Production, Power, and World Order: Social Forces in the Making of History*. New York: Columbia University Press, 1987.

Donnelly, Jack. "State Sovereignty and International Human Rights." *Ethics & International Affairs*, Vol. 28, No. 2, 2014.

Gilpin, Robert. *War and Change in World Politics*. New York: Cambridge University Press, 1981.

Heffer, John. *The United States and the Pacific: History of a Frontier*. Notre Dame: University of Notre Dame Press, 2002.

Hobsbawm, Eric. *The Age of Extremes: A History of the World, 1914-1991*. New York: Vintage Books, 1994.

Hoffman, Stanley. "An American Social Science: International Relations." *Daedalus*, Vol. 106, No. 3, 1977.

Ikenberry, G John. "Liberal Internationalism 3.0: America and the Dilemmas of

Liberal World Order." *Perspectives on Politics*, Vol. 7, No. 1, 2009.

Jackson, Robert H. *Quasi-States: Sovereignty, International Relations and the Third World.* Cambridge: Cambridge University Press, 1990.

Kaldor, Mary. *The Imaginary War: Understanding the East-West Conflict.* London: Basil Backwell, 1990.

_____. "Nations and Blocs: Toward a Theory of the Political Economy of the Interstate Model in Europe." in Allen Hunter (ed) *Rethinking the Cold War.* Philadephia: Temple University Press, 1998.

Keen, David. *Complex Emergencies.* London: Polity, 2008.

Krasner, Stephen. *Sovereignty: Organized Hypocrisy.* Princeton: Princeton University Press, 1999.

_____. "An Orienting Principle for Foreign Policy." *Policy Review*, Vol. 163, 2010.

Kurth, James. "America's Grand Strategy: A Pattern of History." *The National Interest*, Vol. 43, 1996.

Lee, Heajeong. *The Making of American Hegemony from the Great Depression to the Korean War.* Seoul: Seoul National University Press, 2000.

Lee, Jooyoung, "Underdevelopment of American Studies in South Korea: Power and Ignorance." *Journal of American-East Asian Relations*, Vol. 18, 2011.

Logevall, Fredrik. *Embers of War: The Fall of an Empire and the Making of America's Vietnam.* New York: Random House, 2014.

Mann, Michael. *The Sources of Social Power Vol. 2: The Rise of Classes and Nation-States, 1760-1914*, Vol. II. New York: Cambridge University Press, 1993.

Matray, James I. "Someplace Else: The Tragedy of Korean-American Relations." *Diplomatic History*, Vol. 28, 2004.

Schaller, Michael. *Altered States: The United States and Japan Since the Occupation.* Oxford: Oxford University Press, 1997.

Smith, R. B. and Chad J. Mitcham. *Changing Visions of East Asia, 1943-93:*

Transformations and Continuities. London: Routledge, 2007.

Toye, John. "Assessing the G77: 50 Years After UNCTAD and 40 Years After the NIEO." *Third World Quarterly*, Vol. 35, No. 10, 2014.

Truman, Harry S. "U.S. Foreign Policy in Review." *Department of State Bulletin*, January 12, 1953.

Westad, Odd Arne. *The Global Cold War: Third World Interventions and the Making of Our Times*. New York: Cambridge University Press, 2005.

Zakaria, Fareed. "On Foreign Policy, Why Barack is Like Ike." *Time*, December 19, 2012.

미중관계 변화와 한국의 외교

김 흥 규

아주대학교 정치외교학과 교수

미중관계 변화와 한국의 외교

I. 시진핑 시기 이전의 미중관계

21세기 들어 국제정치의 가장 중요한 화두는 중국의 부상과 미중관계 변화이다. 세계정세가 급변하고 있는 가운데 그 핵심에는 중국의 예상보다 빠른 부상이 자리 잡고 있다. 21세기 초 미국의 부시 행정부가 이라크와 아프가니스탄 등 중동에 과도하게 군사적으로 개입하는 동안 중국은 급속히 경제성장을 하면서, 차분히 아시아 주변국에 대한 영향력을 확대해 왔다. 일견, 미국의 세계전략에 순응하는 자세를 취하면서도, 상하이 협력기구(Shanghai Cooperation Organization, SCO)를 강화하면서 중앙아시아 지역에서의 영향력을 확대하고, 러시아와도 보다 긴밀한 협력관계를 구축하였다. 동시에 동남아 국가들과 경제적 협력을 바탕으로 급속도로 우호적인 관계와 영향력을 증진시켰다. 동북아 지역에서도 북핵문제에 대응하면서 6자회담을 주관하면서 지역적 영향력을 확대하였다. 한국과 2003년 '전면적 협력 동반자'관계를 구축하였고, 2008년에는 '전략적 협력 동반자 관계'까지 수립하였다. 일본과도 2000년대 중반 이후 빈번한 정상외교를 통해 2007년 '전략적 호혜'관계를 수립하기로 합의하였다.[1]

중국은 지난 30년간 거의 10%에 달하는 평균 경제성장률을 바탕으로 2000년대 중반이 되면 영국과 프랑스를 능가하는 경제대국이 되었고, 2008년 독일, 2010년에는 일본을 추월하여 세계 제2의 경제대국이 되었다. 이러한 중국의 부상은 미국이 중국의 국제적 위상 제고와 영향력 증대를 인정하지 않을 수 없게 만들었다. 집권초기 중국에 대한 부정적인 태도를 견지하던 부시 행정부는 2005년 드디어 중국을 '지역적인 이해상관자(stakeholder)'로서 인정하는 조치를 취하였다. 미국은 그간 중국과의 관계에서 거부했던 전략개념을 사용한 외교안보대화를 시작하였고, 경제대화 역시 별도로 운영하기 시작하였다.[2] 그런 의미에서 2005년은 미중관계에서 하나의 분수령을 긋는 한해라 할 수 있었다.

이러한 미국의 전략적 선택의 이면에는 당시 미국 내에서 대중정책을 놓고 치열하게 전개된 논쟁의 결과였다. 미국 지도부와 중국 전문가들은 이 논쟁을 통해 첫 번째, 중국의 부상은 인위적으로 막을 수 없으며, 두 번째, 이러한 중국을 견제하는 것은 구 냉전체제와 같은 봉쇄정책으로는 성공할 수 없으며, 세 번째, 중국 대외정책은 불확실성을 안고 있어, 중국에 관여와 소통을 전제한 헤징정책을 통해 미국 중심

---

[1] 이러한 중국 외교 개념에 대한 설명은 졸고, "중국 동반자외교 소고," 『한국정치학회보』 제43집 제2호, (2009)를 참조.

[2] 미국은 당시 '전략대화'라는 명칭 대신 '고위급 대화'라는 표현을 사용하였고, 중국은 이를 '전략대화'라고 지칭하였다. 이후 미국 역시 중국과의 '전략대화' 개념을 수용하였다.

의 질서로 중국의 행태를 유도해야 한다는 결론에 도달하였다는 것이다.[3)]

2008~09년 발생한 미국발 세계적 금융위기는 미국의 국제적 리더쉽에 엄청난 손상을 야기하였다. 세계 경제의 위기가 헤게모니 국가인 미국 자체에서 발생하였고, 중국의 도움이 없이는 미국 스스로 이를 수습할 역량이 없음을 드러냈던 것이다. 이로 인해 중국의 국제적인 위상은 급속히 증대되었고, 중국의 대외적 자심감과 민족주의적인 자부심도 크게 고양되었다. 심지어 중국조차 예상하지 못했고, 준비가 안 된 상황에서 맞이한 이러한 국제무대에서의 중국 위상의 변화는 중국 지도부에게도 상당히 당혹스런 현상이었다.[4)]

세계적으로 중국은 가장 주목받는 국가가 되었고, 중국이 참여하지 않는 주요 국제회의는 상상할 수 없는 일이 되었다. 중국은 미국 오바마 행정부 시기 2009년부터 세계에서 유일하게 미국과 전략경제대화 및 안보대화까지 통합하여 '전략·경제 대화'를 정기적으로 개최하는 유일한 국가가 되었고, 주제 역시 양자 간의 관계뿐만 아니라 글로벌 이슈까지 논의하는 나라가 되었다. 세계적인 차원에서 '미·중 양강 (G2)체제'가 도래한 것이 아닌가 하는 생각마저 불러일으키기에 충분했다. 중국은 이를 냉전시기 미·소 양극(兩極)체제[5)]와는 다른 좀 더 다극화되고 다원적이며 복합적인 새로운 국제질서로 전환되는 과정으

---

3) 이 내용은 필자가 수차례에 걸친 워싱턴 방문에서 Kenneth Lieberthal, Jonathan Pollack, Jeffry Bader 등과의 인터뷰에서 확인한 바 있다.

4) 이에 대한 판단은 당시 필자의 중국 당·정·군 내 주요 싱크탱크 인사들과의 인터뷰 결과이다.

5) 냉전시기 미·소양극체제는 핵무기의 상호확증파괴 능력 및 탄도탄요격 미사일 (ABM : Anti-Ballistic Missile)체제 등 군사적 균형을 바탕으로 하고 있고, 상호의존적이기보다는 상호경쟁적인 '냉전'체제이다.

로 해석하였다. 새로운 국제질서 구축 과정에서 미국과 중국은 이제 상호의존성 및 취약성이 갈수록 심화됨에 따라, 어느 한 나라가 일방적이고 독점적인 우위 혹은 이익을 추구하기에는 어려운 구조적 상황에 직면하였다.

미중은 21세기 들어 복합적인 경쟁과 협력이 공진하는 상황에 처해 있다는 것이 일반적인 해석이다.[6] 구조적으로 '세력전이'가 진행되는 상황 속에서 점차 경쟁, 갈등, 충돌을 겪을 개연성이 커진다는 측면과 새로운 지구적인 도전(금융위기, 기후변화, 환경, 에너지, 식량, 대량살상무기 확산, 북한·이란핵문제 등)들에 대해 공동으로 대응하고 협력하지 않을 수 없어 전략적 협력이 필요하다는 측면이 공존하고 있다. 미국 오바마 행정부 등장 이후 양국은 "미중 관계가 21세기 가장 중요한 양자관계 중 하나"라는 점을 확인했으며, 기후변화, 북핵문제, 무역과 환율 등으로 의제를 확대하고 '전략·경제대화' 수립에서 보듯이 상호 위기관리 체제를 강화하였다.

그러나 2010년 들어 양국 간 무역마찰, 위안화 절상, 달라이라마 문제, 對대만 무기수출 문제, 이란핵 문제, 동아시아 문제(남중국해 영토분쟁, 천안함 사건 등) 등을 둘러싼 상호갈등이 강화되었다. 특히 중일 간 댜오위다오/센카쿠 열도를 둘러싼 갈등이나 코펜하겐 기후변화회의에서의 중국 측의 무뢰한 행동, 중국의 '핵심이익' 존중 주장을 둘러싼 미국의 반발 등으로 미중 간의 갈등이 점차 고조되었다. 특히 중국의 대외형태가 공세적으로 전환한 것이 아닌가 하는 인식이 강화되었고, 미국은 쇠퇴하고 있다는 인식과 중국 내 민족주의의 발흥으로 양

---

[6] 시진핑 시기 이전의 미중관계에 대한 정리는 김흥규, "시진핑시기 미중의 새로운 강대국 관계 형성 전망과 대한반도 정책," 『국방연구』 제56권 제3호, (2013년 9월), pp.33~36.

국 간의 경쟁구도가 더 강조되어 나타났다.

이러한 미중관계의 위기 상황에서 미국과 중국은 그동안의 상대방에 대한 인식을 전환할 수 있는 계기를 모색하게 되었고, 그 구체적인 결과물이 바로 2011년 1월의 미중 정상회담이었다. 당시 중국 내 대외 전략사상의 주류는 중국이 발전도상국이란 자아정체성을 바탕으로 협력적인 대외관계를 추진해야 한다는 '자유주의'와 '방어적 현실주의'학자들이 주류를 이루고 있었다. 2010년 이후 중국의 내부 논쟁을 분석해 보면, "핵심이익"에 대한 과도한 적용이나 중국의 공세적인 태도에 대한 자성의 목소리가 오히려 더 주류를 형성하였다.[7] 국제정세가 다극화의 추세로 진행되는 것은 맞으나, 미국의 패권은 당분간 유지될 것이라는 판단이 주류였다. 즉, 중국의 부상은 분명한 현상이지만, 미국의 쇠퇴를 의미하는 것은 아니라는 것이다. 후진타오 시대 중국의 대미정책은 주로 중국이 발전도상국이라는 인식하에 미국을 비롯한 강대국과 우호적인 관계를 유지하는 것이었다. 따라서 세계패권국인 미국에 대한 직접적인 도전은 피하면서 다자주의나 국제기구를 통해 보다 적극적으로 중국의 국가이익을 확보한다는 사고가 주류였다고 할 수 있다.

2011년 1월 19일 열린 후진타오(胡錦濤) 중국 국가주석과 오바마 미국 대통령 간 정상회담에서 미중은 소위 'G2'체제의 도래를 상호 인정한 것으로 보인다. 중국은 미국의 세계질서 운용에 협력을 이끌어 내기 위한 존재가 아니라 세계 질서 운용의 동반자로서 인정한 것이다. 2011년 미중 정상회담은 미중 양국관계에 대한 정의를 어떻게 할 것인

---

[7] 중국 내 대외전략사고의 분화에 대해서는 김흥규, "시진핑 시기 중국 외교안보 전략의 진화," 『외교』 제11호, (2014), pp.34~36.

가의 문제가 핵심의제였으며, 양국 정상은 공동성명에서 상호존중하고 '긍정적이고 건설적이며 포괄적인 관계' 구축에 합의하였다. 중국 후진타오 국가주석은 "상호존중, 호혜공영의 협력동반자관계 건설"이라는 양국관계의 비전을 제시하였다. 미중은 이 정상회담을 계기로 구체적인 이슈를 둘러싼 경쟁에서 탈피하는 대신, 이슈를 해결하는 데 기초가 되는 규범에 대한 경쟁 게임의 양상으로 전환하기 시작한 것으로 보인다. 이러한 경쟁은 시진핑 시기 들어 보다 본격화된다.

II. 오바마 행정부의 대중 전략 방향의 조정

2009년 출범한 미국 오바마 행정부 1기의 대중 전략은 "2005년 대중 인식"의 연속성 속에 있었다고 평가할 수 있다. 오바마 행정부는 탈냉전시기에 미국 행정부들이 초기에는 중국과 관계가 불편했다가 점차 개선되는 패턴을 탈피하고자 하였다. 초기부터 중국을 적극적인 대화의 상대로 받아들이면서 '전략·경제'대화 기제를 신설하였고, 중국과 글로벌한 차원에서 공동이익을 확대하면서, 신뢰를 증진시키고, 대신 중국이 강대국으로서 국제 공공재 제공에 더 적극적인 노력을 하도록 유도하려 하였다. 다른 한편으로는 중국에 대한 헤징전략을 보다 적극적으로 구축하고자 하였다. 오바마 대통령은 이미 2009년부터 제기된 '아시아 회귀(Pivot to Asia)' 전략 혹은 이후 2011년 하반기 이후 '재균형(Rebalancing)'으로 명명된 정책을 구체화시키기 시작하였다.[8] 오바마

---

8) 이 내용을 체계적으로 잘 정리한 글은, 엄태암, 유지용, 권보람, 『미국의 아태지역 재균형정책과 한반도 안보』(서울: KIDA Press, 2015). 그밖에 이상현, "아태지역 정세와 미국의 전략적 재균형," 『외교』 제11호, (2014. 7), pp.17~33.

1기 당시 재균형 전략의 도입은 2010년 중국의 '공세적인 외교'에 대응하여, 미국 측이 대중 압박 전략을 표면화 시킨 것이 아닌가하는 평가가 일반적이었고, 중국 주변의 아시아 국가들로부터 대체로 긍정적인 평가를 받았다.

미국의 전략적 재균형 정책은 미국이 태평양 국가라는 정체성을 강조하고 있다.[9] 2012년 1월 오바마 행정부가 발표한 미국의 국방전략지침(Defense Strategic Guidance)은 향후 미국의 국가안보전략 우선순위가 아시아와 중국에 있음을 명백히 지적하고 있다.[10] 미국은 2020년까지 해군력과 공군력의 60%를 아태지역에 배치하려 하고 있다.[11] 미국의 '재균형'전략은 중동에 집중된 지정학적 고려를 아시아에도 안배하고, 군사부문에 집중되었던 미국의 힘의 투사를 경제, 외교, 문화 등의 방면에 고루 안배하면서 그간 중국의 영향력이 급속히 확대된 아태지역에서 미국의 영향력을 회복하겠다는 것이다. 이러한 정책전환의 근저에는 아태 지역의 경제적인 잠재력에 대한 미국의 평가도 연관되어 있었다. 금융위기로 말미암아 국내적인 경제 불황과 재정 위기에 시달리고 있던 미국의 입장에서 장차 국제정치경제질서 변화의 중심에 서 있는 동시에 연 7~8%대의 가장 빠른 경제성장률로 역동적인 발전의 견인차 역할을 아태지역을 무시할 수 없다. 미 국가정보위원회(National Intelligence Commission, NIC)가 2012년 발표한 미래전략보고서(Global

---

9) 이는 중국과 미묘한 해석의 차이를 낳는 데, 중국의 입장에서 미국은 아시아에 연한 태평양 국가는 맞지만 아시아 대륙 국가는 아니라는 것이다. 이에 대해서는 王缉思, "中美最大的战略互疑是兩個秩序," http://finance.ifeng.com/news/special/SinoUSrelations5/ (검색일: 2015. 3. 21). 이러한 맥락에서 2014년 시진핑 주석이 강조한 "아시아의 안보는 아시아인"이라는 구호에서 미국은 비아시아 국가인 셈이다.

10) U.S. Department of Defense, *Sustaining U.S. Global Leadership*, January 3, 2012.

11) Sam LaGrone, "Work: Sixty Percent of U.S. Navy and Air Force Will Be Based in Pacific by 2020," USNI, September 30, 2014.

Trends 2030: NIC 2030)는 2030년이 되면 경제규모, 인구, 기술투자, 군사비를 종합해 산정한 글로벌 지배력에서 중국의 역량이 미국을 추월할 것이고, 아시아가 북미와 유럽을 합친 것보다 더 클 것으로 예상하고 있다.[12] 오바마 대통령은 태평양 국가인 미국이 이 지역에서 더 많은 장기적 역할을 할 것임을 강조하였다.

미국은 일본과 군사동맹을 강화하였고, 베트남·필리핀·호주·말레이시아 등과 군사협력을 확대하는 등 중국에 대한 포위망을 구축하는 양태를 띄는 정책을 추진하는 것으로 해석되었다. 오바마 대통령은 재선 이후 첫 외국 방문지로 동남아시아, 특히 그간 중국의 대동남아 핵심거점이라 알려진 미얀마를 선택해 미국의 아시아 중시가 강화될 것임을 보여주었다. 그리고 일본 및 한국과의 삼자 안보 및 정보 협력을 강화하고자 부단히 노력하고 있고, 또 동 지역 내 미사일 방어 체재 구축을 위한 노력을 본격화하고 있다. 경제적으로는 현실적으로 중국이 가입하기 어려운 높은 수준의 역내 다자무역협력기제인 환태평양 경제동반자 협정(Trans-Pacific Partnership, TPP)을 추진하여 미국 중심의 경제협력체를 구축하려 노력하고 있다.

2013년 출범한 오바마 2기 정부는 대중정책에 있어서 제1기의 노선을 기본적으로 유지하였다. 2013년 미국 오바마 대통령 안보담당 보좌관이 된 국제전략문제연구소(CSIS)의 톰 도니론(Tom Donilon)은 "오바마의 미국 정부는 중국과 안정적이고 건설적인 관계를 추구하고자 하고 있다"고 지적하고 "양 국가 간 협력과 경쟁의 요인이 많이 있지만 미중 관계는 장기간 효율적으로 유지돼 왔다." 아울러 오바마 2기 정

---

[12] *NIC 2030: Alternative Worlds*, https://globaltrends2030.files.wordpress.com/2012/11/global-trends-2030-november2012.pdf (검색일: 2015. 3. 21).

부도 대외정책에 있어서 중국과의 관계를 최우선 순위에 두고 있다"고 강조한 바 있다.[13] 이러한 미국의 아시아 재균형 정책이 대중국 포위망이 아니냐는 반발에 대해, 2013년 6월 개최된 미중 정상회담에서 오바마 대통령은 다음과 같이 정리해 시진핑 주석에게 답변하였다. 재균형 정책은 중국을 겨냥하는 것이 아니라 보다 포괄적인 미국의 대 아태정책으로서 우선, 동맹국들과의 관계 강화, 둘째, 인도나 인도네시아와 같이 부상하는 신흥강국과의 동반자 관계 구축 및 심화, 셋째, 동아시아 정상회의(East Asian Summit)와 같은 아시아 안보 및 지역 메커니즘 구축, 넷째, 공동번영을 위한 TPP와 같은 경제 메커니즘 구축, 다섯째, 중국과의 생산적이고 건설적인 관계 구축을 다 포함하고 있다는 것이다. 오바마 대통령은 중국이 세계무대에서 중요한 역할을 수행하고 강대국으로서 책임을 준수하는 중국, 안정되고 번영하는 중국이 미국에게도 이익이 된다는 입장을 천명하였다. 동시에 미국과 중국의 이해가 상호 불가분의 관계에 있다는 것도 강조하였다.[14]

미국 리언 파네타(Leon Pannetta) 국방장관 역시 2012년 시진핑을 방문한 자리에서 미국이 중국과 군사적인 대결구도를 형성하는 것을 원하지 않고 있다는 것을 천명하고, 미국의 아태지역 개입이 중국의 발전과 양립할 수 있으며, 중국과 군사적 협력 역시 서서히 강화하고 있다고 하였다.[15] 파네타는 중국 군사학교를 방문한 자리에서 "아시아에

13) http://www.mt.co.kr/view/mtview.php?type=1&no=2012111809212509011&outlink=1 (검색일: 2015. 3. 21).
14) The White House, "Press Briefing by National Security Advisor Tom Donilon," June 8, 2013. http://www.whitehouse.gov/the-press-office/2013/06/08/press-briefing-national-security-advisor-tom-donilon (검색일: 2013. 7. 15). 이러한 오바마 미국 행정부의 대중정책에 대한 입장 천명은 2014년 베이징에서 가진 정상회담 이후 가진 기자회견 답변을 통해 반복되었다. 여기에 대해서는 https://www.whitehouse.gov/the-press-office/2014/11/12/remarks-president-obama-and-president-xi-jinping-joint-press-conference (검색일: 2015. 3. 21).

서의 미국 미사일방어체계 확장이 중국이 아니라 북한을 목표로 한 것이고, 역내 맹방들과 미국의 방위협력 심화는 중국이 번영하는 것을 도와 온 안보체계를 강화하는 것"이라고 했다. "아시아－태평양지역에 대한 미국의 재조정 정책은 중국을 봉쇄하려는 시도가 아니다"라고 그는 강조했다. "중국과 관계를 맺으면서 태평양지역에서 미국의 역할을 확장시키려는 것이다. 재균형 정책은 두 태평양의 '강대국 간의 관계에서 새로운 모델'을 만들어내는 것에 관련된다"라고 주장하였다.

오바마 2기의 대중정책은 1기의 입장을 계승하고 있으나 차이점은 미국이 경제·재정적으로 더 어려운 상황에 직면했다는 것이다. 미국이 이러한 상황에서 재균형 전략을 실제 이행할 의지와 여력이 존재하는 지는 여전히 의구심이 제기되고 있다. 미국은 오바마 정부 제2기 출범시부터 재정절벽(Fiscal Cliff)과 연방지출 자동 삭감(Sequestration)이라는 난제에 봉착하였다. 그중에는 향후 10년 사이 5000억 달러 규모에 달하는 군사비를 삭감해야 한다는 내용이 들어있었다. 재균형 정책의 핵심인 아태지역의 군사력 증강 및 재배치 계획은 군사비 삭감으로 인해 차질을 빚을 수밖에 없을 전망이고 실제 작전과 전쟁수행 능력에 어려움이 예상되었다. 우크라이나 사태나 시리아 사태에 대한 미국의 대응을 분석해 보면, 미국은 스스로 마지노선이라 규정한 사안에 대해서도 적극적으로 군사 개입하고자 하는 의지가 부족한 것으로 보인다. 오바마 행정부는 재정적으로 여력이 부족한 상황에서 어떻게 아태지역에서 미국의 군사개입을 최소화하면서, 나날이 강해지는 중국을 견제하고, 미국의 영향력을 유지할 수 있는 가하는 어려운 질문에

---

15) Reuters, "China's Xi meets Panetta, wants better military ties with U.S" (20120919), http://egloos.zum.com/blackace/v/5679058 (검색일: 2015. 3. 21).

대한 답을 추구하고 있다. 동시에 경제적으로 여전히 여력이 부족한 미국으로서는 경제적 인센티브를 바탕으로 영향력 확대를 시도하고 있는 중국을 견제하려는 전략은 추진되기 어려울 전망이다. 이는 결국 중국과의 타협을 바탕으로 추진될 수밖에 없을 것이다. 이러한 미국의 '재균형 정책'에 대해 북경대 왕지쓰(王绯思) 교수는 그 "소리는 요란하지만 실제 집행은 더디다"라고 평가하고 있다.[16]

III. '새로운 강대국 관계'의 수용을 둘러싼 미중관계

시진핑 시기 들어 중국은 '새로운 강대국관계'이라는 화두를 제시함으로써 미국의 '재균형' 정책에 대응하고 있다. 이 '새로운 강대국관계'는 오바마 2기 행정부와 새로운 관계를 설정하려는 시진핑 체제의 핵심키워드로서 중국은 '서양장기' 게임이 아니라 '동양바둑' 게임을 하겠다는 것이다. 해양 강국건설 전략은 중국의 새로운 세계전략을 잘 담아내고 있다. 중국은 새로운 대륙－해양의 이중 정체성을 적극 수용하면서 해양을 적극적으로 국가발전 전략에 활용하겠다는 의지를 보여주고 있다. 외교력이나 군사력에 앞선 미국과 정면으로 충돌하기보다는 '협력적인 세력균형'을 추구하면서 자신의 이점을 살려 점차 영향력을 강화해 나가겠다는 전략을 추진하고 있다. 이는 해상과 연관하여 세계적인 차원의 경제건설과 협력의 네트워크를 구축하는 신 해양 실크로드를 구축하여 결국은 외교·안보적 영향력을 확대하려 하고 있다.

---

16) 王绯思, "中美最大的战略互疑是兩個秩序," http://finance.ifeng.com/news/special/SinoUSrelations5/ (검색일: 2015. 3. 21).

군사부문에서 당장은 미국과 직접적인 충돌을 자제하겠다는 메시지를 분명히 하면서도 자국의 핵심이익과 연관된 통일 추진을 위한 '반접근·반거부(A2AD)' 역량은 강화하고 있다. 다만, 미국 아태지역의 주도권을 위협할 본격적인 경쟁은 아직 자제하는 양상을 보여주고 있다. 이는 중국이 항공모함 배치를 우선적으로 추진하고, 핵잠수함 개발 및 잠수함 발사 탄도 미사일 배치를 후순위에 둔 우선순위 선택에서 드러나고 있다.

오바마의 대중 정책은 '2005년 대중정책에 대한 미국 내 합의'에 기초하고 있으며 그리고 국가정보위원회가 제시한 『NIC 2025』 및 『NIC 2030』에 나타난 중장기적인 세계 추세 전망에 대한 이해를 기반으로 하고 있다. 그 핵심은 중국은 부상한다는 것이며, 이를 인위적으로 막는 것은 불가능하며, 세계의 권력은 분산되어 가고 있으며, 미국은 더 이상 단독으로 국제경찰 노릇을 할 수는 없다는 것이다. 중국과의 관계는 잘 관리하면서 협력을 추진·확대해 나가는 것이었다. 더구나 우크라이나 사태로 인해 러시아와의 관계가 악화된 이후 중국과 관계가 악화되는 것은 미국으로서도 크게 부담스런 일이 되었다. 다만, 중국의 역내 영향력 확대를 어떻게 효과적으로 견제하느냐 하는 것도 또 하나의 도전이었다. 동북아 지역에서는 미일동맹 및 한미동맹을 활용하여 이 목적을 달성하고자 하였다.

하지만 이미 2012년 발행한 『NIC 2030』에서도 언급되었듯이 최근 들어 대중국 견제를 위해 한미동맹을 활용하는 것은 쉽지 않을 것이란 인식이 확산되면서, 일본이 역사인식이나 위안부 문제 등에서 일탈적인 행태에도 불구하고 대중국 억제전략으로서 보통국가화 하는 것을 더욱 지지하였다. 미국은 중국의 반발에도 불구하고, 일본과 방위협력지침 개정에 합의하였고, 일본이 집단적 자위권을 행사하는 것을 공개적으로 지지하였다. 다만, 중일 간의 갈등에서 일본의 과도한 행태에 연루되어 미중 간의 군사적 대결로 치닫는 상황은 원하지 않기 때문에 동시에 일본을 관리하려 노력하였다. 이는 댜오위 열도를 놓고 중일 간 분쟁이 한창일 때 2013년 일본을 방문한 미국의 조셉 바이든 부통령이 일본에 대한 전폭적인 지지 대신 중일 간의 위기관리 체제구축을 권고한 것에서도 알 수 있다.[17]

2013년 6월 오마바-시진핑 간의 회담에서 오바마 대통령은 중국 시진핑 주석이 제시한 '새로운 강대국 관계'를 (장차) 수립해 나가기로 원칙적인 측면에서 긍정적으로 화답한 것으로 보인다. 중국이 제시한 '새로운 강대국 관계'의 핵심은 첫째, 상호 불충돌, 불대항, 둘째, 공영 (共榮), 셋째, 상호존중에 기초하여 관계를 설정하자는 것이다. 다만, 이러한 '새로운 강대국 관계'의 구체적인 내용은 아직 모호한 상태에 있고, 중국의 입장에서는 이러한 '새로운 강대국 관계'를 보다 널리 '새로운 국제관계'의 틀로 활용하려는 중국의 의도에 오바마 대통령이 너무 쉽게 긍정적으로 화답했다는 비판이 워싱턴 중국전문가들 사이에 널리 회자되었다.[18]

2013년 6월 미국 서니랜드에서 개최한 미중 정상회담 이후 양측이 발표한 공동기자회견문을 보면, 미중 양국은 광범위한 분야에서 협력을 기조로 양국관계를 진전시키기로 합의하면서도 차이점을 잘 드러내고 있다. 양측은 각자 미묘한 강조점의 차이를 보여주었고, 어찌 보

---

17) 이에 대해서는 "바이든, '위기관리체제' 제안," http://www.yonhapnews.co.kr/bulletin/2013/12/03/0200000000AKR20131203204800073.HTML?input=1179m (검색일: 2015. 3. 21).

18) 물론, 미국 내에는 이러한 새로운 강대국 관계의 형성에 대해 회의적인 시각도 상당하다. 우선, 중국이 실제 이 새로운 강대국 관계를 형성할 역량이 존재하느냐 하는 것이고, 그 신형 강대국 관계의 내용도 여전히 모호하다는 점을 지적한다. 필자의 미국 워싱톤 인터뷰 (2013. 9. 4~5).

면 다른 해석을 허용하기로 합의한 듯 보였다. 중국은 "쌍방이 새로운 강대국 관계를 구축하고, 상호존중하며, 협력하여 번영하는 데 공동 노력을 다하기로 합의"했다고 보다 현재형의 형태로 긍정적인 태도로 보도하였다. 특히 시진핑 주석은 미중 간 '새로운 강대국 관계' 건설에 대해 상당히 공들인 모습을 보여 주었다. 오바마 대통령은 이에 대해 "양군관계가 구체적인 진전을 보고 있으며, 이는 '새로운 강대국 관계' 건설을 추진하는 한 예"로써 긍정적으로 언급한 것으로 나온다.[19] 하지만 미국 국무부 측의 관련 공식 자료를 보면, 오바마 대통령은 의도적으로 중국이 적극 제안하고 있는 '새로운 강대국 관계'라는 개념의 사용을 피하고 있다는 인상을 주었다. 다만, 기자들의 질문에 대응하는 형식으로 "군사와 정치 분야에서 상호 전략적 목표를 이해하는 것이 미중 사이에서 '새로운 관계'를 진전시키기 위한 구체적인 발전의 사례가 된다"라고 언급하여 전제조건으로 해석할 수도 있는 다소 애매한 입장을 취하였다.[20]

2014년 11월 북경에서 개최된 아시아-태평양경제협력회의(APEC)에서 미중은 다시 정상회담을 개최하였다. 이 회담은 전례가 없었던 것이 시진핑 주석과 오바마 대통령이 공식회담 전에 아직 어느 외부정상에게도 개방한 적인 없는 잉타이(瀛臺)라는 중난하이(中南海)의 남쪽 호수에 위치한 황궁을 거닐면서 양자 간 4시간 반에 걸친 대단히 사적인 대화시간을 가진 것이었다.[21] 직선적인 성격의 두 정상이 장시간에

---

19) http://www.gov.cn/1dhd/2013-06/08content_2422916.htm (검색일: 2015. 3. 21).

20) 이에 대한 자료는 http://iipdigital.usembassy.gov/st/english/texttrans/2013/06/20130608275760.html#axzz3VjeihZrU (검색일: 2015. 3. 21).

21) 이에 대해서는 필자가 2014년 11월 중국 군부가 주관한 향산논단에 참석했을 때 들은 내용이다.

걸쳐 양자의 모든 관심사에 대해 대단히 유용한 논의의 시간을 가졌던 것으로 보이고 상호 대단히 만족스런 모습을 보였다. 미중은 최근 불거진 중국의 공세적인 외교정책과 미중 갈등의 고양이라는 대내외의 시선에 대해 미중이 보다 협력적으로 양자관계를 운용해 나갈 것이라는 것을 천명하였다. 그러나 양국 정상의 공식 회견문을 살펴보자면 이 역시 양자 간 미묘한 차이를 잘 느낄 수 있다. 중국 측의 설명에 의하면 미중 양국은 향후에도 계속하여 '새로운 강대국 관계'를 열심히 구축해 나가는 데 동의한 것으로 발표하였다. 미국 역시 중국과 협력을 확대하고, 대화를 통해 차이와 갈등을 해결하고, 공동으로 새로운 강대국 관계를 건설하는 데 동의한 것으로 언급되었다.[22] 시진핑은 이 '새로운 관계'를 추진하기 위해 다음 여서가지 중점방향을 제시하였다. 첫째는 고위급 간에 소통과 교류 강화, 두 번째, 상호존중, 셋째, 각 영역에서의 교류협력 심화, 넷째, 갈등적이고 민감한 사안에 대해 건설적인 방향에서 관리, 다섯째, 아태지역에서의 포용적인 합력(協作), 여섯째, 각종 지역 및 지구적 차원의 도전에 공동 대응을 제시하였다.

이에 반해 미국 측 자료에 의하면 시진핑은 미중 양국이 '새로운 강대국 관계'를 건설해 나가는 데 동의했다고 적극적으로 표현하고 있으나, 실제 오바마 대통령은 이에 대한 언급을 의도적으로 자제한 것으로 보인다. 이는 그간 미국 내에서 일었던 오바마 대통령의 대중 정책에 대한 비판을 의식한 것으로 보인다. 오바마 대통령은 대신 "강력하고 협력적인 대중관계"를 추진하고 있으며, 이것이 "아시아 회귀"정책의 요체라고(at the heart of our pivot to Asia) 언급하고 있다.[23]

---

22) http://cpc.people.com.cn/n/2014/1113/c64094-26012270.html (검색일: 2015. 3. 21).

23) https://www.whitehouse.gov/the-press-office/2014/11/12/remarks-president-obama-and-president-xi-jinping-joint-press-conference (검색일: 2015. 3. 21).

이처럼 새로운 강대국 관계 수립을 둘러싼 미중 간의 미묘한 입장 차이에 대해 북경대 왕지쓰 교수는 미국은 중국이 제시한 '새로운 강대국 관계'에 관한 개념, 원칙, 전략은 이미 긍정적으로 받아들였으나, 다만 그 전술, 기술, 국부적인 측면에서 여전히 이견이 있다고 지적하였다. 중국이 제시하는 상호 '불충돌, 불대항, 공영'의 원칙에는 찬성하나, "상호존중"의 원칙에 이견이 있다는 것이다. 이 관계가 실제 온전히 형성되기 위해서는 냉전적 사유에서 자유로운 1960년대 이후 출생한 지도부가 등장하고, 상호 다방면에서 협력과 관리기제가 작동하는 10년 이후에나 가능하다고 보았다.[24] 중국 현대국제문제연구원의 다웨이(達崴) 미국센터 소장은 미중 간의 '새로운 강대국 관계' 형성에 대해 더 비관적이다. 미중 간에 불신이 여전히 크고, 미국에게 '상호존중' 원칙은 중국이 주장하는 '핵심이익'을 받아들이는 문제와 연관되어 있어 받아들이기 어렵고, 아직 국제관계 이론의 측면에서 이를 추진할 만큼 검증되지 않았다는 점을 지적한다. 특히 군사영역에서 위기관리체제의 형성과 장기간의 신뢰회복 기간이 필요하다고 주장하였다.[25]

미중 정상회담의 결과나 중국 측 학자들의 주장을 통해 평가하자면 미중은 상호 간에 '새로운 강대국 관계'의 형성 필요성에 공감하지만 그 구체적인 방식과 실현 시기에 대해서는 아직도 불확실성이 내제되어 있다. 이러한 혼란은 2014년 미중 간의 해양 경쟁과 협력이 복합적으로 뒤 엉킨 채 진행되고 있는 상황에서도 잘 노정되고 있다. 중국의 적극적인 해양 전략의 전개로 인해 전통적 해양세력인 미국과의 경쟁

[24] 王緝思, "中美新型大國關係或10年後成型," http://hk.crntt.com/crn-webapp/search/allDetail.jsp?id=103566907&sw=%E7%8E%8B%E7%BC%89%E6%80%9D (검색일: 2015. 3. 24).

[25] http://opinion.caixin.com/2014-09-22/100731843.html (검색일: 2015. 3. 24).

및 불신이 심화되는 것은 불가피해 보였다. 미국 역시 중국의 점증하는 해양전력에 대응하여 2010년부터 공해전투(Air-Sea Battle) 작전 개념을 발전시켜 왔고, 항공모함 및 핵잠수함 전력의 증강, 전력의 재배치 및 동맹국들과 파트너쉽 강화를 추진하였다. 그러나 미중은 동시에 중국이 요구한 '새로운 군사관계' 수립에 부분적으로 서로 호응하면서 2014년 최초로 중국 해군을 미군 주도의 림팩(RIMPAC) 훈련에 참가시켰다.26) 또한 미중 해군 간 상호 방문을 추진하고, 해양에서의 위기관리 체계(CUES: Code for Uncharted Encounters at Sea)를 시행하는 합의를 도출하였다.27)

국제정치의 새로운 변수로 부상한 '셰일가스 혁명'은 미국의 위상을 급속히 재고시켰다. 상용화란 측면에서는 미국은 세계에서 가장 많은 셰일가스 재고량을 지닌 국가가 되었다는 점이다. 이제 미국은 중동의 에너지 자원에 의존하지 않아도 러시아의 원유나 천연가스에 폭락으로 인해 러시아를 경제적으로 압박할 수 있는 여건이 마련되었다. 국제에너지 기구의 분석에 따르면 셰일가스 순수입국이던 미국은 셰일가스 개발로 2017년에는 순수출국으로 전환될 전망이다. 2016년에는 사우디아라비아를 제치고 세계 최대 산유국이 될 것이라는 분석까지 내놓고 있다.28)

더 이상 세계는 '중국의 부상'과 '미국의 쇠퇴'를 같이 엮어서 거론할 수 없게 되었다. 오히려 이제 미국 경제가 부활하며 국제질서를 미국이 주도하는 '팍스 아메리카나(Pax Americana) 3.0' 시대가 열렸다는 분석이 나왔다.29) 아산정책연구원은 셰일가스 혁명 등으로 개선된 미국

---

26) 이 내용을 잘 정리한 글은 윤석준, "동아시아 해양안보 이슈와 도전."
27) James Goldrick, "Cue Co-operation?," *IHS Jane's Defense Weekly*, May 21, 2014.
28) http://www.asiatoday.co.kr/view.php?key=20140512010003409 (검색일: 2015. 3. 21).

<그림> 세계 셰일가스 매장량 분포도

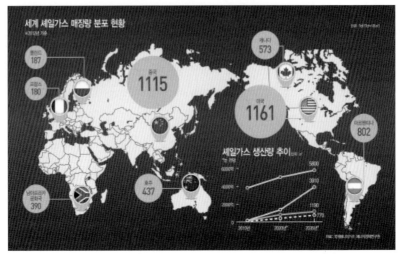

출처: http://www.asiatoday.co.kr/view.php?key=20140512010003409 (검색일: 2015. 3. 21)

의 경제 지표 등 각종 통계 수치를 근거로 이 같은 주장을 펼친 연구
보고서 '팍스 아메리카나 3.0'을 펴냈다. 이에 따라 미중 사이에 균형을
고민하던 한국 역시 다시 한미 동맹 강화로 안보 정책의 무게 추를 옮
겨야 한다는 주장도 뒤따라 제기되었다.[30] 이러한 새로운 형세변화가
2014년 11월 APEC을 계기로 중국의 '신(新)도광양회' 전략을 불러왔다
는 주장도 제기되었다.[31]

    셰일가스 혁명이 일어나기 이전에 과연 중국이 공세적으로 미국을
대체하여 국제질서의 주도권을 잡으려 했는지에 대한 질문에 대해서

---

[29] 팍스아메리카나 1.0은 1940년대 브레턴우즈 시대이고, 2.0은 1980년 로널드 레이건
    대통령의 보수개혁을 통해 냉전종식으로 이끈 시대를 지칭한다.
[30] 이에 대한 보도는 http://article.joins.com/news/article/article.asp?total_id=17224920&cloc
    =joongang%7Carticle%7Ccomment (검색일: 2015. 3. 21).
[31] 이 개념은 아산정책연구원 김한권 박사가 2015년 1월 31일 개최된 아주대 중국정책
    연구소 세미나에서 한중관계 관련 발제에서 사용한 것이다.

는 회의적이다. 중국 내 전략사고에 대한 분석에 의하면[32] 후진타오 시기 중국은 여전히 발전도상국론적인 자아정체성이 주류였고, 시진핑 시기 들어서서도 신흥 강대국론자들로 완전히 대체된 것은 아니었다. 심지어 신흥 강대국론자들조차도 미국의 상대적 국력 우위를 인정하고 있었다. 최근 중국 인민대 국제관계학원이 주관한 "중국국제문제 고급논단(中國國際問題高級論壇) 2015"에서 진찬롱(金燦榮), 리쌍양(李向陽), 스인홍(時殷弘), 친야칭(秦亞靑), 자칭궈(賈慶國)와 같은 중국의 핵심 국제관계 전문가들도 이러한 판단에 동의하고 있다.[33] 왕지쓰 교수 역시 일관되게 중국이 부상하고 있는 것은 맞지만, 이것이 미국의 역량이 하강하고 있다는 것을 의미하는 것은 아니라는 입장을 견지해 왔다.[34] 미국과 중국은 다 같이 역량이 강화되는 새로운 시기, 즉, 팍스 아메리카나 3.0과 중국의 부상 2.0의 시기를 동시에 맞이하고 있는 것이다. 이는 과거와는 전혀 새로운 상황이며, 과연 중국이 제시하고 있는 '새로운 강대국 관계'가 이러한 변화를 담지해 내면서 미중 관계를 풀어 나갈 수 있는 지 중국 외교가 직면한 새로운 도전이다.

시진핑이 이에 대해 던진 메시지는 대단히 복합적이다. 중국은 상대적으로 불리한 하드파워를 통한 미국과의 직접적이고 군사적인 대립보다는 경제력과 문화력을 바탕으로 보다 포용적인 정책을 통해 궁극적으로는 외교와 안보 분야에서도 영향력을 확대해 나가겠다는 바둑의 포석을 놓는 것과 같은 전략을 취하고 있다. 그러나 대륙국가의 정체성에 이어 해양국가의 정체성을 공유하는 새로운 시도는 미중 간에 가장 첨예하게 갈등을 유발할 수도 있는 영역으로 남는 것도 사실이

---

32) 김흥규, "시진핑 시기 중국 외교안보 전략의 진화," 『외교』 제11호, (2014), pp.34~36.
33) 이에 대해서는 http://world.people.com.cn/GB/8212/191816/392165/ (검색일: 2015. 3. 15).
34) 王缉思, "中美最大的战略互疑是兩個秩序," p.2.

다. 시진핑 시기 대외정책이 제시하는 친·성·혜·용(親誠惠容)의 포용적인 주변외교와 국익을 포기하지 않고 추진하겠다는 실리외교 사이에서의 조화도 과제로 남아있다.

IV. 중국의 서진 전략과 동북아 지역에서의 미중관계 전망

1. 미중 갈등의 강화와 위기관리정책의 유지

향후 미중관계는 다양한 갈등 요인(상이한 역사와 정치·경제체제 및 사회·문화·규범·제도, 중국의 영향력 확대 등)에도 불구하고, 글로벌 차원에서는 협력의 기조를 유지해야 할 동인이 크다. 우선, 미국은 러시아와 갈등과 알력이 상수가 되는 상황에서 중국과 본격적으로 대립하는 것은 전략적으로 큰 손실이다. 동시에 전통 안보, 테러, 기후변화, 마약, 국제 경제의 안정적 운용, 무역 등의 영역에서 양국의 상호의존성 및 취약성 증대로 인해 여전히 협력기조를 유지할 필요가 있다.

그러나 동북아 차원에서는 2014년 발생한 ADIZ를 둘러싼 갈등 국면에서도 엿보이듯이, '복합게임(mixed sum game)'의 성격을 유지하면서 갈등과 모순, 전략적 협력 등이 얽혀 전개될 가능성이 높다. 특히 최근, 사드(THAAD) 이슈를 둘러싼 공방이나 아시아인프라투자은행(AIIB) 설립과 같은 사안을 놓고 미중은 갈등을 노정하였다. 중국은 현재 분쟁중인 남중국해에서 인공 섬을 건설하고, 그곳에 군사기지를 본격적으로 건설하기 시작하면서 미국과 주변국들이 강하게 반발하고 있다. 미중 간 군사적 긴장의 수위도 크게 높아지고 있다.

현재의 추이대로 본다면, 동북아에서 미중 간 전략적 협력 기조 유지를 저해하는 불필요한 충돌을 회피한다는 전제를 공유하고 있으면서도 역내 영향력 확대를 위한 경쟁 구도가 강화될 것으로 예상되고 있다. 둘째, 크리미아 사태의 여파로 미국은 미국의 방위공약에 대한 우려가 점증하고 있는 일본과 한국에 대해 보다 강력한 방위공약에 대한 신뢰를 제고해야 할 입장이다. 이는 미국의 미일방위조약 준수 확언 및 북한의 핵에 대한 강한 압박으로 나타나고 있어 역내에서 중국과도 갈등 국면도 동시에 상승하고 있다. 셋째, 2014년 미국은 일본과 15년 만에 쌍무적인 방위지침을 개정, 집단적 자위권 확보지지 등 일본의 "보통국가화" 전략을 측면 지원하면서 중국을 견제하고 있다. 특히 미일은 지난 5월 일본 아베 수상의 방미를 계기로 동맹을 대폭 강화하는 조치들을 대내외에 과시하면서 중국일 압박한 바 있다. 마지막으로 우리가 동시에 주목하는 것은 미국은 일중 간의 갈등이 미중 간의 대립으로 전이되지 않도록 세심한 관리정책을 추진하고 있다는 점이다. 일본에 대해 중일 간 위기관리 체제를 구축하라는 압력을 지속적으로 요구하고 있는 것이 그 한 예이다. 또한 미중 양국 정상은 2013년과 2014년의 정상회담을 통해 현재 북핵과 북한 문제는 미중이 협력과 합의적인 방식을 통해 문제를 관리하고 풀어나가는 데 상호 인식을 같이 하고 있다.

미국은 일본이나 한국과 같은 동맹이 적극적으로 아태지역에서 미국의 이해를 지원해주고 다 많은 책임과 부담을 나눌 것을 요구하고 나올 것이다. 사드의 한국 내 배치를 위한 압력도 전방위적으로 강화할 것으로 보인다. 미국은 중일 및 한일 관계에서 이해의 한 당사자로서보다는 중재자와 조정자로서의 역할을 동시에 유지하고자 할 것으로 보이며, 한일 관계의 개선을 양측에 강하게 요구하고 있다. 중국 역시 공개적으로는 일본의 보통국가화 추세에 우려의 목소리를 높이고 있지만, 과도한 대응이나 군사적 충돌은 원하지 않고 있다. 2014년 미일 방위지침 개정 및 일본의 집단적 자위권 수용과 같은 이슈들은 표면적으로 미중관계를 악화시킬 수 있는 기제로 작용할 수 있으나, 미중은 이를 관리하는 데 공동의 이해를 공유할 것이다.

미국 내 공화당 중심의 매파들은 중국 시진핑이 제시한 '새로운 강대국 관계'를 오바마가 수용한 것에 대해 대단히 비판적이며, 보다 강경한 대중정책을 요구하고 있다. 매파들은 미국의 우위가 아직 확고한 상황에서 중국에 대한 압박을 보다 강하게 가하여 중국의 순응을 이끌어내야 한다는 논리가 강하다. '새로운 강대국 관계'의 수용이 중국의 긍정적인 인상 및 국제적인 위상만을 불필요하게 더 강화시켜 주는 것이 아닌가 하는 불만이 있다. 따라서 2010년 G20에서 채택한 국제금융에서 중국의 지분을 확대해주는 합의를 이행하지 않았고, 중국이 아시아인프라투자은행을 추진하는 계기를 제공했다. 이후 중국이 아시아인프라투자은행 설립을 추진하는 과정에 개입하여 이를 저지하려 시도하였으나, 결과적으로는 매파의 대중 강경책이 미국 외교에 큰 손실을 안겨 주었다.

2015년 미국 정부의 입장에서 보자면, 재정적 어려움은 여전히 존재하고, 해결하기 쉽지 않은 중동문제 역시 온존하여, 크리미아 사태로 인한 러시아와의 새로운 갈등 격화는 중국과 대립정책을 수행하는 데 중대한 장애 요인이 되고 있다. 그리고 재균형 정책에서 상정한 정책들을 적극적으로 실행에 옮기는 데도 제약요인이 되고 있다. 현재 상황에서 오바마 정부는 중국과 복합적인 갈등과 협력의 외교 상황에 들어가 있다. 직접적인 군사적 충돌이나 대립을 야기하는 것은 자제하면서, 동맹을 통해 중국을 견제하는 노력을 강화하고, 보다 효율적인 미군 재배치를 통해 중국에 대한 군사적 압박은 유지하면서, 중장기적인 전망에서 규범 정립 경쟁에 들어가는 양상이 가속화될 것이다. 한국은 이미 2014년 아시아안보회의(CICA)에서 증명하였듯이 이 향후 전개될 규범정립 게임에서 미국에 중요한 조력자가 될 수 있고, 또 중국에게도 매개자 역할을 수행함으로써 긍정적인 역할을 할 수 있다.

2. 중국의 서진(西進) 전략의 시동

중국은 2015년을 기점으로 새로운 국가대전략을 본격적으로 운용하기 시작할 것으로 보인다. 그것은 서진정책의 본격적인 가동을 의미한다. 동북아 및 태평양 지역에서 밀려오는 미국과 미일동맹의 거센 도전에 응전하기보다는 중국은 직접적인 충돌은 회피하면서 중장기적으로 오히려 미국을 포위하고 압도하는 전략을 채택하였다. 중국이 상대적으로 열세인 군사력과 하드파워 대신 경제력과 소프트 파워의 결합, 정치 현실주의적인 대응 대신, 자유주의적 발상과 대응을 통해 궁극적으로는 미국의 지도력을 약화시키려는 시도를 하고 있다.

이 전략 방향은 동쪽은 관리를 위주로 하고, 서쪽으로 진출하는 전략을 추진할 것으로 보인다. 중국의 새로운 서진(西進)전략의 핵심은 새로운 실크로드 전략(一帶一路)의 추진과 이를 재정적으로 지원하기 위한 금융제도인 아시아인프라투자은행의 설립이다. 중국이 잘 체계화된 서진전략을 지니고 있느냐 하는 것은 여전히 논란의 여지가 있고, 또 중국 스스로도 지난 화평굴기(和平崛起 → 和平發展), 새로운 강대국 관계(New Great Power Relations → New Major Country Relations) 논란에서 얻은 교훈으로 이를 전략이라기보다는 이니셔티브 정도로 묘사하고 있다. 그러나 종합적으로 분석해 볼 때, 중국의 새로운 대응은 동관(東管), 서진(西進), 남개(南開), 북화(北和) 전략으로 요약할 수 있으며, 2015년이 중대한 전환점일 것이다. 중국은 이미 미국과 일본의 반대와 저지 노력에도 불구하고 아시아인프라투자은행 설립에 대한 국제적인 지지를 확보하였다. 금년 말까지 57개국이 모여 이의 설립을 추인할 것으로 보인다. 이 가운데에는 미국의 가장 강력한 전통적 우방이었던, 영국, 그리고 독일, 프랑수, 이태리, 호주 등이 참여하고 있고, 중국과 현재 영해분쟁중인 베트남, 필리핀, 그리고 중국의 전통적인 지역 라이벌인 인도도 포함되어 있다. 향후 이 새로운 시도가 어떠한 결과를 가져올지는 아직 낙관할 수는 없으나 미국의 세계적인 리더쉽에 대해 엄청난 심리적 타격을 안겨준 것은 분명하다.

중국의 실크로드 구상은 중국의 21세기 국가대전략의 차원에서 해석할 수 있을 것이다. 그간 중국은 발전도상국으로서 '국가대전략'을 수립하고 실행하는 것인 국익에 도움이 되지 않는다는 입장을 바꿔, 시진핑 시기 들어서는 보다 적극적으로 '국가대전략'을 구상하고 운용하려는 의지를 지니고 있다. 이 구상이 추진되기 전까지 중국은 주변국들과 광범위한 해양분쟁에 휘말려 있었고, 주변국들과 갈등은 증폭되고 중국 위협론이 팽배하는 상황에 직면해 있었다. 중국은 이 전략을 통해 우선, 경제적으로는 새로운 단계의 경제발전 전략을 추진하고 있는 상황에서, 4조 달러에 달하는 보유 외환의 출구, 과잉설비 및 생산의 해외 이전, 새로운 경제 발전 동력을 제고할 수 있을 것으로 기대하고 있다. 두 번째로는 인프라 투자가 어렵고 낙후된 서부지역의 개발을 촉진하려는 필요성과 의지를 발현한 것이다. 세 번째는 낙후된 서부의 개발과 발전을 통해 국내 정치 사회적 안정성 제고를 기대하고 있다. 네 번째로 외교적으로는 주변국과의 관계 강화 기회 및 유럽, 아프리카, 남아메리카에 이르는 네트워크의 구축과 허브 역할을 수행하기를 기대하고 있다. 중앙아시아 등 서부 주변국들에 대한 영향력 강화와 대테러 협력의 강화도 주요한 효과가 될 수 있다. 마지막으로 전략적으로는 미국이 지배하는 해상루트에서 벗어나 보다 다양한 에너지 공급루트의 개발, 그리고 미국 위주의 국제질서와 그 압박에서 출구모색 및 새로운 대안적 질서를 제시할 기회를 찾으려 하고 있다.

　새 실크로드 전략 구상은 시진핑이 가장 역점을 둬 추진하고 있는 사업이며, 중국의 대국가전략(大局戰略)에 지정학적 전략사고가 본격적으로 적용되기 시작한 것을 의미한다. 전략적 공간에 대한 점유에 주목할 필요가 있다. 그리고 이는 아마 추후 중국 내부의 권력구도에도 중요한 함의를 지닐 수 있는 사안이다. 2015년 2월 21일 일대일로건설업무영도소조를 출범시켜 시진핑 주석을 포함 장까오리 정치국 상무위원 겸 부총리 등이 주관하게 하였다. 그리고 2015년 3월 28일, 실크로드 관련 중국 국가발전개혁위원회, 외교부, 상무부 공동 보고서 발표하였다. 함께 협의하고, 함께 건설하며, 함께 누린다는 원칙을 제시하였다. 관련 국가의 발전전략과 상호 연계되도록 추진하고 전방위적, 다층적, 복합형 상호연결 네트워크 구축한다는 것이다. 육상으로는 국제적인 통로를 이용하고, 실크로드를 연결하는 중심도시를 기반으로 하고, 경제무역산업지대를 협력플랫폼으로 만들어, 중국－몽골－러시아, 중국－중앙아시아－서아시아, 중국－중남아시아 등 3개 국제경제협력 회랑을 구축한다는 계획이다. 해상으로는 주요 항구를 포인트로 하고 안전하고 효율적인 운송통로를 공동으로 건설하고자 한다. 진주 목걸이 전략이라 흔히 지칭되는 중국－미얀마－방글라데시－인도－파키스탄－아라비아해－아프리카 연안선과 중국－남중국해－남태평양 두 개의 해상선이 주요 방향이다. 중국의 왕이 외교부장은 2015년 3월 전국인민대표대회에서 금년도 외교의 중점은 하나의 중점과 두 개의 축이 있는 데, 일대일로의 전면적인 추진이 그 중점이며, 평화와 발전이 두 축이라고 설명한 바 있다.

현재의 추이로 보자면, 2020년대에 중국은 경제적으로는 미국을 추월하여 세계 제1위의 경제 대국이 될 것으로 보인다. 그러나 셰일가스 혁명으로 팍스 아메리카나 3.0의 시대가 도래 할 것이라는 일부의 주장처럼 미국 역시 새로운 전기를 맞이하고 있다. 중국의 부상 2.0의 시대와 맞닥뜨리고 있는 것이다. 미중은 바야흐로 서로 강력한 국력을 유지한 채 새로운 제도·규범 경쟁의 시기를 맞이하고 있다. 미국과 중국은 아직 새로운 국제체제에서 구체적인 규칙과 묵계 등을 정하지 못했고 사안에 따라 협의, 조정, 갈등, 타협, 합의의 과정들을 필요로 할 것이다.[35] 미국이 상당기간동안 외교·군사 분야에서 우위를 유지하겠지만 새로운 국제관계에서 그 활용과 성공은 중국의 동의를 필수적으로 요구할 것이다. 점차 미중 간 '복합적인 협력과 경쟁 구도'가 소용돌이치는 가운데 한국은 더더욱 선택의 압력에 직면할 것으로 보인다. 사드 도입을 둘러싸고 벌어진 미중의 압박과 견제는 이제 시작에 불과한 느낌이다.

V. 중국의 대한반도 정책의 진화

강대국으로 자아정체성을 지닌 중국은 정상적인 국가관계의 관점에서 새로이 대한반도 전략을 구성하는 중이다. 중국은 강대국이고 남북

---

35) 이러한 맥락에서 정리한 빅터 차의 글은 http://article.joins.com/news/article/article.asp?total_id= 11839789&cloc=olink|article|default (검색일: 2013. 8. 24).

한은 약소국으로서 중국의 국가이익을 존중하도록 이끌어야 한다는 사고가 강해지고 있다. 북한과 정상적인 국가관계를 추진한다는 방향은 이미 후진타오시기에 제정하였으나 시진핑 시기 들어 이를 관철하고자 하는 의지를 확고히 하고 있다. 최근 중국 내부의 대한반도 전략사고 변화를 보자면, 기존의 지정학적인 사고를 넘어 점차 지경학적인 사고의 확대, 세계 전략적인 차원에서 지역 중견국인 한국의 전략적 가치 재발견(거점국가론), 중국의 국가이익에 기반한 남북한의 전략적 가치 재평가 경향이 강화되고 있다.

중국은 기존의 북중관계를 중심으로 한반도 문제에 접근하던 시각에서 벗어나 한중관계를 보다 독립적인 시각으로 인식하려 하고 있다. 남북한에 대해 보다 균형 있게 접근하고, 남북한이 소통과 교류를 강화하도록 긍정적인 역할을 하는 균형자 역할을 통해 한반도 전체에 대한 영향력을 강화하는 접근법으로 전환하려는 것이다. 중국은 이러한 접근법을 통하여 미국과 전략적 경쟁이 격화되고 있는 동아시아에서 한국의 중립화를 추동하려 노력하고 있다. 2014년 시진핑 주석은 북한을 방문하기 이전에 한국을 방문하였고, 북한 중심으로 한반도를 이해하던 사고에서 분명히 벗어나고 있는 것으로 나타나고 있다.

한반도 통일에 대한 긍정적인 정향이 강화되고 있다. 후진타오 시기에는 한반도의 통일은 양안 통일에 불리한 영향을 가져 오고 양안의 통일이 전제되어야 한반도 통일이 가능하다고 보았다. 최근 들어, 한반도 통일이 오히려 양안의 통일을 촉진할 수 있을 것이라는 사고로 전환하는 추이가 존재한다. 한국 주도 통일의 경우라도 미일 대 중국의 대결구도에서 적어도 한국이 중립을 지킬 수 있을 것이라는 기대와 더불어 한반도 통일에 긍정적인 담론도 크게 증가하고 있다. 하지만 그 최종 판단은 여전히 미국 국내정치의 향배, 미중관계 및 한중관계

등의 변수와 영향을 주고받을 것이다. 이러한 사고 전환은 중국 공산당 창당 100주년을 맞이하는 2021년까지 중국 통일에 극적인 돌파구를 찾으려는 시진핑의 노력과도 연계되어 있다고 보여 진다.

이러한 중국의 한반도 통일에 대한 입장에 있어 미묘한 변화는 지난 2014년 2월 현역 공군 장교 왕샹의 제등계획(조선반도 전략보고서) 내용에서도 읽혀진다.[36] 왕샹은 한반도 상태 최종목표를 통일, 번영, 민주, 비핵, 중국에 우호적인 한반도로 제시하면서 통일된 한반도를 긍정적으로 수용하였다. 대신 통일을 위한 6대 선결조건으로 ① 구속력 있고 높은 수준의 영구평화협정 체결, ② 영토 및 영해분쟁 철저해결로 향후 불안정성 제거, ③ 비핵화, ④ 외국군대 철수 시간표 제시, ⑤ 한반도 재건사업에서 경제이익 확보, ⑥ 미국의 보증, 미중 및 한미중 3자 협정 체결을 제시하였다.

시진핑 시기의 대북정책은 전환 중이다. 중국 외교의 DNA 변화와 북중 정상국가관계를 추진하고 있다. 북한은 전략적 동업자라기보다는 강대국의 핵심이익을 침해할 수도 있는 약소국이라는 인식이 더 강화되고 있다. 중국 중앙대외연락부가 전통적으로 주관한 대북 문제도 이제 외교부로 주도권이 넘어가고 있다. 약소국인 북한의 외교에 강대국인 중국이 이용되거나 불필요하게 연루되지 않겠다는 입장을 명시적으로 취하였다. 2013~14년 중국의 대북 외교를 보자면, 중국의 이익을 위배하는 북한의 행태에 대해서는 상응하는 비용을 증가시키겠다는 의지를 분명히 보여주고 있다. 2014년 환구시보를 중심으로 진행된 대북정책관련 중국 내 논쟁은 이러한 변화를 실감하게 한다. 전 국무

---

36) 이 보도는 http://news.chosun.com/site/data/html_dir/2014/03/15/2014031500274.html
(검색일: 2014. 05. 15).

원발전연구중심 한반도센터 주임 리둔치우(전통관계 중시)가 북중 간 전통적인 관계를 중시해야 한다는 주장을 하자 전 난징군구 부사령관 왕훙광 장군(국가이익중시)이 국가이익의 관점이 중요하고, 북한이 붕괴되더라도 중국이 이에 개입하여 도울 이유가 없다고 반박한 것이다. 이는 과거 북중 특수관계의 당사자였던 중국 군부의 장성이 공개적으로 나서서 이를 부정한 것은 과거 상상도 할 수 없던 일이다. 중국의 최근 대한반도 관련 논쟁을 살펴보자면 군부를 포함해 중국의 새로운 전략사고는 보다 현실적인 판단에 근거하고 있다. 과거와는 달리 대한반도 정책의 마지노선(底線)과 Red Line(紅線) 설정하여 구체적인 시나리오별 대응전략을 구축하고자하고 있으며, 마지노선을 제시하여 상대의 정책방향에 일정한 영향을 미치려 노력하고 있다.

중국은 북한의 핵무장 수준에 대한 재평가 및 핵무장이 가져오는 부정적 결과에 대해 새로이 인식하였고, 한반도(북한) 비핵화의 의지가 전례 없이 강화되었다. 중국은 북핵에 대한 북한의 전향적 조치가 중북 정상회담의 전제조건임을 공공연하게 드러내었다. 북한 에너지 공급에 대한 압박과 접경지역 군사훈련 강화하고 있다. 북핵 관련 대북 재제조치 목록을 확대하였고, 특히 핵 및 미사일 개발과 관련한 물품이 통관되지 못하도록 노력을 기울이고 있다. 동시에 대규모 국가 단위 경제협력 사업은 여전히 자제하고 있다. 그러나 북한은 중국의 이러한 압력에 반발하고 중국의 과도한 영향력 확대를 우려하면서 대중 경제의존도를 줄이고 국가관계를 다변화하려고 시도 중이다. 일본과 미국에 시도한 데 이어 러시아와 관계 강화를 모색 중이다. 중국은 북한에 대해 압박을 유지하면서도, 소규모 및 민생차원의 교류는 허용하였고, 지방정부 차원의 경제협력은 허용하는 유화책 허용하기도 하여 화전양면전술을 적용하고 있다. 북중 간 지역 경제 차원에서 경제적 상호 의존성은 심화되고 있어 최근 북중 간 무역규모 확대의 주요 원인이 되고 있다.

북한 문제는 한중 간에 여전히 이견과 불신을 커서 향후 중대 갈등 요인이 될 수 있을 것이다. 중국의 대한반도 정책은 진행형이라 할 수 있고, 진화중이다. 중국은 현재의 구조적인 조건에서는 한국이 기대하는 바처럼 북한을 포기하는 전략적인 선택은 불가능하다고 보는 것이 현실적인 판단일 것이다. 중국의 대 한반도 정책의 핵심은 남북한 균형외교에 있으며, 일방에 편향적이기보다는 한반도 전역에 대한 영향력의 확대에 있다. 중국은 북한이 단기간 내 붕괴할 개연성은 거의 없으며, 대신 [생존 – 번영]의 틀에서 인식하면서 북한에 대해 자국의 번영하기 위해서는 핵 개발을 포기해야 한다는 논리로 설득 중이다. 대신 중국은 한국이 북한의 붕괴가능성을 전제하는 [붕괴 – 생존]의 틀에서 인식하면서 흡수통일 정책을 배제하지 않는 것으로 인식하고 있다.

한중 양국은 현재처럼 북한의 핵문제에 대해 인식의 격차를 줄인 적이 없을 정도로 가깝다. 북한의 핵 안전 문제는 중국의 큰 우려 대상이 되고 있다. 북한의 불안정 가능성에 대해서도 중국은 과거보다 더 적극적으로 고려하고 검토 중이다. 향후 한중은 양국의 북한에 대한 인식 차이를 줄여나가면서 공동의 대응책을 마련해야 하는 과제가 놓여 있다.

VI. 정책 제언

현 추세는 팍스아메리카나 3.0과 중국의 부상 2.0 시기가 동시에 중첩되면서, 독수리와 용이 휘돌면서 날아오르는 양상을 띠고 있다. 우리 입장에서는 그 만큼 혼돈스럽고, 그만큼 강한 압력을 받으면서, 정책의 비용을 걱정해야 하는 도전에 직면해 있다. 셰일가스 혁명의 여파와 경기회복으로 자신감을 회복한 미국과 새로운 국가대전략에 따라 세계적인 포석을 전개하면서, 아시아인프라투자은행과 같이 초기 수확을 거둔 중국의 입김이 거세다. 한국은 양국이 모두 전략적인 거점으로 생각하는 공간이 되었다. 이러한 추세를 어떻게 대응할지에 따라 우리는 고래에 끼인 새우가 될 수도 있고 아니면 우리의 독자적인 영역을 지닌 돌고래가 될 수도 있다. 다만 우려스러운 것은 2015년부터 본격적으로 가동될 중국의 서진 전략이 한국이나 한반도 안정에 반드시 긍정적인 것이 아니며 오히려 도전 요인이 강해진다는 점이다.

향후 중국의 국제적 영향력은 더 증대될 것이다. 대신, 미중 간의 갈등과 경쟁의 골은 더 첨예하고 깊어질 것으로 예상되어 한국의 외교안보에는 더 부담스런 상황에 직면할 개연성이 다대하다. 일대일로 정책에서 현재 동북아는 그 발전계획에 들어가 있지 않다. 한국에 대한 기대치는 낮추고, 북한과의 관계 개선 추진하고, 한반도 변수의 영향을 낮추는 방향으로 정책 전개 예상된다. 중국의 한반도에 대한 상대적 관심이 줄어들면, 북한이 도발할 개연성은 상대적으로 증대될 것이다. 우리 정부의 아시아인프라투자은행 참여의 주요 명분인 대북 경제개발, 북방 경제협력에 활용하려는 기대는 당분간 실현되기 어려울 수 있다. 남북관계 개선도 어려울 전망이다. 중국은 북한의 도발을 억제하고, 경제개발계획에 유인하면서, 김정은을 중국에 초청하기 위한 노력을 가중시키고 있는 것으로 보인다. 이 결과가 우리에 미치는 영향 다대하니 주목할 필요가 있다.

1. 연미협중의 전략 추진

일단 다행스런 것은 미중 양국이 모두 북핵문제와 한반도 비핵화에 관해서는 한국과 거의 의견일치를 보고 있다. 이는 전례 없던 일이다. 미중 양국 정상은 북핵을 용인하지 않고, 한반도 비핵화를 달성하기로 합의하였다. 한반도 문제는 미중 간의 가장 중요한 협의와 협력사안이 되었다. 중국의 북한에 대한 시각변화 역시 한미중 안보 협력에 중요한 기회를 제공하고 있다. 중국 역시 한국과 북한문제에 대해 더 논의하고 싶어 한다. 이는 과거와는 판이하게 달라진 모습이다. 우리의 정책은 중국의 대북정책에 대한 태도변화를 잘 이해하고, 이를 적극 활용하는 전략을 채택하여야 한다. 특히 현재처럼 북핵문제에 대해 한미중이 입장접근을 한 경우는 없었다. 이러한 국제공조를 잘 유지하는 것이 우선은 중요하다. 북한이 군사적 도발과 핵개발이 얼마나 비용이 많이 드는 구조인지를 국제적인 공조를 통해 인식시켜야 한다. 덧붙여 북한에 제공할 경제적 지원의 인센티브도 미국 및 중국과 긴밀히 협의하면서 중국의 대북접근을 최대한 활용하여야 한다. 이를 위해서는 한국의 대외정책 역시 주변 강대국들의 직접적인 이해에 대해 보다 민감하고 신중히 대응할 필요가 있다. 무엇보다도 중요한 것은 북한과 국제사회에 대해 우리가 한반도 평화공존의 메시지를 분명히 하는 데서 출발하는 것이다.

미국 및 중국과 북핵 및 북한문제에 대한 공동의 목표와 비전을 합의하고, 구체적인 행동에 대한 조율을 하는 연미협중(聯美協中) 전략의 추진이 필요하다. 미중 관계에 있어 '전략적 갈등과 협력'의 양면 중 '협력'의 부문에서 긍정적인 역할을 수행하는 전략적 선택이 필요한 시점이다. 미중과 공동으로 우호관계를 맺을 수 있는 글로벌 중견국가가

추구해야 할 전략방향이다. 공동 목표의 핵심은 북핵문제이며, 추후
북한문제로 확대할 수 있을 것이다. 북핵문제에 대해 단호한 태도를
취하고 있고, 북한 핵안전문제에 대해 큰 우려를 지니고 있는 시진핑
정부와 북한의 비핵화를 위해 보다 과감한 행동계획을 추진할 것을 제
안한다.

[미중 복합관계 구도에서 한국의 전략적 선택]

전략방향 변수	연미통중 (聯美通中)	연미화중 (聯美和中)	연미협중 (聯美協中)	연미연중 (聯美聯中)
기간	이명박 정부시기	박근혜 정부 시기 (2013~2017)	2015~2030	2030~2049
미중관계	미국의 우위	미국의 군사력 우위 미중 경제력 균형	미국의 군사력 우위유지 중국의 경제력 우위로 전환	미중 군사력 균형 중국의 경제력 우위
국제체제	미중 갈등과 협력 의 모색시기	복합적인 미중 갈 등과 협력 시기	미중 전략적 경쟁시 기	미중 전략균형 시 기 다극 체제 형성
국제체제 내 중국의 부상	한미동맹 기반 위 역내 우호증진 노력 중국과 구동존이(救 同存異)의 모색	일변도 외교 지양 중국과 구동축이 (救 同縮異) 추구 중견 국가 협력의 모색 및 추진. 미중과 양 자 전략대화 강화	한미 전략동맹 운용. 중국과 공조의 심화. 다자안보체제의 구축. 중견국가 협력의 제 도화.	동맹외교의 탈피와 다자안보체제 강화 중견국가 협의체 의 적극적 운용
북한체제 위기	한미동맹, 대일협 력 공고화 및 대중 /대러외교 강화	한미동맹 유지 및 대중 및 대일 협력 외교 강화. 대북 한 중 전략대화 추진	미국 및 중국과 양자 협력 기반으로 한미중 삼자 전략대화의 운용	미중과 전략대화 심화. 한미중 삼자 협력의 안정화. 평 화적 통일 실현

다차원적인 전략안보대화를 통해 한미중은 북한 문제에 대한 정보
와 인식의 공유를 우선적으로 추진해야 한다. 한미중 간 동북아 안정
과 평화에 영향을 미치는 정세(특히 북한)에 대한 상시 모니터링과 협
의 체제를 구축을 고려하는 것도 필요하다. 평시에 북한의 미사일 및
핵 도발에 대한 공동 인식과 대처방안에 대해 합의할 수 있어야 한다.

그리고 미중 간에 이미 오랫동안 진행해 온 '위기관리체제 연구'에서 '북한 위기'부분을 한중 역시 유사한 형태로 연구를 개시할 수 있어야 한다. 이를 바탕으로 일단 유사시 한미중이 공동으로 북한발 위기에 대응할 수 있는 체계를 구축할 필요가 있다. 중국의 Bottom Line과 Red Line 구분 추세에 부응하여 대북플랜 B를 놓고 그간 중국 측이 금기시 했던 한반도 위기관리에 관한 대화도 시작할 필요 존재한다. 중국 측 역시 아직 한반도 통일에 대한 구체적인 시나리오를 가지지 못하고 있는 것으로 평가된다. 동 사안에 대한 한국과의 소통이 필요할 것이다. 향후, 중국의 대한반도 통일 시나리오 작업에 우리의 이해를 적극 투입할 수 있는 노력과 전략적 접근이 필요하다. 이를 위한 검토와 조정을 위한 TF 팀 구성도 고려해 볼 만하다.

현재 계획에 없는 일대일로의 동북아 라인을 형성할 수 있도록 노력을 배가하여야 한다. 이를 활용하여 동북아 안정에 기여하도록 활용할 수 있을 것이다. 아시아인프라투자은행은 여전히 지배구조나 운용에 대한 이견이 존재한다. 생각이 같은 국가들과 협력하여 아시아인프라투자은행이 국제적인 기준에 합당한 조직이 되도록 유도하고, 더 미국과 중국이 대립적인 구조로 가지 않도록 내부적인 배려와 안배 추진하여 우리의 긍정적인 역할 발휘할 필요가 있다. 국가역량을 결집하여 어떻게 우리가 새로이 주어진 경제기회를 활용할 수 있는 지에 대한 전면적이고 거시적이며, 종합적인 계획 수립하여 체계적인 접근을 시도하고 기업들을 지원하여야 한다. 아시아인프라투자은행 내 우리의 인원 할당량을 최대 확보도 중요하다. 그리고 마지막으로 중국의 새 실크로드 구상이 가져올 외교안보적 도전요인을 냉정히 분석하여 대응책을 수립할 필요가 있다.

2. 한미중 간 조화로운 관계 설정 노력

한국은 미중과 역내 갈등의 완화 노력이 필요하다. 현 단계에서 한국 외교의 핵심적인 원칙은 역내 대립과 갈등보다는 협력과 공생의 관계를 추구해야 한다는 것이다. 이는 중견국가로서 우리의 국력에도 부합하는 것이며, 시대의 추세와도 부합한다. 역내 갈등 구도는 어떤 형태로든 한국의 이익에 부합되지 않는다. 한국 외교는 갈등의 구성원이나 촉매제가 되기보다는 이 갈등들을 완화하고, 역내 평화와 안정을 위한 새로운 대안을 지속적으로 제시하는 데 초점이 맞춰져야 한다. 이를 위해, 원칙을 바탕으로 한 미중과의 조화로운 관계가 중요하다. 한국의 전략방향은 한미동맹의 발전과 한중 전략적 협력동반자 관계는 개념적으로 상충되지 않음을 유념하고, 한미동맹 발전과 한중 전략적 협력동반자 관계를 심화하면서 조화를 완고하게 추구해야 한다. 중국은 물론이고 미국과 일본과의 관계도 모두 동시에 강화하는 방향으로 나아가야 한다. 일본과의 관계 개선은 한미동맹에도 도움을 주고, 중국에 대한 협력이 가능하고, 한국의 경제발전에도 도움이 된다. 향후 미중관계는 파고가 높아 질 개연성이 커 한국 외교안보는 일변도 외교의 유혹을 거세가 받을 전망이다. 파고에 흔들리면서도, 한국은 미중 양국에 최선의 성의를 다하면서 우리의 원칙과 이익을 지켜내는 노력이 필요하다. 이를 위해 한국이 반드시 지켜야 할 핵심이익과 원칙이 무엇인가에 대한 내부적인 합의가 필요하다.

3. 미중과 한반도 통일 비전 공유노력

한국이 통일을 주도하고자 한다면, 미ㆍ중이 다 같이 동의할 수 있는 통일비전과 구체적 조건들을 제시할 수 있어야 한다. 중국은 이미 동북아 지역에서 미국과 더불어 가장 중요한 이해상관자(Stakeholder)로 부상하였고 한반도 문제에 대한 개입의지도 분명하다. 미·중 간 전략적 이해에 반하는 한반도 통일은 실현되기 어렵다. 한반도의 통일이 중국의 전략적 이해에 반드시 불리하지 않다는 인식을 중국과 공유해야 한다. 당위적 차원의 설득이 아니라 실제 중국의 전략적 이해가 무엇인지를 정확히 파악하고, 우리의 이해에 부합되게 한·미·중 간 전략적 이해의 공통부분을 확대해 나갈 수 있어야 한다. 중국은 한국이 보다 유연하고 독립적인 외교안보 정책을 추진하는 것이 이 역내에서 한미일 동맹에 의한 대중 포위전략을 타개하고, 다극화를 추진하는 데 유리하다고 판단하고 있다. 즉, 한국에 대한 기대치를 친중 정책의 수립에 놓은 것은 현실적이지 않다고 인식하고 있다. 다만, 적대적이 되는 것에 대해서는 깊은 우려를 가지고 있다.

통일한국에 대한 중국의 입장은 변화해가는 국제정세의 추이 속에서 통일 한국이 제공하는 중국에 대한 편익과 우려사이에 어떠한 교집합이 형성하느냐에 깊이 영향을 받을 것이다. 결국 이러한 교집합을 적극적으로 형성해내고 설득해 내는 것은 우리에게 달려있다고 보아야 할 것이다. 북한은 앞으로도 지속적으로 한반도의 상황을 불안정하고 불확실하게 할 것이다. 이는 중국이 경제발전과 국가 안정에 필수 조건이라 생각하는 한반도 안정을 위협한다. 북한은 중국에 미국을 포함한 주변국과 갈등을 빚게 하는 악역(惡役)을 지속적으로 강요할 것이다. 북한은 점점 더 중국에 전략적 가치가 아니라 전략적 부담이 되는 것이다. 시진핑 시기의 외교는 북한에 의해 연루되어 중국이 악역을 담당하는 것은 더 이상 받아들이지 않겠다는 점을 분명히 하고 있다. 북핵 위기가 깊어 갈수록 중국의 고민도 깊어갈 것이며, 한반도 통일에 대한 중국의 전략적 사유도 깊은 영향을 받게 될 것이다.

이 과정에서 한·중 양국은 지정(地政)학에 기초한 20세기적인 안보관을 극복하고, 지경(地經)학을 포함하는 21세기의 새로운 지(地)전략적 사고의 정립이 필요하다. 보다 독립적이고 안정된 통일 한반도, 비핵화되고 평화지향적인 정부, 광대한 경제활동 및 교류의 공간 확보가 한미중 모두에게 보다 많은 번영의 기회를 제공할 것이 틀림없다는 확신을 안겨 주는 것이 필요하다. 중국 내 새로운 주류로 부상하는 신흥강대국론자들은 이러한 한반도의 미래와 통일에 대해 보다 긍정적으로 생각하게 될 것이다.

김흥규. "중국 동반자외교 소고."『한국정치학회보』제43집 제2호, (2009).

_____. "시진핑시기 미중의 새로운 강대국 관계 형성 전망과 대한반도 정책." 『국방연구』제56권 제3호, (2013).

_____. "시진핑 시기 중국 외교안보 전략의 진화."『외교』제11호, (2014).

엄태암, 유지용, 권보람.『미국의 아태지역 재균형정책과 한반도 안보』(서울: KIDA Press, 2015).

이상현. "아태지역 정세와 미국의 전략적 재균형."『외교』제11호, (2014).

王缉思, "中美最大的战略互疑是兩個秩序."

　　　http://finance.ifeng.com/news/special/SinoUSrelations5/ (검색일: 2015. 3. 21).

Department of Defence. *Sustaining U.S. Global Leadership: Priorities for the 21st Century Defence.* Washington D.C.: Department of Defence, 2012.

LaGrone, Sam. "Work: Sixty Percent of U.S. Navy and Air Force Will Be Based in Pacific by 2020." *USNI,* September 30, 2014.

한국의 FTA 네트워크를 활용한 개성공단 국제화는 가능한가?

김 양 희

대구대학교 경제학과 교수

Ⅰ. 문제제기 – 왜 개성공단과 FTA인가?

분단 70년을 맞는 한반도의 이남에 위치한 남한에게 개성공단이란 공간은 중단기적으로 저임금에 의존하는 중소기업의 점진적 구조조정을 위한 완충지대가 되며 장기적으로는 고령화 및 저성장 시대에 진입한 한국경제의 마지막 보루라 해도 과언이 아닐 정도로 새로운 성장동력으로서의 잠재력을 지닌다. 한반도의 이북에 해당하는 북한에게 개성공단은 자신의 현 정치경제 시스템과 판이한 시장경제의 작동원리를 집약적으로 학습하는 공간이자 자체적으로는 조달 불가능한 대규모 자본과 기술을 얻을 수 있는 일종의 경제특구다. 미시적으로 개성공단에 고용된 북측 노동자들에게 이곳은 자신들의 생계가 달린 절절한 삶의 현장이기도 하다.

현실적으로 개성공단 가동 외에는 사실상의 남북경협이 중단된 현

상태에서, 남북 모두에게 경제적으로 유의미한 남북경협의 99.9%를 맡고 있는 개성공단은 남북관계 복원과 남북경제통합의 명맥을 잇는 실낱 같은 희망이라 하지 않을 수 없다. 한 발 더 나아가 개성공단의 일상적인 공단 운영과 기업 경영 과정에서 남측의 공단 관리자 및 기업인과 북측의 관리자 및 노동자가 얼굴을 맞대고 부대끼는 가운데 상호이해와 화해의 장이 된다는 점은 경제적 측면만이 아닌 복합적인 의의를 재조명하게 해 준다. 개성공단은 매일 같이 '작은 통일'을 배우는 소중한 통일학습장이 되어 있는 것이다. 이는 나아가 경제협력 활성화와 제도화 및 그로 인한 남북경제통합의 초석이 되지 않을 수 없다. 그뿐인가. 북측이 군사적 요충지인 개성을 남측에 내줌에 따라 개성공단은 존재 자체만으로도 한반도의 평화구축에 기여하는 디딤돌이 되어있다.

그러나 이제는 개성공단조차도 경색된 남북관계로 인해 당초 계획을 턱없이 밑도는 실적이 말해주듯이 제 기능을 못하게 된지 오래다. 이에 개성공단의 기능 회복과 사업의 지속 가능성 및 안정성 제고 차원에서 2013년 개성공단의 잠정폐쇄 이후 재가동에 들어가며 남북 간 합의하에 개성공단 국제화 방안이 제시되었으나, 이 또한 답보상태를 벗어나지 못하고 있다. 개성공단 국제화는 다양한 방식을 통해 구현될 수 있겠으나 현 단계에서 유의미한 것으로는 다음의 두 가지 유형을 들 수 있다.

첫째는 공단 내 외국인투자 유치사업이다. 이를 통해 공단의 이해관계자를 다자화시켜 남북 양자관계의 부침에 휘둘리지 않고 공단이 안정적으로 운영될 수 있는 환경을 조성하겠다는 것이다. 하지만 실상은 그리 간단치 않다. 그간 공단입주에 관심을 보인 외국계 기업은 58개사 정도로 종종 이들의 행보가 언론에 보도되며 그 성사 여부에 이목이 집중되곤 했으나 실제 법인투자로 이어진 기업은 전무하다. 그로 인해 현재 개성공단에서 실질적인 사업을 벌이고 있는 외국계기업이라고는 공단 내 섬유봉제공장에서 사용하는 바늘을 제공할 목적으로 영업소 형태로 입주해 있는 독일계 기업 '그로쯔 베커르트' 한 곳이 있을 뿐이다.[1]

개성공단 국제화의 두 번째 유형은 개성공단산 제품의 수출이다. 이와 관련해 특히 주목할 측면은 남측의 FTA 네트워크를 활용하여 개성산 제품을 수출하는 것이다. 남측 정부는 그간 51개국과 발효시킨 14건의 FTA에서 내용상의 편차는 있으되 개성공단을 '역외가공지역(Outward Processing Zone)'으로 지정하는 조항을 '원산지규정(Rules of Origin, RoO)' 장(chapter)에 포함시켜 왔다. 이를 통해 개성산 제품의 해외판로를 안정적으로 확보하여 개성공단의 활성화를 도모하고자 한 것이다. 특히 우리 정부는 한중 FTA의 중요 성과로 동 협정에서 개성공단을 역외가공구역으로 인정받는 것에 대해 대대적으로 홍보한바 일반 국민들도 대체로 그렇게 받아들이는 분위기다. 그렇다면 이러한 일련의 평가는 타당한 것일까?

만일 이를 통해 개성산 제품이 중국을 위시하여 51개국에 수출된다면 이는 무엇을 의미할까? 이는 북측이 남측의 글로벌 FTA 네트워크를 통해 간접적으로 최소한 51개국과 연계되어 이를 매개로 '글로벌가치사슬(Global Value Chain)'에 편입되는 것을 뜻한다. 이렇듯 정치경제체제가 상이한 분단국가가 일방의 FTA 네트워크를 매개로 쌍방이 아닌 일방이 타방의 GVC에 일방향으로 편입된다는 것은 지구상에 유례를

---

[1] 'the 300'(2015. 9. 13). "개성공단 국제화 구호뿐...외국업체 단 한 곳," (http://the300.mt.co.kr/newsView.html?no=2015091314487657316)

찾아보기 힘든 독특한 정치경제사적 실험이라 할 수 있다. 그에 따라 개성공단은 북한의 동아시아 GVC로의 원활한 편입 가능성을 가늠할 수 있는 하나의 리트머스 실험지로 자리매김되었다. 이것이 성공적으로 안착하여 외교안보적 성과로까지 이어진다면 이는 인류사적으로도 한 획을 긋는 일대 사건이라 하겠다.[2] 우리가 개성공단의 FTA 활용 여부에 주목하는 이유가 바로 이 지점에 있다.

개성공단 국제화의 두 번째 유형을 이론적으로만 보자면 첫 번째 유형에 비해 수월해 보인다. 국제경영학의 해외시장진출론(foreign market entry mode theory)에서도 수출은 투자에 비해 용이한 해외진출 모드로 규정하고 있다. 하지만 실상은 판이하게 다르다. 우리 정부는 매 FTA 협상에서 개성공단을 OPZ로 지정받고자 그에 상응하는 반대급부를 어떤 형태로든 내줘야 했던 것은 두 말할 필요 없다. 그만큼 적지 않은 기회비용을 지불하며 힘겹게 얻어낸 OPZ 조항이건만, 아쉽게도 지금까지 한국의 FTA 네트워크를 활용한 개성산 제품의 수출실적은 거의 전무한 실정이다.

이에 이 글에서는 개성공단 자체보다 14건의 FTA, 그 중에도 특히 한중 FTA와 개성공단의 접점에 주목하고자 한다. 이들 FTA의 RoO OPZ 규정이 어떻게 되어 있으며, 애써 만든 조항이 제대로 활용되고 있지 못하는 이유에 천착해 보고 과연 이 조항들이 개성공단 활성화에 기여할 것인지 분석할 것이다. 그 이유는 그만큼 FTA 정책과 개성공단의 연계가 지니는 독특한 정치경제적학 함의에 있음을 재차 강조한다.

---

[2] 이와 유사한 사례를 굳이 들라면 체코-슬로바키아 FTA, 중국이 홍콩 및 마카오와 맺은 CEPA, 그리고 대만과 맺은 ECFA를 꼽을 수 있겠다. 하지만 남북 간에는 워낙 경제체제가 상이하며 소득수준의 격차가 크고 극심한 대립과 갈등으로 점철되어 온 만큼 아직 양자 간 FTA 체결이 요원한 단계이며 위 사례의 경우 일방이 아닌 쌍방의 네트워크 활용이란 점에서도 차이가 있다.

나아가 시론적으로 FTA를 통해 개성공단의 국제화 기반을 마련하여
이를 통해 개성공단이 동아시아 GVC에 원활하게 편입되려면 무엇이
필요한지 향후 과제를 제시하기로 한다.

II. 한국 FTA 정책과 개성공단

1. 한국의 FTA 정책

한국은 2015년 12월말 기준, 51개국과 14건의 FTA를 발효시켰고, 2개
국과 2건을 타결했다. 현재 협상이 진행 중인 것은 한중일 FTA 등 4건
으로, 모두 복수국과의 FTA이며, 4개국과의 FTA가 협상이 지지부진(인
도네시아)하거나 사실상 중단 상태(일본, 멕시코, GCC)로, 협상재개 여
건을 마련 중이다. 한국은 2003년 수립한 '자유무역협정(FTA) 로드맵'
에 의거하여 지금까지 거대・선진경제권과 포괄적이고 높은 수준의
FTA를 동시다발적으로 추진해 온 결과 현재 전 세계에서 미국, EU, 중
국, ASEAN과 모두 FTA를 체결한 유일한 나라가 되었다.

〈표 1〉 한국의 FTA 추진 현황(2015년 12월말 기준)

구 분	대상국가	비고
발효	칠레	발효('04.4.1)
	싱가포르	발효('06.3.2)
	EFTA	발효('06.9.1)
	ASEAN	발효('07.6.1)
	인도	발효('10.1.1)
	EU(28개국)	발효('11.7.1)
	페루	발효('11.8.1)

	미국	발효('12.3.15)
	터키(상품)	발효('13.5.1)
	호주	발효('14.12.12)
	캐나다	발효('15.1.1)
	중국	발효('15. 12. 20)
	뉴질랜드	발효('15. 12. 20)
	베트남	발효('15. 12. 20)
타결	콜롬비아	서명('13.2.21)
	터키(서비스 · 투자)	가서명('14.9.18)
협상진행	한중일(3자)	5차 협상('14.11)
	. RCEP	10차 협상('15.10)
	중미 (6개국)	2차 협상('15.9)
	에콰도르(SECA)	예비협의개최('15.12)
협상재개 여건조성	인도네시아	7차 협상('14.2)
	일본	3차 과장급협의('12.6)
	멕시코	2차 협상('08.6)
	GCC	3차 협상('09.7)
협상준비 또는 공동연구	MERCOSUR	공동연구 완료('07.10)
	이스라엘	공동연구 완료('07.8)
	말레이시아	타당성 연구 완료('12.12)

자료: 산업통상자원부 'FTA강국, KOREA
(http://fta.go.kr/webmodule/_PSD_FTA/situation/FTA_ov_list20140320.pdf)

FTA가 발효된 나라들과의 무역액이 한국의 총무역에서 점하는 비중
은 콜롬비아, 호주, 캐나다, 뉴질랜드 및 중국과의 FTA까지 추가하면
63%로, 대외 통상관계뿐 아니라 외교안보 측면에서도 FTA의 활용 여
부가 주요 변수가 되었다.

외교통상부는 2003년 우리나라의 FTA 정책이라 할 수 있는 '자유무
역협정 추진 로드맵'(이하 'FTA 로드맵')을 수립하고 FTA 목표를 지역
주의 대응과 자유화를 통한 국가경제시스템 선진화와 경제체질 강화
에 두었다.[3] 이를 위한 전략은 거대경제권과, 포괄적이고 높은 수준으

로, 동시다발적으로 추진하는, 고강도 개방기조를 핵심으로 삼았다.[4] 정부는 그간 FTA를 통한 '경제영토 확장'을 대대적으로 선전하며 국민들의 아제국주의적 심리를 부추기는데 열중하였다.[5]

현 정부 들어 'FTA 로드맵'을 대체하는 2기 통상정책이 2013년 6월 '새 정부의 신통상로드맵'으로 제시되었다. 여기에서 정부는 향후 FTA 정책기조를 개방형 통상정책 기조 유지, 상대국과 상생, 통상정책 성과의 국내 공유, 협업·소통의 통상정책 기반 확충으로 제시하여 'FTA 로드맵'에 대한 그간의 비판을 일정 정도 수용하였다. 또한 세계 FTA 네트워크상 한국의 역할을 선진국과 개도국간 '핵심축'(linchpin)으로 규정하였다. 그러나 여전히 핵심축 개념은 모호한 외교적 수사에 그치고 개별 정책대안도 선언적 수준에 머물러 있는 실정이다.

한반도가 속한 동북아의 지정학적 특성상 우리의 주요 외교 상대와의 FTA는 통상정책적 맥락을 넘어서는 복합적인 대외전략의 성격을 띨 필요성이 있다. 여전히 북핵문제가 한반도의 평화를 위협하고 있으며 역사갈등, 영토갈등이 첨예한 동북아에서 추진하는 FTA 정책은 한반도와 동북아의 항구적 평화정착에 기여하는 복합대외전략의 한 방편으로 인식해야 한다. 역내지역통합이 지니는 이러한 측면에 대해서도 대국민 설득이 필요한바 이를 명시화하지 않으면, 한중 FTA와 같이 이러한 성격이 강한 FTA 추진에 대한 국민적 지지 확보가 곤란해질 수 있다.

---

3) 외교통상부, 『자유무역협정(FTA)추진 로드맵』(2003. 9).

4) 김양희·정준호, "한국의 FTA 정책+의 비판적 검토와 대안 모색," 『동향과 전망』제 67호, (2006).

5) 여기서 말하는 '경제영토'란 FTA 상대국의 GDP를 단순 합산한 것으로서, 학문적으로도 규범적으로도 쉽사리 수긍하기 어려운 모호한 개념이라 하겠다.

이러한 맥락에서 우리 정부도 지난 FTA 추진 과정에서 일견 개성공단을 역외가공지역으로 지정하는데 우선순위를 부여했고 이를 얻어내기 위해 불가피하게 그에 상응하는 반대급부를 상대국에 지불해 왔다. 외견상으로 볼 때 이러한 노력은 지금까지 한-칠레 FTA를 제외한 모든 기발효 FTA에서 관련 규정이 포함되었다는 점을 통해서도 확인 가능하다. 정부는 개별 FTA가 발효될 때마다 개성공단 관련 조항을 포함시킨 것에 대해 대대적인 홍보를 하였고 특히 한중 FTA에서는 적지 않은 기대감을 품게 하였다. 우리 정부는 틈날 때마다 개성공단을 역외가공지역으로 지정할 경우 이것이 한반도의 평화정착과 남북경제통합을 가속화시키는 지렛대 역할을 할 수 있을 것이란 비전을 강조해 왔다.

하지만 막상 그 내용을 살펴보면 다소 실망스러운 수준이라 하지 않을 수 없다. 아직까지 개성공단의 OPZ 조항을 활용하여 미국·EU에 수출한 제품이 거의 전무하다는 점이 이를 반증하고 있다.[6]

이러한 결과는 무엇을 의미할까? 이는 바꿔 말하자면 우리 정부가 협상 과정에서 실제로는 그다지 공을 들이지 않았거나, 그럼에도 불구하고 뭔가 애초의 설계나 추진과정상의 문제가 있어 그만큼의 성과를 얻지 못하고 있거나 둘 중의 하나 때문일까? 이에 이 글에서는 어디에서부터 어떤 문제가 발생하고 있는지, 나름의 해법은 없는지 고찰해 보기로 한다.

2. 기존 FTA의 개성공단 관련 조항

한-칠레 FTA를 제외하고는 한국이 체결한 모든 FTA에는 개성공단

---

6) 『중앙일보』, "FTA 혜택 받으며 미국·EU 수출한 개성공단 제품 0" (2014. 8. 25).

을 '역외가공지역(outward processing)'으로 다루는 조항이 포함되어 있다.

역외가공이라 함은 '생산품의 원산지 판정시 자유무역협정(FTA)상의 영역의 원칙에서 벗어나 FTA 당사국 영역이 아닌 역외지역에서 생산, 가공된 제품을 일정 조건에 따라 원산지 상품으로 인정하거나 그 상품을 단순히 일방 당사국에서 타방 당사국으로 선적 수출되는 제품에 대해 역내산으로 인정해 주는 여러 유형의 방식을 총칭한다.[7] 기체결 FTA의 원산지규정에서 역외가공방식을 적용한 개성공단 조항은 크게 세 가지로 구분된다. 이에 대한 개요 및 한국 FTA에서 적용된 사례를 각기 살펴보면 다음과 같다.

첫째는 가장 일반적인 '역외가공(Outward Processing: OP)방식'이다. FTA 일방 당사국에서 생산된 원산지 재료 혹은 부품의 전부나 일부를 역외의 제3국으로 수출하여 추가 가공을 걸쳐 제조된 물품을 당해 당사국으로 재수입 후 당사국에서 최종 가공 후 혹은 원 상태로 FTA 타방 당사국으로 수출할 경우 이것이 일정 요건을 충족하면 역내에서 생산된 원산지상품으로 인정하는 방식이다.

한국 FTA에서 OP방식이 적용된 것은 싱가포르(ISI방식과 혼용), EFTA, ASEAN, 인도, 페루, 콜롬비아, 베트남, 중국과의 FTA이다. 이들 나라들과의 FTA에서 적용 가능한 조건은 '역외부가가치 40% 이하, 역내산 재료비 45% 이상(싱가포르)~60% 이상(OP방식을 적용한 나머지 FTA 상대국)'으로 한-싱가포르 FTA가 유연한 방식임을 알 수 있다.

둘째는 '통합인정(Integrated Sourcing Initiative: ISI)방식'이다. 이는 당

---

[7] 이영달·이신규 (2015), p.121. 이하 역외가공지역에 대한 설명은 이영달·이신규 (2015)에 따른다.

사국이 합의하여 협정에서 열거한 일정 품목의 제품에 대해 실제 원산지 여하를 불문하고 FTA 상대국에서 수출되는 경우 무조건 역내산으로 인정하는 방식이다. 따라서 여타 역외가공지역 조항에 비해 가장 느슨하고 활용도가 높은 방식이라 하겠다. 이 방식을 최초로 도입한 것은 싱가포르-미국 FTA이며 한국은 싱가포르와의 FTA에서 도입했다. 하지만 정작 위 두 개의 FTA가 체결된 지 한참 후 체결된 한미 FTA에서는 가장 까다로운 방식인, 후술할 위원회 방식이 도입되었다.

〈표 2〉 한국의 FTA 상대별 개성공단 관련 원산지규정 비교

	적용 방식	허용 지역	적용 조건		적용 품목수(개)	참고 사항
			비원산지 투입가치	원산지 가치		
싱가 포르	ISI	개성공단			4,625(HS6단위)	-싱가포르는 대부분의 수입 품에 무관세 적용하고 있어 큰 무리없이 우리측 요구 대부분 수용 -대상품목 추가절차 있음
	OP	양당사국 적용	40% 이하	45% 이상	134(HS10단위)	
EFTA	OP	모든지역 양당사국 적용	역외부가가치 40% 이하 공장도가격 (EXW) 10% 이하	역내산 재료비 60% 이상	267(HS6단위)	적용대상으로 "개성공단"을 명 시하지 않되, 시범단지 15개 업체의 생산 예정품목을 대상 품목으로 적시 협정발효 3년 후 특례규정개정 및 이행상황 점검
		개성공단 등	EXW 40% 이하			
ASE- AN		개성공단	본선인도가격 (FOB) 40% 이하		100개(HS6단위) (ASEAN각국 선정)	개성공단 생산제품과 경쟁관 계에 있는 상대국의 우려를 반 영, SSG, 연례검토, 5년 후 철 회 가능성 등 규정
인도					108개(HS6단위) (한국선정품목 중 인도 최종 선정)	

페루			FOB 40% 이하	100개(HS6단위) (한국선정품목 중 상대국이 최종 선정)	개성공단 생산품과 경쟁관계에 있는 페루의 우려를 반영, 부속서목록 수정, 부속서 잠정 적용정지, 5년 후 철회 가능성 등 규정
콜롬비아					콜롬비아 국내산업 피해의 우려를 반영, 부속서 목록 수정, 부속서 잠정 적용정지 가능성 등 규정
베트남					
중국			−역외부가가치 40% 이하비원산지 투입가치(임금포함)가 아닌 비원산지재료 가치(임금제외) 기준 적용 FOB 40% 이하	−역내부가가치 60% 이상	310개(HS6단위) 2013~14년간 개성공단에서 반입된 273개+공단입주 기업의 요청품목 28개 우선 반영	매년 역외가공 허용품목 수정에 대해 역외가공위원회 개최해 논의
미국	위원회		협정발효 1년 후 구성되는 위원회에서 일정 기준하 구체 내용 결정		
EU					
호주			협정발효 6개월 후 구성되는 위원회에서 일정 기준하 구체 내용 결정		
캐나다					
NZ					

주: 1) ISI(Integrated Sourcing Initiative) : 통합인정 방식
  2) OP(Outward Processing Zone): 역외가공지역 방식
자료: 각종 자료 토대로 필자 작성

마지막은 미국−이스라엘 FTA에서 도입한 독특한 '자격인증산업지대(Qualified Industrial Zones: QIZs)방식'으로, OP방식보다 한 발 더 나아간 것이라 할 수 있다. 이는 미국의 FTA 당사국(이스라엘)이 아닌 특정지역 즉 요르단이나 이집트에서 생산된 물품에 이스라엘−요르단

FTA나 이스라엘-이집트 FTA를 활용하여 이스라엘 원재료 등이 일정 비율 포함될 경우, 미국-이스라엘 FTA의 비당사국인 이들 두 나라에서 직접 미국으로 수출되어도 미국이 이를 당사국인 이스라엘 원산지 상품으로 인정하여 관세면제 혜택을 부여하는 것이다. 이 방식은 미국이 중동지역의 친미국간 경제적 통합을 유도하고자 도입한 것이다. 아직까지 한국이 체결한 FTA 중 이 방식을 도입한 것은 없다.

한편, 국내에서는 역외가공지역위원회를 규정하여 구체적 원산지요건을 추후 논의하는 '위원회 방식'이 있다. 이는 사실상 역외가공방식의 한 유형으로 규정하기 어려운 것으로, 여건이 조성되면 추후 논의한다는 원칙론적 합의 이상의 실질적인 의미를 부여하기 어려운 것이라 할 수 있다. 이 방식은 한-미 FTA와 한-EU FTA, 한-호주 FTA, 한-캐나다 FTA, 한-뉴질랜드 FTA 등에 규정된 바, 상기 FTA에서는 협정 발효 후 1년 이내 최초로 회합하고 이후 연 1회 회의를 개최하도록 한 데 반해, 한-호주 FTA에서는 최초 회합은 협정문의 발효 후 6개월 이내, 이후 연 2회씩 개최하도록 규정했으며, '개성공단이 역외가공 대상이다'라고 각주로 명시한 점에서 차별화된다. 한미 FTA에서는 역외가공지역 상품의 원산지 충족 기준에 포함될 사항으로 한반도 비핵화 진전, 남북한 관계에의 영향, 환경 및 노동기준 등을 명시하고 있으나, 한-호주 FTA에서는 그러한 규정이 없다.

그러나 위원회 방식은 협정문에서 개성공단 제품을 한국산으로 인정한 것이 아니라, 별도 위원회를 구성하여 역외가공지역 지정, 역외가공 인정을 위한 기준 등을 논의하도록 되어 있는데, 실제로 이러한 방식을 채택한 한-미 FTA, 한-EU FTA의 경우 각각 1차례, 3차례에 걸친 회의를 개최하였으나 기본적인 의견 교환만 이루어졌을 뿐 세부 합의가 이루어지지 않은 실정이다.

3. 한중 FTA의 개성공단 관련 조항

한중 FTA에서도 OP방식을 수용한 바, 한반도 역외가공 지역 내 생산품에 대해 원산지 지위를 인정하기로 합의하였다. 우리 정부는 한중 FTA의 주요 성과로 동 협정에서 개성공단을 역외가공구역으로 인정받는 것에 대해 대대적으로 홍보한바 일반 국민들도 이를 최대 성과물 중 하나로 간주하는 분위기다. 그렇다면 이러한 평가는 온당한 것일까? 이에 대한 평가를 위해 먼저 이하에서는 그 내용을 살펴보기로 하자.

역외가공 허용품목

한중 FTA 원산지규정 챕터 3.3조 '특정상품의 취급' 1.에서는 '제3.2 조의 규정에도 불구하고, 양 당사국 영역 밖의 지역(이하 "역외가공지역"이라 한다)에서, 부속서 3-나에 열거되고 한쪽 당사국으로부터 수출된 재료에 작업 또는 가공을 수행하고, 이후에 다른 쪽 당사국으로의 수출을 위하여 그 당사국으로 재수입된 상품은 다음을 조건으로 원산지 상품으로 간주된다.'고 규정하고 있다. 이에 따라 한중 FTA에서 310개 품목이 역외가공 허용품목으로 지정되었다. 김상훈(2015)에 따르면, 이는 완전생산기준 품목(육류, 어류, 채소류 등), 중국 측의 민감품목 및 LCD 패널을 제외한 것으로, 2013~14년간 개성공단에 반입된 298개 품목 중 완전생산기준 15개 품목, 초민감 9개 품목, LCD 패널 1개 품목 등을 제외한 273개 품목에 개성공단 입주기업이 요청한 28개 품목이 우선적으로 반영된 결과다.[8]

지정된 310개 품목의 업종별 분포를 〈표 3〉에서 살펴보면 개성공단

---

[8] 김상훈, '개성공단 생산제품 한중 FTA 활용 방안' "한중 FTA 활용방안 설명회" 자료집, (2015. 4. 27).

내 입주기업의 업종별 분포와 대략 일치해, 품목 선정시 이를 감안했음을 알 수 있다.[9] 이렇게 선정된 310개 품목 중 56.8%를 점하는 176개 품목이 '섬유·신발·가방' 등으로 이들 품목의 평균 관세율은 15.3%에 달해, 역외가공지역 조항을 적극 활용해 중국에 수출할 경우 가격경쟁력 면에서 다소간 우위를 점할 수 있다.

〈표 3〉 섬유·신발·가방의 주요품목 양허 유형

양허유형(기간)	품목수 (개)	주요품목
발효즉시	8	견사, 합성섬유제 끈·밧줄·로프·케이블, 낙하산과 로토슈트
5년	11	부직포, 어망, 면제 티셔츠, 합성섬유제 남성용 재킷, 면제 여성용 바지
10년	136	인조섬유제 언더팬츠, 면제 유아용 의류, 면제 양말류, 인조섬유제 브래지어
15년	14	기타의 핸드백, 합성섬유제의 여성용 재킷·드레스, 이불·쿠션·베개
20년	7	합성섬유제 남성용 슈트, 발목을 덮는 그 밖의 신발, 갑피와 부분품

자료: 김상훈(2015) '개성공단 생산제품 한중 FTA 활용 방안' "한중 FTA 활용방안 설명회"(2015.4.27) 자료집

그런데 발효즉시 관세가 철폐되는 품목은 견사, 합성섬유제 끈·밧줄·로프·케이블, 낙하산과 로토슈트 등의 8개 품목에 불과하다. 부

---

9) 개성공단 제품의 역외가공이 허용되는 품목지정은 중국 측 양허표에 따르게 되어 있어 양허유형별 품목수는 한국과 약간 다를 수 있다. 예컨대 이영달·이신규(2015, pp.127~128)에서는 해당품목이 즉시철폐 24개, 5년 내 34개로 되어 있다. 하지만 품목의 약 80%가 10년 내 철폐라고 밝히고 있어 한국 측 양허표와 결정적인 차이는 없는 것으로 보인다.

직포, 어망, 면제 티셔츠, 합성섬유제 남성용 재킷, 면제 여성용 바지 등은 5년 내 관세철폐품목으로, 그 기간 내 개성공단이 정상화 궤도에 오른다면 일정 정도 가격경쟁력 강화를 도모할 수 있을 것이다. 하지만 이 또한 11개 품목에 그친다. 반면 인조섬유제 언더팬츠, 면제 유아용 의류, 면제 양말류, 인조섬유제 브래지어 등 최다를 점하는 137개 품목은 관세철폐기간이 무려 10년에 달해 실효성에 의문이 든다. 합성섬유제 남성용 슈트, 발목을 덮는 그 밖의 신발, 갑피와 부분품 등은 20년 내 철폐품목이라서 사실상 기대하기 어렵다.

이밖에 310개 품목을 구성하는 업종은 기계·금속(16.8%), 전기·전자(15.1%), 화학·플라스틱(6.8%) 순으로 분포되어 있으며, 이 중 기계·금속류의 평균 관세율도 10.5%에 달해 OPZ 활용 여하에 따라 개성공단산 제품의 가격경쟁력 확보를 기대해 볼만하다. 그러나 이 역시 즉시철폐 품목은 기계·금속(52개)의 경우 8개 품목에 불과하다.

그나마 전기·전자(47개)의 경우는 20개에 이르나 관세수준이 상대적으로 낮다. 동 업종 중 메모리(854232)의 경우 310개 품목 중 수출액 기준 1위(충 수출의 28%)를 점하는 최대수출품목이기는 하나 무관세 제품이라서 사실상 한중 FTA의 혜택을 기대하기 어려운 품목이다. 부분품(851770)의 경우도 수출액 비중은 12%로 2위를 점하나 기존세율 1.4%를 짧게는 7년, 길게는 10년에 걸쳐 철폐하기로 되어 있어 실효성이 떨어진다.

화학·플라스틱(21개)은 아예 즉시철폐 대상 품목이 없고 5년 내 철폐 품목이 2개 있을 뿐이다. 이리하여 310개 품목 중 즉시철폐품목의 비중은 13.5%에 불과하며 60.3%(187개)에 달하는 압도적 다수의 품목이 10년 내 철폐이며 11.9%(37개)도 15년 내 철폐로 되어 있어 이 정도로 한중 FTA를 통한 개성공단 활성화를 기대할 수 있을지 실효성이 의

문시된다.

<표 4> 한중 FTA 역외가공 허용품목 현황

	섬유 · 신발 · 가방	기계 · 금속	전기 · 전자	화학 · 플라스틱1	기타2	소계(%)
	15.33	10.5	7.0	10.4	7.0	-
발효즉시	8	8	20	0	6	42(13.5)
5년	11	6	4	2	0	23(7.4)
10년	136	21	13	12	5	187(60.3)
15년	14	11	6	3	3	37(11.9)
20년	7	6	4	4	0	21(6.8)
합계(%)	176(56.8)	52(16.8)	47(15.1)	21(6.8)	14(4.5)	310(100)
입주기업 분포(%)	58	19	11	7	5	100

주: 1) 개성공단 입주기업의 업종별 분포에서는 '화학'으로 분류되어 있다.
  2) 개성공단 입주기업의 업종별 분포에서 '종이목재(2%), 식품(2%), 비금속광물
  (1%)'의 합계
  3) 해당 업종의 관세율 평균(%)
자료: 김상훈(2015) '개성공단 생산제품 한중 FTA 활용 방안' "한중 FTA 활용방안 설
  명회"(2015.4.27) 자료집, 개성공업지구지원재단 · 개성공업지구관리위원회
  (https://www.kidmac.com/kor/contents.do?menuNo=100158)를 토대로 필자 작성

원산지 결정 기준

한중 FTA에서 어떤 제품을 역외가공품목으로 지정하느냐 못지않게 중요한 것이 원산지 결정 기준이다. 즉 원칙적으로 한중 FTA에 따른 특혜관세 혜택은 한국과 중국 양자 간에만 배타적으로 부여하는 것인데, 한국이 원부자재를 개성공단에 반출(수출)하여 임가공한 뒤 다시 재반입(재수입)하여 중국에 수출할 경우, 한국과 중국의 영역을 벗어난 곳에서 임가공이 수행되었음에도 해당 제품이 한국 및 중국과 동일하게 특혜관세 혜택을 얻는 원산품으로 간주되려면 어떻게 해야 하느냐 하는 점이다. 이에 관해 협정문 3.3조 가 및 나 호에서 다음과 같이

규정하고 있다.

(가) 비원산지 재료의 총 가치가 원산지 지위를 신청하는 최종 상품의 본선인도가격의 40퍼센트를 초과하지 아니할 것, 그리고

(나) 해당 당사국으로부터 수출된 원산지 재료의 가치가 그 상품을 가공하는데 사용된 재료의 총 가치의 60퍼센트 이상이 될 것

즉 '개성(비원산지)에서 투입된 재료비'의 총가치가 한국으로 반입된 최종상품의 본선인도가격(FOB) 기준 수출가의 40% 이하이거나(가), 한국(해당 당사국)으로부터 수출된 원산지 재료의 가치가 임가공에 사용된 총 가치의 60% 이상이 되면(나) 한국산 원산지 제품으로 간주한다는 것이다. 이때 위 (가)와 관련하여, 다른 FTA에서는 '비원산지 투입가치(value of non-originating input)'를 기준으로 하는 것과 달리 한중 FTA에서는 '비원산지 재료가치(value of non-originating materials)'를 기준으로 원산지를 판정한다는 점에 주목할 필요가 있다. 즉 전자의 '비원산지 투입가치'에는 '비원산지재료비+임가공비+해외운송비'가 포함되는 반면, 후자의 '비원산지 재료가치'에는 임금이 제외됨에 따라, 북측 근로자의 임금상승에 따른 비원산지 투입가치 상승에 대한 부담이 줄게 되었다. 이 점은 한중 FTA가 기존 FTA에서 진일보한 측면으로 평가할 만하다.

역외가공지역의 범위

한중 FTA 3.3조 1항에서 '당사국 영역 밖 지역', 즉 '역외가공지역'을 협정문의 각주1에서 어떻게 정의하는지에 대해 유의해야 한다. 이에 대해 협정문은 각주를 통해 '이 항의 목적상, 양 당사국은 이 조에 따라 상품이 가공되는 지역이 이 협정이 서명되기 전에 한반도에 위치하

고 한반도에서 운영되는 기존의 산업단지 지역으로 한정된다는 것에 합의한다.' 밝히고 있다. 다시 말해 한중 FTA는 개성공단 전역이 아니라, 1단계 100만 평에 한해서만 역외가공지역으로 한정하고 있다. 나아가 양국은 역외가공위원회를 설립하기로 합의하고, 각주2에서는 '이 호의 목적상, 역외가공지역은 한반도에 있는 공업지역을 말한다. 양 당사국의 관련 당국은 추가적으로 지정되는 역외가공지역과 기존의 역외가공지역의 확대에 대한 관련 규칙과 절차에 대하여 논의하고 합의한다.'고 하여 역외가공지역의 추가 지정 및 개성공단의 확대에 대한 논의는 한반도내 공업지구로 단서를 달았다. 즉 이 조항은 애초에 개성공단만을 염두에 두고 만들어진 것이며 현재로서는 1단계 100만 평에 한해서만 관련 조항이 적용된다.

산업자원부의 한중 FTA 설명자료에서는 개성공단 관련 부분에서 '개성공단에서의 역외가공을 인정하여 협정 발효와 동시에 특혜관세 혜택을 부여하기로 합의, 다만 품목제한이 존재하고 별도의 인정 충족이 필요'[10]하다고만 되어 있어 이 경우 마치 개성공단 전역에서 이 조항이 허용되듯이 설명하고 있어 해석 시 주의가 요구된다.

<표 5> 한중 FTA 제3장 원산지규정 및 원산지 이행 절차

제3.3조
특정 상품의 취급
1. 제3.2조의 규정에도 불구하고, 양 당사국 영역 밖의 지역1(이하 "역외

---

10) 산업통상자원부, 『한-중 FTA활용방안 설명자료』 15-010, (2015).
(http://fta.go.kr/cn/doc/2/)

가공지역"이라 한다)에서, 부속서 3-나에 열거되고 한쪽 당사국으로부터 수출된 재료에 작업 또는 가공을 수행하고, 이후에 다른 쪽 당사국으로의 수출을 위하여 그 당사국으로 재수입된 상품은 다음을 조건으로 원산지 상품으로 간주된다.

　가. 비원산지 재료의 총 가치가 원산지 지위를 신청하는 최종 상품의 본선인도가격의 40퍼센트를 초과하지 아니할 것, 그리고

　나. 해당 당사국으로부터 수출된 원산지 재료의 가치가 그 상품을 가공하는데 사용된 재료의 총 가치의 60퍼센트 이상이 될 것

2. 양 당사국은 공동위원회의 산하에 다음과 같은 기능을 수행하기 위하여 역외가공지역위원회를 설립한다.

　가. 이 조의 제1항의 이행점검

　나. 공동위원회에 역외가공지역위원회의 활동 보고 및 필요시 공동위원회에 권고사항 제공

　다. 기존 역외가공지역의 확대와 추가 역외가공지역2 검토 및 지정, 그리고

　라. 공동위원회에서 구체적으로 위임한 그 밖의 사안에 대한 논의

3. 보다 명확히 하기 위하여, 이 조에서 달리 규정된 경우를 제외하고 이 장의 관련 조들은 이 조의 제1항이 적용되는 상품에 대하여 필요한 변경을 가하여 적용된다.

주1: 이 항의 목적상, 양 당사국은 이 조에 따라 상품이 가공되는 지역이 이 협정이 서명되기 전에 한반도에 위치하고 한반도에서 운영되는 기존의 산업단지 지역으로 한정된다는 것에 합의한다.
주2: 이 호의 목적상, 역외가공지역은 한반도에 있는 공업지역을 말한다. 양 당사국의 관련당국은 추가적으로 지정되는 역외가공지역과 기존의 역외가공지역의 확대에 대한 관련 규칙과 절차에 대하여 논의하고 합의한다.

III. 개성공단의 한국 FTA 네트워크 활용 현황

1. 개성공단 개요

2000년 8월 남측의 현대아산과 북측의 조선아시아태평양평화위원회, 민족경제협력연합회(민경련) 3자 간에 「공업지구 건설에 관한 합의서」를 체결함에 따라 2002년 11월에 북측은 자신의 통상적인 경제시스템 작동원리와는 별개의 작동원리가 적용되는 '개성공업지구법'을 제정한다.

이에 기반하여 2003년 6월에는 1단계(100만 평) 개발에 착공하였다. 2004년 6월에는 15개 입주업체를 선정하고 28,000평의 부지조성을 완공하였고 10월에 개성공업지구관리위원회를 개소하기에 이른다. 이후 2006년에 북측 근로자수가 1만 명을 돌파하고 이듬해인 2007년에는 누계 생산액이 1억 달러를 돌파하였다. 이후에도 2012년에 북측 근로자 수가 50,000명을 돌파하고 2013년 1월까지 누계생산액이 20억 달러에 이르는 등 개성공단 사업은 순항하는 듯하였다.

2008년 2월 이명박 정부가 들어서면서 표명한 대북정책은 '핵 문제의 진전 없이는 개성공단은 한 발짝도 못 나간다'는 '비핵개방 3000'에 발목이 잡혀 기존 개발 계획의 진척이 사실상 멈춰버리고 말았다. 그러다 결정적으로 연평도 사건을 계기로 남북관계가 급랭하면서 2013년 4월 개성공단에서 북한근로자가 전원 철수하고 가동이 잠정 중단되기에 이른다. 이 사태는 같은 해 8월 개성공업지구 정상화를 위한 합의서 채택에 기반하여 2013년 9월 재가동에 들어가게 되어 2015년 12월 현재 개성공단은 정상 가동 중이다.

개성공단은 서울에서 1시간 거리에 위치하고 있고 인천공항도 비슷

한 거리에 있어 뛰어난 입지적 강점을 지닌다. 향후 경의선 철도 개통 시에는 TCR(중국횡단철도), TSR(시베리아 횡단철도)로 중국·러시아· 유럽까지 육로를 통한 물자수송이 가능하다. 개성공단의 기반시설로 는 철도, 도로 모두 활용 가능하며, 1단계에서 100,000kw의 전력을 공 급받고 있으며 요금은 남측과 동일하다. 게다가 북측 노동자는 남측과 동일 언어를 쓰며 중국이나 베트남보다도 훨씬 저렴한 임금과 그로 인 한 높은 생산성을 자랑하고 무엇보다도 무관세 반출입이 가능한 외국 아닌 외국이다. 개성공단이 무한한 발전 잠재력을 지닐 수밖에 없다는 뜻이다.

개성공단의 임금은 노임, 가급금, 장려금, 상금으로 구성되며 2015년 2월 기준 평균 노동보수는 사회보험료(노임 총액의 15%)를 포함하여 174.8달러이다. 그간 난항을 보였던 남북 간 임금협상이 2015년 8월 최 저임금을 월 70.35달러에서 73.87달러로 인상되는 방향으로 타결되었 다.[11] 당초 북측은 5.18% 인상을 요구하였으나 남측의 요구안인 5% 인 상안이 받아들여진 결과다. 단 북측이 사회보험료 산정 기준인 노임총 액에 근속수당 등 가급금을 포함할 수 있게 함에 따라 최저임금 5% 인 상을 포함하면 약 8%의 임금상승 효과가 나타날 것이다.

2015년 8월 현재 개성공단에는 124개 기업과 70여 개의 영업소가 입 주해 있으며 동 기간의 총생산액(누계)은 30억 4,329만 달러에 이른다. 개성공단에 근무하는 북측 근로자는 54,702명, 남측 근로자는 810명이 다. 정부는 개성공업지구 근로자 출퇴근 지원을 위하여 2008년 11월부 터 출퇴근버스를 운행하고 있으며, 현재 284대가 개성시내뿐만 아니라 인근 지역 근로자들까지 수송하고 있다.

---

11) 자유아시아방송, "개성공단 최저임금 5% 인상 합의," (2015. 8. 18).

현재 개성공단의 가동 현황은 애초 계획에 크게 못 미치는 수준이다. 초창기 남북합의에 따른 개성공단 건설계획은 궁극적으로 2,000만 평의 소도시 규모 공단을 건설하는 것이었고 이 중 1단계로 100만 평을 건설하고 2012년까지 3단계에 걸쳐 공단 800만 평과 배후도시 1,200만 평을 점차적으로 건설할 계획이었다. 그러나 현재 개성공단은 1단계 목표의 40% 정도만 기업이 입주해 있는 실정이다. 애초 개성공단에는 최종적으로 2,000여 개 기업이 입주하는 것을 목표로 삼았으며 1단계 시범단지에 토지분양을 받은 기업이 239개 사, 창설기업이 193개였다. 등록기업만 해도 142개 사였으나 현재 가동중인 기업은 124개 사에 불과하다.[12] 이는 초창기 개성공단을 남북경제통합과 장차 평화통

〈표 6〉 개성공단의 연도별 가동현황 (단위: 개, 만 불, 명)

년도	입주 기업수	생산	북측근로자	남측근로자	방문현황	
					인원	차량
2005	18	1,491	6,013	507	2005~2008년	
2006	30	7,373	11,160	791		
2007	65	18,478	22,538	785	354,602	177,245
2008	93	25,142	38,931	1,055		
2009	117	25,648	42,561	935	111,830	72,597
2010	121	32,332	46,284	804	122,997	83,566
2011	123	40,185	49,866	776	114,435	82,954
2012	123	46,950	53,448	786	120,119	89,960
2013	123	22,378	52,329	757	75,990	55,580
2014	125	46,997	53,947	815	125,940	95,924
2015. 8	124	37,555	54,702	803	95,243(9월)	73,989(9월)
누계	-	304,329	-	-	1,121,156	731,815

자료: 개성공업지구지원재단·개성공업지구관리위원회
(https://www.kidmac.com/kor/contents.do?menuNo=100158)

12) 김진향 외, 『개성공단 사람들 – 날마다 작은 통일이 이루어지는 기적의 공간 –』 15-06, (내일을 여는 책, 2015), p.48.

일의 실험장으로 삼겠다던 정책기조가 2008년 이후의 대립적 남북관계에 휘둘리자 길을 잃고 표류하고 있음을 뜻한다.

입주기업의 업종별 분포를 살펴보면, 섬유관련 업체가 58%의 압도적 다수를 점하고 있다. 그 뒤를 기계금속(19%), 전기전자(11%), 화학(7%) 등이 잇고 있어 개성공단 입주기업이 대부분 임가공업체이거나 노동집약적 제품 제조업체 혹은 대기업의 하도급업체임을 알 수 있다.[13]

〈표 7〉 입주기업의 업종별 가동 현황 (단위: %)

업종	섬유	기계금속	전기전자	화학	종이목재	식품	비금속광물
기업체	58	19	11	7	2	2	1

자료: 개성공업지구지원재단 · 개성공업지구관리위원회
(https://www.kidmac.com/kor/contents.do?menuNo=100158)

〈표 8〉 개성공단이 남북경협에서 차지하는 비중

		2005	2006	2007	2008	2009	2010	2011	2012.11
총 교역 (A)		1,056	1,350	1,798	1,820	1,679	1,912	1,714	1,816
상업적 거래 (B)		690	928	1,431	1,712	1,642	1,889	1,702	1,807
개성공단 (C)		177	299	441	808	940	1,443	1,698	1,806
개성공단 비중	총 교역대비 (C/A)	16.7	22.1	24.5	44.4	56.0	75.5	99.1	99.5
	상업적 거래대비 (C/B)	25.6	32.2	30.8	47.2	57.3	76.4	99.7	99.9

출처: 개성공업지구관리위원회, 통일부 월간남북교류현황
주: 1) 총 교역은 상업적 거래와 비상업적 거래를 포함한 수치임
   2) 상업적 거래는 교역과 경제협력사업으로 구분되며 교역은 일반교역, 위탁가공교역을, 경제협력 사업은 개성공단, 금강산사업, 기타민간사업을 포함
   3) 비상업적 거래는 대북지원사업, 사회문화협력을 의미함.

---

[13] 김진향(2015), p.101에 따르면 섬유봉제의 경우 국내에서 판매되는 내의의 70%, 의류 전체의 30%가 개성공단에서 생산되며 휴대폰 부품도 상당수가 개성공단에서 조립되고 있다고 하나 이에 관한 구체적인 자료는 제시되고 있지 않아 확인은 어렵다.

2. 개성공단의 한국 FTA 네트워크 활용 현황과 문제점

지금까지 기술했듯이 개성공단의 국제화는 심각한 답보상태를 보이고 있다. 그렇다면 현재 무엇이 한국 FTA 네트워크를 활용한 개성공단 제품의 수출에 걸림돌이 되고 있는가? 이는 크게 협정 자체의 한계와 그 외의 운용상의 문제점이나 비경제적 요인과 같은 측면으로 나눌 수 있다. 먼저 전자에 대하여 각 FTA별로 살펴보자.[14]

한−싱가포르 FTA에서 유일하게 가장 유연한 IS방식을 적용했고 허용품목도 134개로 가장 많으나 싱가포르는 6개 품목을 제외한 전 수입품에 관세를 부과하지 않고 있어 이러한 조항이 실질적인 의미는 지니지 못한다. 다만 한국이 맺은 첫 FTA라는 점에서 지니는 상징성이 있을 뿐이다. 한−EFTA FTA에서는 역외산 투입재료가치가 최종상품 공장도가격(EXW)의 10% 이하로 기존 FTA 중 가장 엄격하게 되어 있어 이 또한 실효성이 의문시된다.

ASEAN, 인도, 페루와의 FTA에서는 개성공단 제품의 수입이 자국 산업에 피해를 초래할 경우 일방적으로 이 특혜를 정지할 수 있다. 나아가 협정 발효 후 5년이 지난 뒤 당사국 일방이 이 규정의 적용이 자국 이익에 손상을 준다고 판단할 경우 재량으로 폐기할 수 있다. 이와 관련한 분쟁은 분쟁해결 대상으로도 보지 않는다. 이러한 조항은 장차 특히 ASEAN과의 FTA에서 문제가 될 수 있다. 인도나 페루에 비해 ASEAN은 남한의 주요 수출시장이며 국내기업의 투자도 활발히 동아시아 생산 네트워크가 나름 구축되어 있기 때문이다. 이러한 조항이 남북과 ASEAN을 잇는 글로벌 생산 네트워크 구축을 저해할 수도 있

---

14) 이하 협정문 내용에 대해서는 이영달·이신규(2015)를 주로 참고하였다.

어, 이를 인도나 페루와 동일하게 ASEAN과의 FTA에도 도입했다는 점은 재고의 여지가 있다.

미국을 위시하여 EU, 호주, 캐나다, 뉴질랜드와의 FTA에서는 미국 선례를 따라 한반도역외가공위원회를 설치하는 위원회방식을 채택하였는데 이는 사실상 논의유보라고 보는 게 타당하다. 즉 일정 여건이 성숙되면 그때 논의하자는 것이라서 현재로서는 아무 것도 정해진 것이 없다. 즉 5건의 FTA에서는 사실상 즉각 적용 가능한 개성공단의 역외가공지역 인정을 받지 못했다고 봐도 무방하다. 특히 이들 나라들은 공통적으로 높은 소득수준으로 인해 이들 시장에서 개성산 제품의 가격경쟁력이 비교우위를 갖는 나라들인데 사실상의 진전이 없었던 것이다.

특히 한미 FTA에서는 이 조항 도입을 위한 전제조건으로 한반도 비핵화 진전, 남북관계에 미치는 영향, 역외가공지역의 일반적인 환경기준, 노동기준과 관행, 임금관행과 영업 및 경영 관행 등 여러 단서 조항을 내걸고 있어 핵문제나 북미관계에 파격적인 진전이 없는 한 기대난망이다. 그뿐 아니라 위 문제가 해결되더라도 이후의 위원회 설치가 행정부만의 결정사항이 아니라 의회 승인을 필요로 하기 때문에 더욱더 긴 시간을 요한다.

설령 역외가공지역 규정이 있더라도 그것이 복잡하고 까다로운 까닭에 사실상의 활용을 저해하는 요소로 작용하고 있다. 기관발급 원산지증명제를 채택하고 있는 ASEAN, 인도, 페루, 중국과의 FTA에서 개성산 제품은 품목별원산지규정(PSR)이 아닌 별도의 역외가공구역 관련 원산지 기준이 적용되고, 세관에서만 증명서 발급이 가능하도록 규정하고 있는데, 그러다 보니 이 기준을 적용해 발급기관에서 증명서를 발급받은 경우는 거의 없는 것으로 나타난다. 자율발급제를 채택한

EFTA, 콜롬비아와의 FTA에서도 마찬가지로 별도 기준을 충족해야 하며 기업이 자율적으로 발급한 원산지증명서에 영역원칙 예외라는 점을 반드시 표시해야 한다.

이상과 같은 협정 조문상의 한계로 인한 사문화 문제 이외의 문제점도 적지 않게 존재한다. 무엇보다도 북핵문제 발발에 따른 북미관계 및 남북관계 냉각에 따른 미국의 대북 수입금지조치, 남측의 5.24 조치가 대표적이다. 미국과의 관계에서는 협정문의 문제보다 북한산 제품의 대미수입 제한조치라는 최대장벽이 존재한다. 이로 인해 북한산 완제품뿐 아니라 중간재도 미국 수출시 미 정부의 승인을 필요로 하기 때문에 상업적으로 유의미한 수출이 어렵다. 한국에서도 5.24 조치가 해제되지 않는 한 대규모 자본투자도, 금수물자의 개성 반입도 불가능하다.

비록 원산지규정 상으로는 개성산 제품이 한국산으로 인정받을 수 있더라도, 양국 세관이 아닌 시장에서 판매될 때는 여전히 북한산 제품이라는 상표를 부착해야 한다는 점도 개성산 제품의 FTA 활용을 막고 있다.

개성공단 입주기업이 대부분 중소업체이다보니 원산지규정에 대한 이해 및 활용 가능한 인프라와 인력이 뒷받침되지 못한다는 점도 현실적인 장애물이 되고 있다. 이들의 경우 주먹구구식으로 원산지증명을 하다 사후적으로 적발된다면 적잖은 손실을 감수해야 한다. 개성공단이 본격 개발되기 이전에 맺은 한-ASEAN FTA와 같이, 실제 개성의 생산품과 FTA에서의 지정품목이 일치하지 않는다는 문제점도 있다.

<표 9> 개성공단 입주기업 CEO가 본 개성공단 현황 및 문제점

북한은 11년전 김일성 주석의 유훈사업으로 개성공단을 개발한 것이라 군부대를 후방으로 배치시키면서 서부전선의 군사적 요충지를 내주었다. 그로 인해 군부의 불만도 있었으나 1~3단계 개발을 약속하였다. 하지만 현재 1단계의 50%도 개발이 안 된 상태로 이로 인해 군부와 민경련 사이의 갈등도 있다. 김정은 체제에서도 이는 유훈사업이므로 기본적으로 유지하고자 하나 아직 가시적인 성과가 없어 군부의 반발은 더욱 커진 상태다. 북한 측은 여전히 개성공단에 대한 기대감을 갖고 있다. 북한이 이를 반대할 이유는 없다. 그들 또한 가능하다면 국제화와 FTA를 통한 수출을 원하나 지금으로선 어렵다는 걸 안다.

이렇게 되기까지 쌍방이 문제이나 우리 측 문제도 적지 않다. 우리가 약속을 제대로 이행하지 않고 있다. 어떤 일이 있어도 정경분리 원칙을 따라야 하는데 그렇게 못하고 있다.

3통 문제는 사실상 지난 11년간 그렇게 심각한 장애요인이 아니다. 인터넷 주소를 쓰지 못하는 불편함 등이 있으나 그보다는 5.24 조치와 인력수급 문제 등이 더 근본적인 문제. 현재 개성공단은 껍데기뿐이다. 5.24 조치로 인해 최신기계 도입이나 시설투자, 자본금 증액이 어렵다보니 생산성 향상이 어렵고 규모의 경제를 누릴 수가 없다. 인력수급은 현재 54,000명의 인원이 있으나 이는 개성 인근에서 버스를 총동원할 수 있는 최대치이다. 이에 노무현 정부에서 2007년 12월 2만 호 기숙사를 짓기로 남북 간에 합의했으나 이명박 정부 들어서 남북관계가 급랭함에 따라 합의 이행이 되지 않고 있다.

임금인상의 경우 입주기업은 시장원리에 따라 10년 전 합의한 수준을 현실화시킬 필요가 있다고 인식하나 우리 정부가 북측의 돈줄을 막아 길들이겠다는 생각으로 이를 막고 있다.

정부에 건의하고 싶은 것은 5.24 조치 등의 예외조항 도입이다. 이것이 정치적 이슈라서 전면철회는 어려우니 유연화 조치라도 하면 좋겠다. 인력수급, 원산지, 자본금증액 등이 해결되지 않으면 개성에선 현실적으로 기업

운영이 곤란하다. 이에 나선 등지에 제2, 제3의 개성을 만들자는 논의가 진척되고 있다.

개성공단 국제화는 공단에 글로벌 스텐더드를 만들자는 것인데, 북한 측에서는 우리 측의 진정성을 묻는다. 지금은 3통 문제와 5.24 조치 등으로 인해 외국기업이 입주할 토양이 되어 있지 않다. 현재 생산품 중 수출비중은 7~8%에 불과하다. 이 중 FTA 역외가공지역 조항을 활용하는 경우는 거의 없다. 개성산 제품을 수출할 때 가격경쟁력을 누릴 수 있는 시장은 미국과 EU 정도인데 이들이 개성을 역외가공지역으로 인정하지 않기 때문에 FTA 활용률이 낮다.

정부는 한중 FTA의 개성공단 관련 조항이 성공적인 것으로 홍보하며 우리 기업인들도 이에 대해 긍정적으로 평가해 주길 바란다. 우리 정부가 FTA에서 이를 얻고자 다른 것들을 많이 양보했는데, 실제 이를 얻고자 노력했다는 생각도 그다지 갖지 않는다.

한국이 개성산 제품을 반입해 한국산으로 만드는 것보다 중국 측이 그것을 중국으로 반입해 판매하는 게 가격경쟁력 면에서 유리하기 때문에 자칫 중국에만 유리할 수 있다. 사실 기업들이 암암리에 개성산 제품을 한국으로 반입해 와 'made in Korea'로 수출하고 있어 오히려 개성에 대해 크게 다루지 않는 게 도와주는 것이란 생각조차 하고 있다.

자료: 2015. 12. 17 실시한 개성공단 입주기업 A사 CEO 대상 전화 인터뷰 정리

문제는 여기서 그치지 않는다. 수출이 가능한 품목이더라도 남한에 비해 워낙 생산원가가 저렴해 자칫 덤핑판정을 받을 수 있고 또한 'made in DPRK' 브랜드로는 헐값 제품 이미지가 강해 수출을 주저하게 되는 문제도 해결이 시급하다. 그러다 보니 개성공단 입주기업의 CEO에 대한 인터뷰에서도 언급되었듯이 간혹 개성에서 임가공한 제품을 남한으로 반입한 뒤 'made in Korea'로 라벨을 붙여 수출하는 일이 일어나고 있는 것이다. 개성공단의 주력생산품인 섬유의류제품은 선진

국에서 대체로 민감품목으로 지정되어 있어 수출이 곤란했다는 점도 활용을 저해하는 요소다.

이상과 같은 개성공단 국제화와 관련된 전반적인 애로사항은 2014년 말 현재 개성공단 제품의 수출실적을 통해 확인된다.[15] 동년 개성공단 생산총액(46억 9,970만 달러)의 3.3%만이 수출되고 있는 실정이다. 동 비중은 2006년 26.8%로 최고조로 달했을 때의 1/8 수준에 불과하다. 개성공단 입주 기업 중 수출을 활발히 진행하는 기업은 약 25개사에 그쳐 전체 기업의 약 20%, 생산총액(누계)의 9.8%에 머무는 저조한 실정인 것이다. 이 중 FTA 역외가공지역 조항을 활용해 FTA 특혜관세혜택을 받은 기업은 거의 없다. 개성공단 국제화를 그렇게 오래 부르짖은 것에 비하면, 매번 FTA를 추진할 때마다 개성공단 조항 도입을 금과옥조처럼 여겼던 것에 비하면 초라한 실적이라 하지 않을 수 없다.

〈표 10〉 개성공단 생산 및 수출 현황 (단위: 만 달러, %)

	2005	2006	2007	2008	2009	2010	2011	2012	2013	2014	누계
생산 (A)	1491	7374	18478	25142	25648	32332	40185	46950	22378	46997	266975
수출 (B)	87	1983	3967	3585	2860	3668	3687	3639	1209	1531	26216
B/A	5.8	26.8	21.4	14.3	11.2	11.3	9.2	7.8	5.4	3.3	9.8

자료: KOTRA (2015. 11. 24) 'KOTRA, 개성공단 국제화를 위한 MOU 체결' (보도자료)

위와 같은 문제점들이 한중 FTA에서는 적잖이 해소된다는 기대감이 있었다. 한중 FTA에서는 미국이나 서방국가들과 같은 북한견제도 상

15) KOTRA, 『2014 북한의 대외무역 현황』 15-09, (2015b).

대적으로 미약해진다. 게다가 이들 나라들의 기업들이 대중수출을 염두에 두고 개성에 투자할 유인도 생기게 되어 개성공단 국제화도 탄력을 받을 수 있다. 자연 한중 FTA에 기대를 걸 수밖에 없다. 따라서 한국의 FTA 네트워크를 활용한 개성공단의 국제화라는 관점에서 볼 때 한중 FTA를 주목하지 않을 수 없다. 개성공단 국제화는 비단 한국이 중국에 저자세로 요청할 사안이 아니라, 동북아와 한반도의 평화조성을 위해 공동의 이해관계자가 공동관리한다는 차원에서도 접근해야 했다.

그러나 지금까지 한중 FTA의 개성공단 관련 조항을 꼼꼼히 검토해 본 결과, 한중 FTA에서도 정부의 대대적인 자화자찬 및 언론의 칭송에 비해 저지 않은 문제점을 안고 있음을 확인하였다. 따라서 이하에서는 북한의 대외무역 현황을 살펴보면서 이를 한국의 FTA 네트워크와 연계하여 교집합을 찾아내고 거기에서 출발하여 이를 활용한 개성공단의 국제화를 위한 과제를 시론적으로 제시해 보고자 한다.

IV. 한국의 FTA 네트워크를 활용한 개성공단 국제화를 위한 과제

1. 북한의 대외교역과 개성공단

2014년 기준 북한의 대외무역은 전년대비 3.6% 상승한 76억 1,000만 달러를 기록하여 1990년 대외무역통계를 집계한 이래 최대 규모를 기록하였다. 수출이 31억 6,000만 달러(전년대비 1.7% 감소)를 기록한 반면, 수입은 44억 5,000만 달러(전년대비 7.8% 증가)에 이르러 전년대비 41.1% 증가한 12억 8,000만 달러의 무역수지 적자를 기록했다. 이렇듯 북한은 항상적 무역적자에 시달리고 있다. 여기에서 북한이 개성공단 가동을 통해 안정적 외화벌이에 나설 수밖에 없는 배경을 읽어낼 수 있다.

〈그림 1〉 북한의 수출입 현황

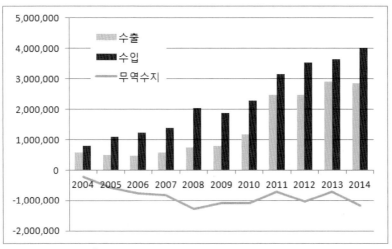

자료: KOTRA(2015) 『2014 북한의 대외무역 현황』을 토대로 필자 작성

2014년 기준 북한의 대중 교역의존도는 2005년 50%를 넘어선 이래 지속적으로 증가하였다. 북한의 10대 교역국을 살펴보면 중국이 90.1%를 기록하여 전년도에 이어 부동의 1위를 점하고 있는데 이러한 대중 교역의존도는 날로 심화되는 추세를 보이고 있다. 이를 통해 근래 들어 다소간 굴곡을 보이는 북중관계가 실제 양자 간 무역에는 그다지 악영향을 미치지 않았다는 점을 알 수 있다. 이런 점에 비춰볼 때, KOTRA(2015)가 지적하듯, UN의 대북 경제제재와 남북 간 대치국면 장기화에 따른 남북경협의 중단 상황이 지속된다면 북한의 대중 의존도는 더욱 확대될 가능성마저 존재한다.[16)]

중국을 위시한 북한의 10대 교역 대상국 중 7개국이 아시아에 분포
되어 있어 북한의 대외적 폐쇄성에도 불구하고 북한이 낮은 수준에서
나마 글로벌 생산 네트워크에 편입되어 중국 이외의 국가들과도 연결
되어 있음을 알 수 있다. 북한은 중국 외에도 인도(3위), 태국(4위), 방
글라데시(5위), 싱가포르(6위), 대만(7위), 파키스탄(8위) 등 아시아 국
가와의 교역 비중이 95.5%를 점하고 있다. 이와는 대조적으로 일본과
는 2009년 무역이 전면 중단된 이후 교역량이 전무하다. 북한 무역의
대중의존도는 2000년에 들어 일본과의 교역이 축소됨에 따라 더욱 심
화되어 최근 북한의 대일관계 개선 필요성을 여기서도 엿볼 수 있다.

〈표 9〉 북한의 10대 교역국(2014년도 기준) (단위 : 백만달러, %)

순위	국가명	북한의 수출		북한의 수입		수출입 합계		비중	전년순위
		금액	증감율	금액	증감율	금액	증감율		
1	중국	2,841	-2.5	4,023	10.7	6,864	4.8	90.1	1
2	러시아	10.1	31.8	82.2	-14.9	92.3	-11.4	1.2	2
3	인도	31.6	-9.3	56.4	-16.7	88	-10.6	1.2	3
4	태국	19.1	79.8	57.8	-32	76.9	-19.6	1.0	4
5	방글라데시	51.9	96.3	0.3	8.8	52.2	95.5	0.7	10
6	싱가포르	0.1	-92.3	48.6	-18.1	48.7	-19.9	0.6	5
7	대만	40.3	7.6	3.6	22.4	43.9	8.7	0.5	6
8	파키스탄	17.8	-25.6	16.1	22.4	33.9	34,072	0.4	12
9	브라질	7.3	-33.4	23.3	41.7	30.6	11.7	0.4	9
10	독일	15.1	39.6	13	-14.1	28.1	8.3	0.3	11

자료: KOTRA(2015) 『2014 북한의 대외무역 현황』을 토대로 필자 작성

그밖에 10대 교역국에 파키스탄과 독일이 새로이 진입하였고, 우크

---

16) KOTRA, 『2014 북한의 대외무역 현황』 15-09, (2015b).

라이나와 홍콩은 이탈하였다. 미국의 대북 수출액이 2,400만 불로 되어 있으나 이 중 98.7%가 인도적 차원의 구호물자 지원으로, 사실상 경제적 의미는 부여하기 어렵다. 북한은 중국을 제외한 나라들 중 그나마 역내국(러시아, 태국, 인도, 싱가폴 등)과의 무역이 연명을 유지하는 수준이어서 향후 북한의 대외관계 개선 시 역내국과의 교역확대 가능성을 시사한다.

여기서 주목해야 할 점은, 북한의 10대 교역국 중 중국, 인도, 태국, 싱가포르, 독일의 5개국이 남측과 FTA를 체결한 나라라는 점이다. 특히 압도적 우위를 점하는 중국과 우리가 최근인 2015년 12월 FTA를 발효했으며, 비록 북한과의 교역비중은 미미하나, 북한에 비해 높은 소득수준으로 인해 개성공단산 섬유의류의 가격경쟁력 확보가 용이한 싱가포르와 독일이 포함되어 있다는 점은 특기할 만하다. 따라서 중국과의 FTA에서 역외가공조항을 적극 활용하고자 하는 전략적 접근이 필요하다.

남북한 모두 과도한 대중 무역의존도를 공통 현안으로 안고 있으나 심화 정도는 남한보다 북한이 훨씬 더해 대중무역이 수출과 수입 모두에서 90%가 넘는 압도적 우위를 점하고 있다. 한편 남한은 중국에 이어 미국 및 일본이 2위와 3위를 점하는 긴밀한 무역상대인 반면 북한은 이들과 사실상 무역관계가 전무이어서 대조를 이룬다. 이는 북한이 특히 이들 나라들과 안보 면에서 대치상태에 있음을 단적으로 보여 준다.

이제 북한의 품목별 수출 추이를 살펴봄으로써 개성공단 제품과의 접점이 어느 정도 될지 파악해 보기로 하자.

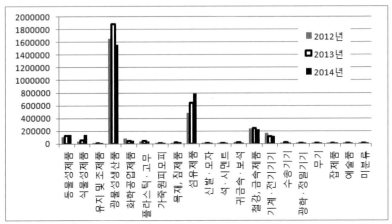

자료: KOTRA(2015) 『2014 북한의 대외무역 현황』을 토대로 필자 작성

　북한의 수출은 석탄, 갈탄 등 광물성 연료가 총수출의 37.2%를 차지하나 이 중 97.3%가 중국으로 향하고 있어 과도한 대중의존성을 보여준다. 임가공 확대에 따른 섬유제품 수출은 2014년에 전년 대비 23.7% 증가하여 주요 수출품목 중 최대 증가율을 기록하였다. 이 역시 대중 수출이 전체 수출의 96.9%를 차지하는바 대중 편중성을 특징으로 한다. 2대 수출품목인 섬유제품은 개성공단 생산품의 58%를 차지하고 있는 주종 품목이어서, 한중 FTA를 활용하여 이들 제품의 대중 수출을 모색하기에 적합하다.

　참고로, 북한의 최대 수입품목은 원유, 정제유를 포함한 광물유로 전체 교역액의 16.8%를 차지하였으나, 전년 대비 4.7% 감소하였다. 이들의 대중 비중은 92.5%로 이 또한 높은 대중 의존도를 나타낸다.

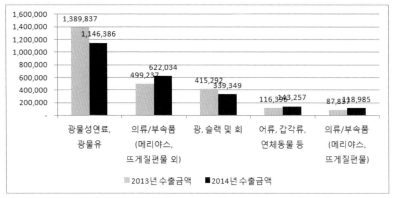

〈그림 3〉 북한의 대중국 상위 5위 수출품목 수출액 추이

자료: KOTRA(2015) 『2014 북한의 대외무역 현황』을 토대로 필자 작성

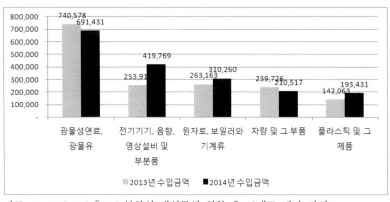

〈그림 4〉 북한의 대중국 상위 5위 수입품목 수입액 추이

자료: KOTRA(2015) 『2014 북한의 대외무역 현황』을 토대로 필자 작성

한중 FTA에서 역외가공품목으로 지정된 310개 품목의 대중수출 총액 대비 개성공단 반입 총액이 차지하는 비중을 살펴보자. 즉 2004~2012년까지 이들 품목을 개성공단에서 임가공 후 한국으로 반입하여 중국으로 수출한 비중은 0%~3%로, 비록 절대적 수준은 낮으나 꾸준히 증

가하는 추세였다. 그러다가 2013년 개성공단의 잠정폐쇄를 계기로 동
년의 비중이 2008년 수준으로 떨어진 뒤 2014년에 가까스로 2012년 수
준을 회복했다. 이를 통해 310개 품목 중 발효즉시 철폐품목(13.5%) 및
5년 내 철폐품목(7.4%)은 대중수출에 탄력이 붙을 가능성이 있음을 알
수 있다. 그러나 이 둘을 합쳐도 20.9%에 불과해, 향후 한중 간 재협의
시 현재와 같은 10년 이상 장기철폐 위주 양허유형을 10년 내 관세철
폐로 조기화시키는 방안을 고려해봄 직하다.

〈그림 5〉 개성공단의 대중수출과 반입 총액 및 비중

자료: 최남석(2015. 8) '한중 FTA에 따른 기업의 기회와 시사점―동북3성을 중심으로'
    "KERI Brief"를 토대로 필자 작성

2. 한국 FTA 네트워크를 활용한 개성공단의 국제화 과제

지금까지의 논의를 종합하여 개성공단이 한국 FTA 네트워크를 활용
하여 국제화하는데 일보나마 진전을 이루기 위해 필요한 과제를 정리
해 보자. 개성공단이 남북경제통합과 장차 남북 평화통일의 거의 유일
한 희망이 되어 버린 지금, 그 불씨를 살리고 활성화시키는 것의 중요

성은 두말할 나위 없을 것이다.

물론 지금 근본적으로 개성공단 국제화보다 더 시급한 건 정상화이다. FTA를 통한 국제화는 그 다음 과제다. 미국의 대북수입제재, 남측의 5.24 조치 등이 근본적으로 해결되지 않는 한, 개성공단이 공단으로서의 최소한의 여건이 조성되어 있지 못한 현 상태에서는 외국기업은 고사하고 국내기업도 입주를 꺼릴 수밖에 없다. 국제화가 아닌 정상화가 급선무임을 전제로 하되, 국제화의 맥락에서 부분적으로나마 우리가 개선 가능한 점들을 지적해 보는 것으로 이 글을 매듭짓기로 한다.

기존 FTA에 대해서도 재협의 시기에 보완을 위한 협의를 개시할 필요가 있다. 한—EFTA에서 공장도가격 기준 10% 이하로 되어 있는 역외산 투입재료가치 비중의 현실화, 한—ASEAN FTA 등에서의 일방적인 역외가공지역 폐기 가능성에 대한 재고, 미국을 제외한 FTA에서의 위원회방식의 개선 여부, 개성에서 실제 생산하는 품목과 협정상 지정품목의 일치, 까다로운 관련규정의 개선 및 FTA 간 상이한 규정의 조화와 통일 등이 주요 과제로 제시된다.

기존 FTA와 달리 한중 FTA의 OPZ에 대해 상대적으로 기대가 컸던 것에 비하면, 그만큼 유리한 조건으로 개성공단 조항이 만들어진 것은 아니라는 점을 환기시킬 필요가 있다. 우선, 발효즉시 철폐 및 5년 내 철폐 품목수를 늘이기 위한 노력이 필요하다. 역외가공지역범위를 현재의 1단계 100만 평으로 한정시킨 점에 대해서도 이를 언제 어떻게 확대할 것인지 대비가 필요하다. 현실적으로 이는 중국 측이 개성 이외의 라선이나 여타 지역에 제2, 제3의 개성공단을 건립하고자 할 때 이와 연동시키는 것이 협상력 측면에서 유리할 수 있다. 단 어떤 경우든 이를 위해 내줘야 하는 반대급부가 반드시 있을 것이란 점을 감안할 때 향후 북중관계 및 한중관계의 진전 여하를 살펴가며 재협의에

임해야 할 것이다.

협정의 사문화 문제와 함께 개성이 지닌 지경학적 취약성을 어떻게 보완할 지에 대해서도 대비가 필요하다. 저가 제품 이미지를 탈피하기 위한 노력, 중소기업의 원산지증명 관련 인프라 구축 지원 등이 이에 해당한다.

개성공단 국제화의 시각에서 북한의 대외무역구조를 살펴본다면 부분적으로 돌파구 마련의 여지가 보이기도 한다. 북한의 10대 교역국 중 중국, 인도, 태국, 싱가포르, 독일의 5개국이 남측과 FTA를 체결한 나라다. 특히 압도적 우위를 점하는 중국과 우리가 최근인 2015년 12월 FTA를 발효했으며, 개성공단산 섬유의류의 가격경쟁력 확보가 기대되는 싱가포르와 독일도 우리의 FTA 상대국이다. 따라서 1단계로 이들 나라들과의 FTA에서 섬유의류를 중심으로 역외가공조항을 적극 활용하는 전략적 접근이 필요하다.

기존의 FTA에서는 상대국별로 맞춤형 접근이 유용할 수 있다. 한미 FTA와 마찬가지로 한-EU FTA도 역외가공위원회 방식을 채택했으나 후자에 속하는 독일의 경우 EU 의회승인 절차가 불필요하다는 차이점이 있으므로 후자에서 먼저 이를 관철시켜 전자의 의회승인을 위한 유리한 선례를 만들 수도 있다. 여타 저임금국가와의 FTA에서는 개성공단 조항의 실효성이 당분간 미미할 전망이다.

현재 우리 정부가 협상 중인 한중일 FTA와 RCEP에서 개성공단 조항을 삽입할 것인지 여부에 대한 검토도 필요하다. 지금까지의 전례를 봤을 때, 특히 북일관계가 여전히 냉각되어 있는 상황에서, 일본이 포함되어 있는 이들 FTA에서 개성공단을 역외가공지역으로 지정하고자 과도한 반대급부를 내줘야 한다면 협상카드 정도로만 활용할 것을 제안한다. 이는 결국 북일관계 나아가 북미관계의 개선과 연동될 수밖에 없기 때문이다. 만일 우리 정부가 향후 TPP에 가입하더라도 기본적인 원칙은 이와 마찬가지가 될 것이다. 그나마 한중일 FTA와 RCEP에는 상대적으로 북한에 우호적인 중국을 위시한 일부 나라들이 있으나 미국과 일본이 주도하는 TPP는 그렇지 못하다는 점을 감안해야 할 것이다.

개성공단 국제화는 이 사업을 한반도의 '유럽석탄철강공동체(ECSC)'로 재구성하는 것이라 할 수 있다. ECSC의 출범은 당시의 냉전구도하에서 소련 견제를 위한 수단으로서 서독을 미국의 영향권하에 편입시키는 동시에 전범국 독일의 분단을 고착화시키는 유용한 틀로 기능했다. 그러나 역설적으로 동서독 관계의 정상화 진전은 유럽통합을 더욱 촉진시키는 계기로 작용하였다. 프랑스를 위시한 유럽국가들은 독일의 재결합이 위협이 되지 못하도록 그 과정을 유럽통합과정에 녹여내려 했던 것이다. 하지만 1990년대 이후 서독은 유럽통합과정에서 유럽의 최강 통화인 마르크의 포기에서 잘 드러나듯이 헌신적이고 모범적인 리더십을 발휘하면서 그 대가로 독일통일의 지렛대로 유럽통합을 활용하는 커다란 정치적 선물을 챙겼다. 독일은 적어도 사후적으로는 유럽통합과 독일통합의 선순환 고리를 만들어 내는데 성공했다.

우리 또한 남북통합의 결실을 주변국과 공유하여 남북통합의 원군으로 만드는 전략적 접근이 요청된다. 남북관계를 협소한 양자관계의 시야에 가두지 말고 국제정치경제와 결합해야 하며 통일이 우리에게만 대박이고 주변국에는 그렇지 못하다면 이들의 통일에 대한 견제는 커질 수밖에 없다. 따라서 통일에 대한 국내적 지지뿐 아니라 국제적 지지가 필수 불가결하다. 이러한 관점에서 개성 혹은 개성 이외 북한 전역에서 중국이 역외가공지역을 설치할 경우 적극 지원하는 자세가 필요하다.

정부는 개성을 OPZ로 지정한 FTA의 상대국 기업에 파격적인 우대조건을 제공하여 이들의 개성투자를 유도해야 할 것이다. 이렇게 하여 EU나 미국기업이 자국 정부에 개성공업지구의 OPZ 지정을 촉구하도록 유도하는 것이다. 자칫 외국기업 우대정책이 국내기업에 대한 역차별로 비칠 수 있으나 이들의 존재는 개성공단의 든든한 버팀목이 될 것임을 설득해야 한다. 개성공단에 외국기업이 많아질수록 이곳이 남북관계에 휘둘리지 않는 평화추구형 경협거점이 될 수 있기 때문이다.

개성공단 국제화는 남북경제통합의 기반이 되고 궁극적으로 북한의 동아시아 생산네트워크로의 편입 계기가 될 것이다. 이 과정에서 남한의 새로운 성장동력이 마련될 수 있고 북한의 비핵화조치 제도화와 결합된다면 동북아의 긴장해소에도 기여하는 '안보 외부효과(security externalities)'를 기대할 수 있다.

개성공단이 지닌 남북 경제통합과 통일의 징검다리 역할을 재조명해야 한다. 현 정부가 개성공단을 단지 경제적 이득 확보라는 협소한 시각에서 접근하거나, 북한 길들이기라는 근시안적 사고에서 접근한다면 문제 해결은 요원하다. 이 공간이 미래 경제통합과 나아가 평화통일의 거대 실험장이고 지금까지 일정 정도 그 역할을 수행하였으며 여전히 무한한 가능성을 지닌 곳임을 재인식해야 할 것이다. 현재도 제2, 제3의 개성공단 설치 논의는 무성하나, 그것을 가능케 하는 것은 현 개성공단의 정상화일 것이다. 따라서 한국의 FTA 네트워크를 활용한 개성공단의 국제화는 개성공단의 발전의 입구가 아닌 출구로, 출발역이 아닌 종착역으로 인식해야 한다.

참 고 문 헌

KOTRA. "KOTRA, 개성공단 국제화를 위한 MOU체결." 보도자료 (2015a).

_____. 『2014 북한의 대외무역 동향』 15-09, (2015b).

강문성 외. 『점진적 통일과정에서의 동북아 경제협력과 남북한 경제통합 방안』 14-06 대외경제정책연구원, (2014).

김상훈. '개성공단 생산제품 한중 FTA 활용 방안' "한중 FTA 활용방안 설명회" 자료집 (2015. 4. 27).

김양수, 양해술. "개성공단 사업의 추진현황과 효율적 활성화 방안에 관한 연구 −입주기업의 실태조사와 주요 경영상 애로요인 분석을 중심으로−." 『The Journal of Digital Policy & Management』 제11권 제12호, (2013).

김양희, 정준호. "한국의 FTA 정책+의 비판적 검토와 대안 모색." 『동향과 전망』 제67호, (2006).

김진향 외. 『개성공단 사람들−날마다 작은 통일이 이루어지는 기적의 공간−』 15-06, (전북: 내일을 여는 책, 2015).

김치욱. "남북 경제협력의 네트워크 구조와 시사점−개성공단을 중심으로−." 『평화연구』 제22권 제1호, (2014).

머니투데이. "개성공단 국제화 구호뿐... 외국업체 단 한 곳."(2015. 9. 13), (2015).

박정원, 박민. "'개성공단'의 법제도 개선 과제−국제화와 관련하여−." 『법학논총』 제27권 제2호, (2014).

산업통상자원부. 『한−중 FTA활용방안 설명자료』 15-010, (2015).

_____. 『한중FTA협정문』 (2015).

손광주 외. 『개성공단 10년 평가와 새로운 남북경협 모델 모색』 2013-42 경기개발연구원, (2013).

외교통상부. 『자유무역협정(FTA)추진 로드맵』 (2003. 9).

이영달, 이신규. "개성공단 생산품의 FTA 활용 방안 연구." 『관세학회지』 제16권 제2호, (2015).

자유아시아방송. "개성공단 최저임금 5% 인상 합의."(2015. 8. 18).

조동호. "개성공단의 국제화와 내부화."『월간 교통』2013-12 한국교통연구원, (2013).

『중앙일보』. "FTA 혜택 받으며 미국·EU 수출한 개성공단 제품 O" (2014. 8. 25).

최남석. "한중FTA에 따른 기업의 기회와 시사점-동북3성을 중심으로."『KERI Brief』15-08 한국경제연구원, (2015).

한국개발연구원. "동향과 분석-개성공단 사태와 남북경협-."『북한경제리뷰』 5월호, (2013).

『헤럴드경제』. "한중FTA 발효땐 개성공단 제품 'Made in Korea' 수출 발판." (2015. 11. 19).

홍양호. "개성공단사업의 현황, 정책적 함의와 개선과제."『통일문제연구』제27권 제1호, (2015).

산업통상자원부 FTA강국, KOREA
    'http://fta.go.kr/webmodule/_PSD_FTA/situation/FTA_ov_list20140320.pdf'

개성공업지구지원재단·개성공업지구관리위원회
    'https://www.kidmac.com/kor/contents.do?menuNo=100158'

북핵게임, 핵무장,
그리고 한반도 안보구조의 변화

임 수 호

대외경제정책연구원 통일국제협력팀장

북핵게임, 핵무장,
그리고 한반도 안보구조의 변화

Ⅰ. '비핵화 프레임'을 넘어서

북핵문제가 대두된 지도 벌써 4반세기가 흘렀다. 그간 국제사회는 북한의 핵 포기를 유도하기 위해 다양한 외교적 노력을 기울였다. 하지만 이 모든 노력은 실패로 귀결되었다. 북한은 이미 '사실상의 핵보유국' 지위에 올라섰고, 핵무기 실전배치를 눈앞에 두고 있다.

그러나 아직 우리 사회는 비핵화 프레임을 탈피하지 못하고 있다. 일각에서는 국제사회, 특히 미국이 충분한 대가를 제공하면 북한 역시 핵무기를 포기할 것이라고 주장하고 있다. 다른 일각에서는 국제사회가 물샐틈없는 대북공조를 통해, 특히 중국의 '실질적' 대북제재를 통해 북한의 백기투항을 이끌어 낼 수 있다고 주장하고 있다. 그러나 이 모두는 철지난 레퍼토리이거나 장밋빛 희망에 불과하다. 북한은 이미 헌법에 자국을 핵보유국으로 명기했다. 중국의 대북정책이 근본적으로 바뀌기를 기대하는 것은 시기상조이다.

우리는 '예측 가능한 미래'에 북한을 비핵화 시키는 것이 사실상 불가능하다는 사실을 이제는 인정해야 한다. 그리고 그 위에서 북핵위협을 억지하고 관리할 현실적 수단을 강구해야 한다. 북핵의 실전배치가 눈앞에 다가온 상황에서 더 이상 비핵화 프레임에 갇혀 시간을 허비해서는 안 된다.

이 글은 북핵문제에 대한 접근법이 '비핵화'에서 '외교적 관리'로 바뀌어야 한다는 문제의식에서 출발한다. 외교적 관리를 통해 북핵능력 증강을 최대한 지연시킴으로써 한편으로는 북핵위협을 억지할 수 있는 군사적 대응수단을 구비할 때까지, 다른 한편으로는 비핵화의 여건(예킨대 북한 체제변화)이 조성될 때까지 '시간을 벌어야' 한다는 문제의식인 것이다.

이를 위해 이 글은 현재 우리 학계와 정책써클에 만연해 있는 통념을 깨는데 초점을 두고자 했다. 그것은 첫째, 적절한 정책수단을 통해 북한을 비핵화 시킬 수 있다는 통념, 둘째, 미국과 중국이 한국을 대신해 북핵문제를 적절히 관리하고 있다거나 혹은 관리할 수 있다는 통념, 그리고 셋째, 북한 핵위협은 아직 실체가 없다는 통념이다. 이를 통해 북핵문제의 진실을 새롭게 조명하고 북핵문제 관리에 실패할 때 닥쳐올 가까운 미래의 위협을 예측하고자 했다.

이 글은 다음과 같이 구성된다. 제Ⅱ장에서는 국제 비핵화 사례, 북한의 핵정책, 그리고 중국의 대북정책을 검토함으로써 '예측 가능한 미래'에 북한을 비핵화 시키는 것이 왜 불가능한가를 설명한다. 제Ⅲ장에서는 북핵문제를 둘러싸고 전개되고 있는 미국과 중국의 전략게임과 이에 대한 북한의 대응을 검토하고, 북핵회담 재개 가능성을 전망한다. 제Ⅳ장에서는 북한의 핵무장 능력을 정밀 분석함으로써 핵무기 실전배치가 눈앞에 닥쳐온 위협임을 입증한다. 제 V 장에서는 북한의 핵무기 실전배치가 한반도와 동북아에 초래할 '지정학적 지진'(geopolitical earthquake)을 예측한다. 마지막으로 제 VI 장에서는 북핵위협에 대응해 한국이 취할 수 있는 '만족스럽지 않은' 대응수단들을 살펴보고, 외교적 관리의 필요성을 강조하고자 한다.

II. 비핵화의 불가능성

1. 국제 비핵화 사례와 북한

현재까지 자국이 보유했던 핵무기를 완전히 포기한 나라는 남아공과 구소련 3개국(우크라이나·벨로루시·카자흐스탄)밖에 없다. 남아공은 자발적 핵 포기의 사례에 해당하고, 구소련 3개국은 비핵화와 보상을 연계시킨 '협력적 위협감소' 모델의 성공사례로 손꼽힌다. 한편 핵무기를 보유하지는 못했지만 상당한 핵능력이 있었음에도 협상을 통해 비핵화를 달성한 나라로는 리비아가 있다. 리비아는 先핵폐기-後보상의 대표적 사례이다. 그런데 이 3가지 사례는 북한 비핵화 가능성이 아니라 오히려 불가능성을 뒷받침해준다.

1) 남아공: 자발적 핵 포기

남아공은 1979년 첫 번째 핵무기를 제조한 이후 1991년 자발적으로 핵무기와 관련시설을 폐기할 때까지 모두 6기의 우라늄탄을 제조해 보유하고 있었다. 남아공의 비핵화는 2단계로 진행됐다. 1단계(1990.7~1991.6)는 남아공 정부가 일방적으로 핵무기 및 관련 시설을 폐기한 단계이고, 제2단계(1991.9~1994.8)는 국제원자력기구(IAEA)가 사찰을 통해 이를 검증한 단계이다.

남아공은 핵보유국이 자발적·일방적으로 핵무기를 포기한 유일한 사례이다. 남아공이 이러한 선택을 할 수 있었던 것은 냉전 해체로 아프리카에서 공산주의가 사멸되는 등 안보환경이 개선된 것이 배경이 됐다. 특히 흑백 정권교체를 앞두고 흑인정권에 핵무기를 넘기지 않으려는 동기가 핵 포기의 직접적 동기로 작용했다.[1]

반면 북한의 경우는 냉전 해체가 오히려 안보환경 악화를 가져왔고, 이것이 핵무기 개발을 가속화하는 동기로 작용했다. 탈냉전 이후 20년 이상이 지난 지금까지 북한의 대외 안보환경은 별로 개선되지 않고 있다. 또한 북한에서는 흑백 정권교체에 비견될만한 정권교체가 없었던 점도 감안할 필요가 있다. 선대정권의 핵개발 결정을 바꿀 유인이 없는 것이다. 혁명적 정권교체와 안보위협감의 대폭 감소라는 두 가지 조건이 충족되지 않는 한 북한이 자발적으로 핵무기를 포기할 가능성은 사실상 없다고 해도 과언이 아니다.

2) 구소련 3국: 협력적 위협감소

소련 해체 당시 우크라이나·카자흐스탄·벨로루시 3개국에는 막대한 양의 구소련 핵무기와 투발수단이 남겨졌다. 마음만 먹으면 각기 세계 3대, 4대, 8대 핵보유국이 될 수 있는 수준이었다. 그러나 이들은 미국 및 러시아와 협상을 통해 자신이 가진 핵무기와 투발수단을 모두 폐기하거나 러시아로 이관시켰다. 얼떨결에 핵보유국이 된 나라들('the

---

[1] Babbage, M., "White Elephants: Why South Africa Gave Up the Bomb and the Implications for Nuclear Nonproliferation Policy," *Journal of Public and International Affairs*, Vol. 15, (2004).

born nuclears')이라 근본적으로 핵에 대한 집착도가 현저히 낮았기 때문이다.[2]

3개국의 비핵화에는 미국의 '협력적 위협감소'(CTR: Cooperative Threat Reduction) 프로그램이 큰 역할을 했다.[3] 현재까지 미국은 구소련 지역의 대량살상무기 해체에 60억 달러를 지원했는데, 이 중 벨루로시에는 7,500만 달러, 카자흐스탄에는 1억 5,300만 달러, 우크라이나에는 4억 6,000만 달러가 지원됐다. 또한 미국은 이 외에도 수교, 투자, 최혜국지위 부여, 안전보장 등 포괄적인 정치 · 경제 · 안보적 보상을 제공함으로써 비핵화를 지원했다.[4]

비핵화와 정치 · 경제 · 안보 보상의 맞교환은 〈제네바합의〉, 〈9.19 공동성명〉 등 그간 국제사회의 대북 핵협상방식과 유사하다. 그러나 CTR 모델은 핵에 대한 집착이 없는 나라들을 대상으로 한 것이라는 점에서 현재의 북한에는 적용되기 어렵다. 즉 북한이 핵 포기 결단을 내린 이후 비핵화 과정을 기술적으로 진행하는 데는 유효하지만, 핵 포기 결단을 유도하는 데는 적합하지 않은 것이다. 이것은 지난 4반세기 북핵협상에서 도출된 교훈이다.

3) 리비아: 先핵폐기 - 後보상

리비아 비핵화 프로세스는 2003년 초 리비아가 일방적으로 비핵화 의사를 밝히면서 시작됐다. 리비아는 미국 · 영국과 집중 협의를 거쳐

---

[2] 정은숙, "벨로루시, 우크라이나, 카자흐스탄의 비핵화 사례," 박기덕 · 이상현 편, 『북핵문제와 한반도 평화체제』 (성남: 세종연구소, 2008).
[3] 다른 나라의 핵무기 및 투발수단의 폐기 · 이전, 핵관련 기술 · 인력 · 시설의 민수전환에 미국 예산을 투입하는 프로그램이다. 1991년 샘 넌, 리처드 루가 상원의원의 발의로 시작됐다.
[4] 정은숙, "벨로루시, 우크라이나, 카자흐스탄의 비핵화 사례."

2003년 12월 19일 대량살상무기 포기를 공개 선언한다. 이후 IAEA의 핵사찰과 핵시설 폐기절차를 거쳐 2006년 6월 미－리비아 수교가 이루어짐으로써 비핵화는 완료됐다. 리비아의 사례는 일방적 핵 포기 선언 및 철저한 검증을 거쳐 비핵화가 완료된 이후 보상이 주어졌다는 점에서 先핵폐기－後보상의 사례에 해당한다.

리비아가 비핵화를 선택한 근본원인은 핵능력의 한계 때문이다. 리비아는 핵개발 포기를 선언할 당시 몇 년 내에 첫 번째 핵무기를 만들 능력은 갖고 있었지만 핵무기를 지속적으로 생산할 기반은 갖추지 못했다. 또한 핵무기 투발수단 역시 확보에 실패했다. 투발수단이 없는 핵무기는 억지력이 아니라 오히려 선제공격을 초래하는 재앙의 통로가 될 뿐이다. 이리한 상황에서 이라크 전쟁으로 대량살상무기를 명분으로 한 미국의 對리비아 침공 가능성이 현실화되자 결국 핵개발 포기를 선택했던 것이다.

리비아 비핵화 이후 국내외에서는 북핵문제 역시 리비아 모델로 풀어야 한다는 목소리가 높아져왔다. 그러나 리비아와 달리 북한은 이미 다수의 핵무기와 발전된 투발수단을 보유하고 있고, 그것을 지속적으로 양산할 능력을 갖추고 있다. 즉 북한의 핵무기는 이미 억지력으로 작동하고 있고 시간이 지남에 따라 그 수준은 빠른 속도로 높아질 것이다. 이는 先핵포기 모델이 북한에 적용되기 어려운 기본적인 이유이다. 특히 리비아의 경우 제재의 강화가 아닌 약화와 시간적으로 겹쳐졌다는 점을 염두에 둘 필요가 있다. 향후 모종의 정세변화로(예컨대 북한 내부 체제변화) 북한과 비핵화 협상을 재개할 여건이 마련되는 경우 반드시 '리비아의 역설'을 고려할 필요가 있는 것이다.[5]

---

5) 조동준, "리비아의 비핵화 선택 연구," 박기덕 · 이상현 편, 『북핵문제와 한반도 평화

2. '조선반도 비핵화' 구상

2012년 4월 북한은 헌법을 개정해 자국을 '핵보유국'으로 명문화 했다. 그러나 북한은 여전히 비핵화가 김일성·김정일의 유훈이자 변함 없는 정책목표라고 주장하고 있다.[6] 그렇다면 핵보유국 지위의 유지와 비핵화는 도대체 어떻게 공존할 수 있는 것일까?

통상 국제사회는 현재 진행되고 있는 핵문제를 '북한 핵문제'라고 표현한다. 여기에는 핵에 대한 북한의 야망과 집착이 핵문제의 근본원인이라는 시각이 함축돼 있다. 따라서 비핵화는 본질적으로, 그리고 주요내용에 있어 북한의 비핵화를 의미한다. 반면 북한은 시종일관 '조선반도 핵문제'라는 표현을 사용해왔다.[7] 여기에는 미국의 핵위협이 핵문제의 근본원인이자 주요내용이라는 시각이 함축돼 있다. 자신이 핵무기를 개발한 것도 미국의 핵위협을 억지하기 위함이었다.[8] 따라서 비핵화는 자신만의 비핵화가 아니라 미국의 핵위협까지 제거돼야 완성되는 것이며, 자신의 비핵화를 위해서는 미국의 핵위협이 먼저 혹은 최소한 동시에 제거돼야 한다고 본다. 미국의 핵위협이 사라지지 않는 한 북한 역시 핵무기를 포기할 수 없으며, 위협에 대응해 핵 억지

체제』(성남: 세종연구소, 2008).

[6] 리동찬, "김정일동지의 혁명유산," 『노동신문』, 2011. 12. 28; "조선민주주의인민공화국 국방위원회 대변인 중대담화," 『조선중앙통신』, 2013. 6. 16.

[7] 북핵문제 25년간 도출된 공식 합의문 중 '북한 핵문제'라는 표현이 들어간 합의문은 아직 없다. 반면 '한반도(조선반도) 핵문제'라는 표현이 들어간 합의문으로는 〈북미 제네바합의〉(1994. 10)와 〈제2차 남북정상회담 합의문〉(2007. 10)이 있다. 이 두 합의는 북한이 협상 주도권을 쥐고 있을 때 맺은 것이다. 당시 한국이나 미국의 협상 당사자들이 '한반도(조선반도) 핵문제'라는 표현의 의미를 몰라서가 아니라 북한의 반발을 고려해 강하게 문제를 제기하지 못했기 때문으로 보인다.

[8] 김지영, "사생결단의 선언 〈비핵화를 위한 핵실험〉, 조선 외무성 성명," 『조선신보』, 2006. 10. 5.

력을 더욱 증강해나갈 수밖에 없다는 것이다. 이것이 김일성의 유훈이
자 김정일의 유훈인 '조선반도 비핵화' 구상이다.

보다 구체적으로 북한은 자신이 핵을 포기하자면 북미수교, 평화협
정, 경수로, 그리고 미국의 대남 핵우산 폐지라는 4가지 요건이 충족돼
야 한다고 주장하고 있다. 특히 핵시설은 북미수교 · 평화협정 · 경수로
와 맞바꿀 수 있지만, 이미 만든 핵무기 및 그 투발수단은 북미수교 이
후 미국의 대남 핵우산 폐기와만 맞바꿀 수 있다고 주장하고 있다.

그러나 미국의 대남 핵우산은 애초 협상의 대상이 될 수 없는 문제
이다. 왜냐하면 그것은 한미군사동맹의 대전제이기 때문이다. 현재 북
한은 '비핵화'의 명분 아래 사실상 한미군사동맹 해체를 요구하고 있는
섯이다. 물론 힌미 양국은 이를 절대 수용하지 않을 것이다. 북한 역시
이를 모를 리 없다. 결국 북한의 '조선반도 비핵화' 구상은 절대 핵무기
를 포기하지 않겠다는 선언에 다름 아닌 것이다.

3. 중국의 대북정책: 전략적 관리와 활용의 병행

김정일 사망 이후 중국 내에서 북중관계를 재정립하자는 목소리가
대거 등장했다. 북중 간 이상기류는 2012년 12월 북한의 은하 3호 장거
리로켓 발사와 2013년 2월 3차 핵실험 이후 확산추세에 있다. 북한의
'핵보유국 지위'의 대내적 공식화와 그 후 전개된 일련의 위기공세를
비판하고, 대북정책의 조정을 요구하는 목소리들이 언론 지면 곳곳에
등장했다.[9] 정부차원에서도 대북압박을 일관되게 추진하고 있다. 후
진타오 시기 대북 인식과 정책의 괴리 현상이 시진핑 체제 등장 이후

---

9) 『共識網』(http://www.21ccom.net) (2013. 4. 30); North Korea Testing Limits of Tolerance.
Global Times (2013. 5. 7).

시정되는 듯한 양상을 보이고 있는 것이다.

그러나 이러한 외형적 변화에도 불구하고 전략적 사고의 근본적 변화는 여전히 찾아보기 힘들다. 중국정부는 여전히 '균형자'(balancer) 역할을 자임하면서 한반도 상황의 불확실성을 관리하는데 주력하고자 하고 있다. 중국 입장에서 볼 때, 미래 한반도 상황에 대해 한미 양국과 전략적 공감대를 형성하지 못한 상황에서 통일의 관점에서 북한문제를 논의하기는 어렵다. 또한 중국은 북한의 핵 포기 가능성이 없는 상황에서 독자적으로 창의적 방안을 강구할 능력에 한계가 있음을 스스로 인지하고 있다.[10]

그러나 중국에게는 지금처럼 한반도 상황이 장기 교착돼 미국의 동아시아 정책조정에 빌미를 주는 것 역시 전략적 부담이다. 따라서 중국은 조속한 국면전환을 원하고 있다. 중국이 '6자회담 조기재개'를 부단히 강조하는 이유가 여기에 있다. 중국은 이러한 국면전환을 통해 상황을 관리하면서 북한을 개혁·개방의 길로 유도하는 것이 북한문제의 '궁극적' 해결방안이라고 본다. 특히 북한의 대중 경제 의존도를 더욱 심화시켜 북한 스스로 개혁동력을 찾아 '정상국가화' 하도록 유도해야 한다고 판단하고 있다.[11]

중국 대북정책의 근본적 변화를 가늠하는 핵심지표는 석유·식량등 전략물자 지원 제한, 국경폐쇄 등과 같은 독자제재 시행 여부이다. 그러나 현재 중국의 대북제재는 독자제재라기보다 유엔제재의 일환이

---

10) 李开盛, "朝鲜发射卫星中国受害最大,"『环球时报』, 2012. 12. 4; "朝鲜发卫星的回音是周边磨刀声(社评),"『环球时报』, 2012. 12. 3; "中国珍惜中朝友好, 朝鲜也需珍惜(社评),"『环球时报』, 2013. 2. 6; "朝鲜半岛风急, 中国更需战略定力(社评),"『环球时报』, 2013. 2. 16.

11) Kleine-Ahlbrandt, S., "China's North Korea Policy: Backtracking from Sunnylands?," *38 North* (2013).

다. 이는 중국의 대북제재가 실질적인 것이라기보다는 어떤 '또 다른 전략적 목적' 실현을 위한 '대외선전용 제재'일 공산이 크다는 것을 시사하고 있다.

중국은 북한이 비핵화 궤도로 복귀하도록 압박을 지속할 것이다. 그러나 북한문제의 전략적 활용도를 높이기 위해서는 북한과의 관계도 유지해야 한다. 따라서 중국은 북한의 불법거래에 대해서는 엄격한 잣대를 적용하겠지만, 북중 간 정상적 거래는 유지할 것이다. 독자제재가 아닌 유엔제재의 틀 내에서 북한을 관리하는데 성과를 보임으로써, 한편으로는 북한과의 파경을 막고, 다른 한편으로는 국제적 책임성을 시현함으로써 동북아 G2로서의 외교적 위상도 유지하려는 의도인 것이다.

요컨대 중국의 대북정책은 동아시아 미중 전략경쟁을 염두에 두면서 한편으로는 북핵문제를 포함한 북한문제를 안정적으로 관리하고('전략적 관리'), 다른 한편으로는 책임대국으로서의 위상과 이미지를 제고하려는('전략적 활용') 이중적 목적에서 추진되고 있다. 이는 과거 후진타오 정권의 대북정책과 크게 다르지 않다. 북한 핵문제 해결의 '유일한 희망'이라고 간주되는 중국의 대북정책이 '예측 가능한 미래에' 본질적으로 변화하기를 기대하기는 어렵다.

III. 북핵게임의 구조

1. 동아시아 미중 전략경쟁

탈냉전기 미중관계는 '갈등적 협조'의 롤러코스터를 지속했다. 물론 보다 협력적인 관계를 구축하려는 시도가 없지는 않았다. 2008년 글로벌 금융위기 이후 국제정치경제 질서를 개선하기 위한 협력이 대표적이다. 그러나 이러한 표면적 공조가 양국 간 전략적 이해의 수렴을 의미하는 것은 아니었다.[12]

2010년부터 동아시아를 둘러싼 미중 간 전략적 각축이 표면화됐다. 미국은 중국의 '비협조적 자세'가 계속되자 중국 견제를 목적으로 '아시아로의 회귀'(Pivot to Asia) 행보를 가속화했고,[13] 이에 대해 중국은 직접 맞대응하기보다는 가급적 우회를 시도하고 있다. 중국은 2020년 소강사회(小康社會) 건설을 위해 최소한 향후 10년간은 미국의 견제를 우회하면서 충돌을 최소화하고자 한다. 즉 미국의 동맹체제에 직접 도전하기보다 다양한 네트워크 질서(전략적 동반자관계, FTA 및 소지역 경제협력권, ASEAN+3, 아세안지역안보포럼(ARF), 상하이협력기구(SCO), 6자회담 등)를 강화하고자 한다.[14]

중국은 동아시아 지역에서의 대미 전략경쟁에서 '시간은 내편'이라고 생각한다. 동아시아 세력균형이 향후 자국에 더욱 유리하게 전개될 것으로 판단하는 것이다. 향후 10년을 전후해 중국은 경제규모 면에서 미국을 추월할 것으로 예상된다. 중국은 이러한 경제력을 바탕으로 최소한 지역적 차원에서 자국 중심의 경제협력체가 형성되길 원하고 있다. 한중 FTA를 시작으로 한중일 3국 FTA를 추동하는 한편, 아시아 16개국이 참여하는 '지역포괄 경제 파트너쉽'(RCEP) 구축 협상을 조만간

---

12) Jin, C. and Liu, S., The G20's role irreplaceable, *China Daily* (2010. 11. 8).

13) Clinton, H., "America's Pacific Century," *Foreign Policy*, Vol. 189, (2011), p.189; 韓旭東, "美國正在亞太構築新三線,"『當代世界』6, (2012), pp.6~8.

14) Bijian, Z., "China Strategy. From Peaceful Rise to Shared Interests," *The Korea Herald* (2011. 10. 17); 이동률, "2012년 중국 외교 전략과 한반도,"『동아시아 브리프』7-1, (2012), pp.21~22.; Cossa, R.A., Northeast Asia Regionalism: A (Possible) Means to an End for Washington, *Issues & Insights* (Pacific Forum CSIS), 10-10, (2010).

타결할 계획이다. 이 경우 가장 큰 시장을 제공할 중국이 역내 경제통합의 중심에 설 것이고, 미국이 추진하는 '환태평양 경제공동체협정'(TPP) 역시 RCEP에 포섭될 가능성이 있다.

그러나 이러한 낙관적인 '경제적 아키텍처'에 비해 군사력은 앞으로도 상당기간 미국이 압도적 우위를 유지할 전망이다. 현재 미중 간 군사재정은 약 8배의 격차가 발생하고 있다. 특히 미국은 서태평양에서 해·공군력을 점진적으로 강화할 계획이다. 그러나 미국 입장에서 문제는 군사력 부문에 있어서도 '시간은 내 편'이 아니라는 사실이다. 예산 제약 때문에 대외 군사태세 유지가 앞으로 더욱 어려워 질 것이기 때문이다.

그렇다면 '경제적 아키텍처'의 우위와 군사력 격차의 감소에도 불구하고 중국은 대미 직접균형(balancing) 대신 우회전략을 지속할 것인가? 그럴 개연성은 낮다. 향후 중국은 한편으로 국제문제에 대한 적극적 의지피력을 통해 책임대국의 이미지를 제고하려는 "화평굴기"(和平崛起) 전략을 구사할 것이다. 그러나 다른 한편으로 미국의 견제망 형성을 차단하기 위한 주도적 대응방식 역시 적극 강구할 것이다. 최소한 중국은 '국가주권·안보·발전이익' 등 핵심이익을 미국이 존중해 줄 것을 종용할 것이다.

2012년 11월 18차 당 대회 정치보고는 "국제적 지위에 걸맞고 국가안보와 발전이익에 부응하는 강한 군대를 건설하는 것이 전략적 임무"라며, 미국과도 "안정적인 새로운 형태의 대국관계"를 수립할 것임을 공식화했다.15) 최소한 동아시아 지역차원에서는 실질적인 G2 체제를

---

15) 胡錦濤, "堅定不移沿着中国特色社会主义道路前进为全面建成小康社会而奋斗." (2012. 11. 8). ⟨http://cpc.people.com.cn/18/n/2012/1108/c350821-19526654.html⟩.

수립하겠다는 의도를 내비친 것이다. 그러나 향후 중국의 신형대국관계 추구와 미국의 아시아 재균형(Asian Re-balancing) 정책이 수렴돼 동북아 G2체제가 안정화될지 여부는 주요 사안에 대한 양국 간 전략적 이해의 우선순위 조정 여부에 달려 있다.

2. 북핵게임의 구조

북핵문제는 동아시아 G2 체제의 불안정화에 영향을 미칠 수 있는 핵심 현안 중 하나이다. 미국이 동아시아에서 중국을 견제하기 위해서는 무엇보다 한국과 일본의 협력이 필수적이다. 특히 오바마 행정부는 노무현 정부 시기 갈등을 빚은 한미동맹과 일본 민주당 정부 시기 느슨해진 미일동맹을 강화하고, 이를 연계해 한미일이 공동으로 참여하는 동아시아 미사일방어망을 구축하는 것이 긴요하다고 보고 있다.[16] 따라서 중일 간 '적절한' 영토갈등과 함께 북한의 '적절한' 핵·미사일 위협은 그 자체로만 보면 동아시아의 안보를 위협하는 불안정 요소이지만 미중 전략경쟁과 '아시아 재균형'이라는 보다 큰 게임구조에서 보면 전략적 자원으로 간주될 수 있다.

오바마 행정부의 대북정책 기조인 '전략적 인내'(strategic patience)는 이러한 필요성의 산물이다. 북핵문제를 의도적으로 방치함으로써 북한의 핵·미사일 위협을 한미·미일 군사동맹 강화와 동아시아 미사일방어망 구축을 위한 정치외교적 자원으로 활용하고자 하는 것이다. 반면 중국은 북한의 핵·미사일 위협을 동결하고 '관리'함으로써 그것을 명분으로 미국이 한반도와 동북아에서 추진하고 있는 중국견제를 우

---

16) U.S. Department of Defense, *Ballistic Missile Defense Review Report* (2010), pp.32~33.

회하려는 전략을 펴고 있다. 이것이 2009년 7월 중국 지도부가 대북정책 전환을 결정한 배경이고, 또한 북한이 어떤 도발을 하더라도 "관련국의 냉정과 자제"를 요구하고 있는 이유이다.

이상이 북한 핵능력의 '수직적 확산'(핵무장 능력 증가, vertical proliferation)을 둘러싼 미중 간 전략경쟁이라면, 북한이 우라늄농축 시설을 공개한 2010년 말부터는 '수평적 확산'(핵기술·핵물질의 외부확산, horizontal proliferation)이라는 또 다른 차원이 추가되었다.[17] 북한이 이란에 신형 원심분리기를 판매할 가능성이 있었기 때문이다. 특히 북한은 3차 핵실험으로 성능입증에 성공한 핵장치와 그간의 실험 데이터를 이란에 판매할 가능성이 제기되었다. 북한 3차 핵실험에 대해 존 캐리 미 국무장관이 "이번 실험은 북한만의 문제가 아니라 이란 문제이기도 하다"고 언급한 이유도 이 때문이다.[18] 물론 최근 이란 핵협상이 타결됨에 따라 '북한발 이란핵'의 등장 가능성이 당분간 상당히 낮아진 것이 사실이다. 그러나 과거 북핵 제네바합의가 시사하듯이 이란 핵문제는 이란과 미국, 그리고 이스라엘의 국내정치 상황에 따라 언제든 재발이 가능하다는 점을 염두에 두어야 한다.

미국이 중동에서 아시아로 회귀하기 위해서는 중동의 안정과 동아시아의 '적절한' 불안정이 필요하다. 반면 중국이 이를 저지하기 위해서는 동아시아의 안정과 중동의 '적절한' 불안정이 필요하다. 따라서 북핵의 '수직적 확산'은 중국 입장에서는 전략적 위협인 반면, 미국 입장에서는 전략적 자산이다. 역으로 북핵의 '수평적 확산'은 미국 입장

---

[17] 핵의 수직적 확산과 수평적 확산의 개념에 대해서는 Kapur, A., *International Nuclear Proliferation, Multilateral Diplomacy and Regional Aspect* (New York: Praeger, 1979), pp.209~234.

[18] Kerry, J., Remarks With Jordanian Foreign Minister Nasser Judeh After Their Meeting (2013). 〈http://www.state.gov/secretary/remarks/2013/02/204560.htm〉.

에서는 전략적 위협인 반면, 중국 입장에서는 전략적 자산이다. 따라서 오바마 행정부의 대북 핵정책은 수평적 확산을 차단한 가운데, 수직적 확산을 방치하는 방식으로 전개됐으며('전략적 인내'), 중국의 대북 핵정책은 수직적 확산을 동결하는 가운데(6자회담과 포괄적 관여), 수평적 확산은 방치하는 방식으로 전개됐던 것이다.[19]

이러한 미중 북핵 수직－수평게임은 3차 북핵실험에 대한 안보리 대북제재결의 2094호(2013.3.7)에 그대로 반영돼 있다.[20] 중국은 미국이 요구한 금융제재 의무화에 동의함으로써 결의를 위반한 자국 금융기관들에 대해 미국이 2차 제재(secondary boycott)를 가할 수 있는 국제법적 근거를 제공했다. 그만큼 대북제재 의지가 단호하다는 사실을 보여주고 있는 것이다.

그런데 정작 미국이 가장 중시한 화물검색 조치는 정반대였다. 2094호에는 제재결의 1874호(2009.6)에 포함됐던 공해상 화물검색 조항이 빠져있다. 특히 대량살상무기를 실은 북한 항공기의 이착륙·경유 금지조항의 경우 미국이 마련한 초안에서는 의무사항이었으나 실제 결의에서는 촉구사항으로 변경됐다. 중국은 이 두 가지 변경을 통해 미국이 추진했던 화물검색 강화를 '물타기' 해버린 것이다. 북한의 對중동 대량살상무기 거래의 대부분은 중국을 경유하여 항공기로 이루어지고 있다. 따라서 미국 입장에서 보면 북한이 대량살상무기를 중동으로 확산시키는 것을 중국이 방치하겠다는 의도로 해석할 수 있는 부분

---

[19] 중국의 대량살상무기 외부확산 의혹과 특히 이란－중국－북한 커넥션에 대해서는 Kan, S., China and Proliferation of Weapons of Mass Destruction and Missiles: Policy Issues. CRS Report for Congress (2013); Cho, N.H., North Korea-Iran Connection in WMD Proliferation. The 8th Korea-Middle East Cooperation Forum, October 13-14. (2011) Jeju, Korea.

[20] http://www.un.org/ga/search/view_doc.asp?symbol=S/RES/2094 (2013).

이다. 중국 입장에서 보면 제재결의 2094호를 통해 향후 북한과 미국 모두에 대해 강력한 압박카드를 손에 쥐게 된 셈이다.

3. 북한의 전략적 대응

2000년대 중반 이후 북한의 핵도발은 미국만이 아니라 중국까지 겨냥하고 있다는데 특징이 있다. 이는 중국의 부상과 그에 따른 미중갈등을 배경으로 하고 있다. 북한 입장에서 볼 때 미중갈등은 냉전시기 중소분쟁 때처럼 '시계추 외교'(pendulum diplomacy)를 시현할 전략적 기회를 의미했다.[21] 그러나 오늘날 미중갈등을 냉전시대 미소관계나 중소관계 수준으로 보기는 어렵다. 특히 양국은 글로벌 거버넌스를 위해 갈등국면 속에서도 전략대화 등 협력기제를 강화해왔다.[22] 그런데 미중공조는 북한에게는 '전략적 위협'이었다. 중국이 대만문제 등 핵심이익에서 미국의 양보를 이끌어내기 위해 한반도 문제에서 북한의 이익을 희생시킬 가능성이 있었기 때문이다.

이처럼 2000년대 중반 이후 북한의 핵도발은 미중갈등의 '전략적 기회'와 미중공조의 '전략적 위협'이 교차하는 상황에서 유리한 전략환경을 조성하려는 목적에서 감행되고 있다. 1, 2차 핵실험은 부시 행정부의 대북 강경정책을 돌파하려는 의도와 함께, 미사일 방어망 문제를 매개로 한 미중갈등을 부추기고 북중관계를 강화하려는 의도에서 실시됐다. 그러나 이러한 목표는 절반의 성취에 그쳤다. 1차 핵실험은

---

[21] 약소국이 두 강대국 사이를 주기적으로 오가면서 자국의 이익을 극대화시키는 전략을 의미한다.
[22] 이수형, "미중 강대국 상호 헤징과 남북한 한반도 정치,"『평화재단 평화연구원 제54차 전문가포럼 발표논문집』(서울: 평화연구원, 2012), pp.5~21.

미국의 양보를 이끌어냈지만,[23] 2차 핵실험은 오히려 '전략적 인내'를 낳고 말았다. 한편 1, 2차 핵실험은 북중관계 강화를 가져왔지만, 중국은 한반도 현상유지 이상의 적극성을 보여주지 않았다.

이에 북한은 우라늄 농축시설 공개(2010.11)로 재도전 했지만, 오히려 미중정상회담(2011.1)을 계기로 한반도문제에 대한 미중 공동관리 체제를 불러오고 말았다. 3차 핵실험은 이 체제를 돌파하려는 시도였다. 그러나 제재결의 2094호에서 보듯이 3차 핵실험은 오히려 그것을 강화시키는 결과를 초래했다. 기술적으로는 핵능력을 강화시켰으나,

북한-미국-중국 북핵게임

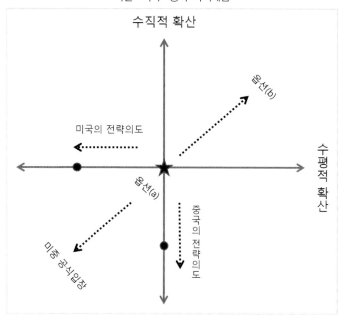

23) 1차 핵실험 이후 부시 행정부는 대북 강경기조를 접고 협상기조로 돌아선다. 그 결과 6자회담에서 〈2.13 합의〉(2007. 2. 13)와 〈10.3 합의〉(2007. 10. 3)가 도출될 수 있었다.

전략적으로는 자충수였던 것이다.

그렇다면 향후 북한의 대응은 무엇일까? 현재 미중 양국은 공식적으로는 북한 비핵화를 이야기하고 있지만, 실제로는 수직적 위협을 현상유지하는 가운데, 수평적 확산능력을 동결 · 롤백시키려는 미국의 이해와 수평적 위협을 현상유지 하는 가운데 수직적 확산능력을 동결 · 롤백시키려는 중국의 이해가 엇갈리고 있다. 북한은 미중 간 이해차이를 유지 · 확대해야 한다.

만일 북한이 일방적으로 핵무장을 추진하고 이에 따라 수직적 확산과 수평적 확산 위험이 임계점을 넘어서는 경우(옵션 b), 북핵문제를 둘러싼 미중 간 이해차이는 급격히 좁혀지고 미중 공동관리체제가 강화될 개연성이 높다. 수직적 확산이든 수평적 확산이든 임계점을 넘어서면 양국 모두에게 전략적 자원이 아니라 전략적 부담으로 돌변할 수 있기 때문이다. 따라서 북한의 대응은 현 상태에서 핵능력 동결(옵션 a)이냐 아니면 미중 모두의 전략적 임계점을 넘어서는 수직 · 수평 확산이냐(옵션 b)를 미중 양국이 선택하라는 위협으로 나타날 것으로 보인다. 즉 미중 모두에게 미래 전략적 위협을 가함으로써 북핵을 둘러싼 이해관계 차이를 유지 · 확대시키고 현 수준에서 핵보유를 인정받겠다는 것이다. 이러한 북한의 전략은 3차 핵실험 직후 채택된 '경제건설−핵무장 병진노선'(2013.3.31)에서 잘 드러난다.[24]

이번 병진노선은 지금 당장 본격적 핵무장을 추진하겠다는 선언이라기보다는 '개방형 정책' 선언일 개연성이 높다. 첫째, 만일 미국과 중국이 자신의 요구사항(핵능력 동결과 북미수교 및 평화협정 체결의 맞

---

[24] "북, 경제건설과 핵무력건설 병진노선 채택," 『통일뉴스』, 2013. 3. 31; "노동신문 사설 '경제건설과 핵무력건설 병진노선' 해설," 『통일뉴스』, 2013. 4. 1.

교환)을 수용할 경우 북한은 그간 핵·미사일 개발에 투입됐던 재원을 민수부문으로 돌리는 한편, 개선된 안보환경의 토대 위에서 보다 진전된 개혁·개방을 추진할 것이다. 둘째, 반면 미국과 중국이 요구를 수용하지 않는 경우, 북한은 예고한 대로 본격적인 핵무장의 길을 걸을 것이다. 이 경우 동아시아에 '지정학적 지진'이 초래됨은 물론이고 북한이 핵개발 자금을 충당하고 경제난을 타개하기 위해 중동에 핵을 이전시킬 가능성도 배제할 수 없다. 북한은 지금 둘 중 어떤 길이든 미국과 중국이 선택하라는 협박을 하고 있는 것이다.

Ⅳ. 임박한 핵무장

핵무기를 실전배치하기 위해서는 다음과 같은 관문을 통과해야 한다. 첫째, 적의 선제공격을 흡수하고도 받은 것 이상의 피해를 보복으로 되돌려 줄 수 있을 만큼의 충분한 수의 핵무기를 보유해야 한다(the second strike capability). 그런데 어떤 나라가 얼마만큼의 핵무기를 보유할 수 있는가는 기본적으로 그 나라가 가진 핵물질 생산능력에 달려 있다.

둘째, 핵무기를 미사일이나 대포에 장착할 수 있는 기술, 즉 경량화(miniaturization) 기술이 있어야 한다. 핵무기는 항공기로도 투발이 가능하지만 한미연합군이 한반도 제공권을 장악하고 있어 북한에게는 항공투발은 옵션이 될 수 없다. 경량화 기술은 핵장치 제조능력에 달려 있다.

셋째, 충분히 위협적인 투발수단(delivery system)이 있어야 한다. 미국은 장거리 전폭기에서 발사되는 공대지 순항미사일(ALCM), 핵잠수함에서 발사되는 잠대지 잠수함 발사 탄도미사일(SLBM), 그리고 지대지 대륙간탄도미사일(ICBM)을 3대 전략핵무기 투발수단으로 운용하고 있다. 북한이 핵무기를 실전배치를 위해서는 최소한 ICBM 정도는 확보해야 할 것이다.

1. 핵물질 생산능력과 핵무기 증가추세

북한의 핵물질 생산 프로그램은 플루토늄(PU) 생산 프로그램과 우라늄농축 프로그램으로 구분된다. 첫째, PU 생산 프로그램의 3대 핵심시설은 원자로, 연료봉 가공시설, 재처리시설이다. 현재 연료봉 가공시설과 재처리시설은 가동 중이며, 기존 5MWe 흑연감속로(2008년 가동중단)는 이미 가동중인 것으로 평가된다. 여기서는 연간 5~6kg의 PU가 생산된다. 현재 건설 중인 30MWe 경수로 역시 조만간 완공되어 약 1년간의 시험가동을 거쳐 본 가동에 들어갈 전망이다. 여기서는 연간 20kg의 PU가 생산된다. 1994년 완공 직전 건설 중단됐던 50MWe 흑연감속로는 북한이 의지만 있으면 3년 내 완공하여 2017년부터 본 가동이 가능하다. 여기서는 연간 50~60kg가 생산될 수 있다.[25]

둘째, 우라늄 농축 프로그램의 핵심시설은 원심분리기이다. 영변의 공개 농축시설에는 2,000기의 원심분리기가 설치돼 있다. 이는 30MWe 경수로 연료인 저농축 우라늄 생산용이다. 저농축 우라늄을 연료봉으로 가공하여 경수로에 넣고 가동한 후 배출되는 '사용 후 연료봉'을 재처리하면 PU가 생산된다. 그러나 영변 공개 시설 이외에 비밀 농축시설이 더 있다는 것이 일반적 추정이다. 북한은 최소 6,000기의 원심분

---

[25] 원자력 전문가인 KAIST 강정민 박사의 평가이다. 강정민 박사 인터뷰 (2013. 4. 25).

북한 핵무기(PU+WGU) 증가추세

50MWe 가동 않는 경우(5MWe + 30MWe)										
연도	2013	2014	2015	2016	2017	2018	2019	2020	2021	2022
최소	14.8	17.0	23.6	30.6	38.0	45.8	54.0	62.2	70.4	78.6
최대	32.7	37.7	53.3	69.7	86.7	104.3	122.7	141.0	159.3	177.7
평균	23.0	26.5	37.5	49.0	61.0	73.5	86.5	99.5	112.5	125.5

50MWe 가동하는 경우 (5MWe + 30MWe + 50MWe)										
연도	2013	2014	2015	2016	2017	2018	2019	2020	2021	2022
최소	14.8	17.0	23.6	30.6	48.0	65.8	84.0	102.2	120.4	138.6
최대	32.7	37.7	53.3	69.7	116.7	164.3	212.7	261.0	309.3	357.7
평균	23.0	26.5	37.5	49.0	81.0	113.5	146.5	179.5	212.5	245.5

자료: 필자 작성

리기를 제조할 수 있는 고강도 알루미늄을 수입한 바 있다.[26] 비밀 농축시설에서는 핵무기 원료인 무기급우라늄(WGU: 농축도 90% 이상의 고농축 우라늄)을 생산할 것으로 추정된다. 북한의 원심분리기는 이란의 P1형보다 2~3배 이상 농축효율이 높은 P2형이다. P2형은 1,000기당 연간 20kg의 WGU를 생산할 수 있다.[27]

---

[26] 북한은 2002년 러시아로부터 150톤의 고강도 알루미늄관을 수입했다. 이는 원심분리기 2,700기를 제조할 수 있는 양이다. 또한 2002년 북한 남천강무역회사는 독일 옵트로닉社에 고강도 알루미늄관 200톤을 중국 심양공항으로 보내라고 주문한 바 있다. 이 중 22톤은 2003년 4월 이집트 알렉산드리아에서 적발돼 압수됐지만, 나머지 178톤(원심분리기 3,200기 상당)은 아직 행방이 묘연한 상태이다. 북한으로 들어갔을 개연성이 높은 것이다. 이렇게 본다면 북한은 2003년 말까지 '최소한'(두 사례 이외에 국제사회가 파악하지 못하고 있는 수입 성공사례가 더 있을 개연성이 높다) 원심분리기 6,000기를 제조할 수 있는 고강도 알루미늄을 확보했다고 가정할 수 있다. 유엔 안보리 북한제재위원회 관계자 면담 (2011. 11. 10).

[27] Albright, D., et al., Iran's Advanced Centrifuges (2011). 〈http://isis-online.org/isis-reports/detail/irans-advanced-centrifuges〉; Albright, D., et al., North Korea's Estimated Stocks of

핵무기 1개 제조에 필요한 핵물질의 양은 핵무기 제조기술에 따라 달라진다. 기술수준에 따라 PU는 2~5kg(평균 3kg), WGU는 15~25kg(평균 20kg)이 소요된다. 이를 근거로 북한 핵무기 증가추세를 전망하면 위 표와 같다.

2. 핵장치 제조능력과 경량화 기술

북한은 3단계에 걸쳐 핵장치를 개발해왔다. 첫째, 중량 3~4톤 규모의 원시적인 핵장치를 만드는 단계이다. 이를 위해 북한은 약 70여회의 고폭실험을 실시, 1993년 10월 원시적 핵장치를 완성했다.[28] 둘째, 경량화 단계이다. 통상 핵장치를 미사일에 탑재하기 위해서는 직경 90cm 미만, 무게 1톤 미만으로 경량화해야 한다. 북한은 1999년경 직경 60cm, 중량 667kg 수준까지 경량화에 성공했다.[29] 셋째, 경량화된 핵장치에 핵물질을 주입하여 핵무기의 성능을 입증하는 단계, 곧 핵실험 단계이다. 북한은 1, 2차 핵실험을 실패한 후, 이번 3차 핵실험 (2013.2.12)에서 핵무기 성능입증에 성공했다. 그런데 핵실험은 경량화된 핵장치의 성능입증 실험이므로 성능입증에 성공했다는 것은 곧 핵무기 경량화에 성공했다는 것과 같은 의미가 된다.[30]

3차 핵실험과 관련하여 가장 논쟁적인 부분은 이번에 실험한 핵무기가 단순분열무기(원자탄)인가 증폭분열무기(초보적 수소탄)인가라는 점이다. 증폭분열무기는 경량화의 첨경으로 간주된다. 북한은 이미

Plutonium and Weapon-Grade Uranium (2012). 〈http://isis-online.org/isis-reports/detail/north-koreas-estimated-stocks-of-plutonium-and-weapon-grade-uranium〉.

[28] 장준익, 『북한 핵·미사일 전쟁』 (고양: 서문당, 1999), p.179.

[29] 이수혁, 『전환적 사건』 (서울: 중앙북스(주), 2008), p.74.

[30] Albright, D., North Korean Miniaturization (2013). 〈http://38north.org/2013/02/albright021313〉.

2010년 4월과 5월 비밀리에 WGU를 사용한 증폭 분열무기 실험을 했다는 의혹을 받고 있다.[31]

3. 투발수단

핵무기 투발수단은 대포, 항공기, 잠수함, 미사일 등 다양하다. 북한은 대포, 항공기, 잠수함을 보유하고 있지만 아직 이를 이용한 핵무기 투발능력은 갖고 있지 못한 것으로 평가된다.[32] 북한의 주력 핵 투발수단은 탄도미사일로서, 5대 핵보유국을 제외하고는 가장 발전된 수준으로 평가되고 있다.

북한 탄도미사일 제원과 배치현황

구 분	전술 탄도 미사일 (TBM)	단거리 탄도미사일 (SLBM)		중거리 탄도미사일 (MRBM)		중장거리 탄도미사일 (IRBM)		대륙간 탄도미사일 (ICBM)	
	KN-02	SCUD-B	SCUD-C	노동	대포동 1호	무수단	대포동 2호	대포동 3호	KN-08
사거리 (km)	120~160	320~340	500~550	1,000~1,300	2,500~3,000	3,000~4,000	3,800~5,500	6,700~10,000	6,700~10,000
타격권	수도권	한반도 중남부	한반도 전역	일본 본토	오키나와, 대만	괌	알래스카	하와이, 美중서부	하와이, 美중서부
탄두중량 (kg)	482	1,000	770	700~1,000	500	650	650~1,000	500~600	500~600

---

[31] De Geer, L.E., Radionuclide Evidence for Low-Yield Nuclear Testing in North Korea in April/May 2010. *Science & Global Security*, Vol. 20, No. 1, (2012). 1kt 미만의 폭발은 지진계가 감지하기 어렵다.

[32] 최근 북한은 SLBM(잠수함발사탄도미사일) 사출실험을 실시했으나 실전배치 능력을 확보하기까지 어느 정도의 시간이 걸릴지에 대해서는 다양한 평가가 엇갈리고 있다.

탄두직경 (m)	0.65	0.88	0.88	1.36	1.36	1.5~2.0	1.25~2.5	?	?
실전배치 (수량)	실전 (50)	실전 (600)		실전 (200)	개발용 (SLV)	실전 (50)	개발용 (SLV)	개발용 (SLV)	?
이동식 수량	100			50		50			14

자료: 국방부(2012). 『2012 국방백서』, 292 ; Design Characteristics of North Korea's Ballistic and Cruise Missile Inventory.
〈http://www.nti.org/country-profiles/north-korea/delivery-systems〉 등을 참조하여 작성

4. 남아있는 장벽과 전망

북한은 향후 5년 내에 핵무기를 미사일에 장착하여 실전배치할 것으로 전망된다.[33] 5년 후면 북한은 최소 73개~113개의 핵무기를 보유할 것으로 전망된다. 이 정도 숫자면 나름대로 2차 공격력을 갖는 것으로 봐도 무방하다. 다만 핵무기 실전배치를 위해서는 몇 가지 추가 기술이 필요하다.

첫째, ICBM급 재진입 기술(탄두가 고열을 견디는 기술)이다. 현재 북한은 MRBM이나 IRBM용 재진입 기술은 갖고 있으나, ICBM용 재진입 기술은 확보하지 못한 상태이다. 이를 확보하려면 ICBM 시험발사가 몇 차례 더 필요하다. 둘째, 추가 경량화이다. 현재 북한은 보유한 대부분의 탄도미사일 대부분에 핵탄두를 장착할 기술을 갖고 있을 것으로 추정된다. 다만 장사포나 순항미사일, 전술탄도미사일에 핵무기를 장착하려면 추가 경량화가 필요하고, 이를 위해서는 몇 차례 핵실험이 더 필요할 전망이다. 마지막으로 셋째, 조기 경보체계 등 정밀보조체

---

33) Kristensen, H., Air Force Briefing Shows Nuclear Modernizations But Ignores US and UK Programs (2013). 〈http://blogs.fas.org/security/2013/05/afgsc-brief2013〉.

계의 향상이다. 여기서 관건은 군사위성의 확보이다. 향후 북한은 군사위성시스템 확보를 위해 위성발사를 지속할 전망이다. 그런데 두 번째와 세 번째 조건은 필수적 요소는 아니라는 점을 감안할 필요가 있다. 즉 만일 북한이 전략용(counter-city strike)으로 핵전력을 운용한다면, 굳이 전술미사일이나 위성체계가 필요 없을 수도 있는 것이다.

결론적으로 말하자면 북한은 아직 핵무기를 실전배치하지는 않았지만, 실전배치까지 남은 시간은 그리 많지 않은 상황이다. 향후 5년 내에 한국을 포함한 국제사회는 원시적이나마 100여기의 핵탄두로 무장한 핵보유국 북한에 직면할 개연성이 매우 높은 상황이다.

V. '지정학적 지진'

1. 남북한 군사력 균형 역전과 대남 강압전략 노골화

두 비핵보유국 사이의 관계에서 어느 일방이 핵무기를 갖게 되면 경제력이나 재래식 군사력의 격차와 무관하게 군사력 균형은 핵보유국의 우위로 전환된다. 아무리 경제력과 재래식 군사력에서 우위에 있더라도 비핵보유국은 핵보유국을 상대로 힘의 최종적 테스트인 전쟁에서 독자적으로 승리할 수 없기 때문이다.[34] 따라서 북한의 핵무장은 남북한 군사력 균형을 순식간에 북한의 우위로 역전시킬 전망이다.

최근 한 경험적 연구에 따르면, 분쟁을 전면전에 국한하지 않고 국

---

[34] Waltz, K., Nuclear Myths and Political Realities. *American Political Science Review*, 84-3, (1990).

지적 긴장과 충돌까지 포함하여 폭넓게 규정할 경우, 핵보유국과 비핵보유국 사이에서는 통계적으로 매우 유의한 수준에서(β =0.79) 분쟁가능성이 증가하는 것으로 나타났다.[35] 이는 두 적대국 중 어느 일방이 핵무기를 보유하게 되면 강압(coercion)의 성공확률이 높아지게 되고, 이로 인해 강압 행위의 강도와 빈도가 증가하기 때문으로 분석된다. 따라서 향후 북한이 핵무장을 하게 되면 대남 강압전략이 노골화되면서 남북한 간 국지적 충돌이 높은 수준에서 상시화 될 공산이 크다.

물론 남북한 간에는 미국이라는 제3의 변수가 존재한다. 주한미군과 대남 핵우산, 그리고 유사시 증원미군으로 구성되는 한미 군사동맹이 북한의 핵무장으로 인한 남북한 군사력 불균형을 일정 정도 보정해 줄 것으로 기대할 수 있다. 그러나 1991년 평시작전통제권이 한국군으로 이양된 이후 주한미군은 전시작전통제권만 갖고 있어 〈데프콘 3〉(한반도 전면전 경보)가 발령되지 않으면 한반도 군사충돌에 물리적으로 개입하지 않는다.

특히 북한의 핵무장은 국지전에 대한 미국의 개입 여부 판단을 더욱 복잡하게 만들 것으로 보인다. 미군의 물리적 개입은 '핵보유국' 북한과의 군사충돌을 초래하고 이는 다시 확전을 거쳐 핵전쟁으로 이어질 가능성이 있기 때문이다. 핵보유국 간에는 전쟁억지 효과가 작동한다. 문제는 핵보유국(북한) – 비핵보유국(한국) – 핵보유국(미국)으로 이루어진 남북미 3각 관계에서는 핵보유국 간 전쟁억지 효과가 오히려 핵보유국과 비핵보유국간 국지충돌을 유도하는데 있는 것이다.

핵무기 실전배치 이후 북한의 대남 강압이 어떤 양상으로 전개될지

---

[35] 이진명, "북한의 핵보유가 동북아시아 지역안보에 미치는 영향: 핵보유국의 분쟁 가능성에 대한 정량적 분석, 1900-2000," 『세계지역연구논총』 제30집 제3호, (2012).

예측해보려면 천안함 폭침과 연평도 포격을 복기해볼 필요가 있다. 이 두 사건은 과거 수없이 자행됐던 국지도발을 넘어 선전포고로까지 해석될 수 있는 행동이었다. 더욱이 이 도발들은 한미연합훈련이나 호국훈련 등 대북 군사훈련 도중에 감행됐다. 핵 억지력에 대한 자신감, 즉 '핵보유국' 북한과의 충돌이 두려워 감히 확전을 선택하지 못할 것이라는 자신감을 바탕으로 한미 양국을 '핵보유국' 북한에 '적응'시키려는 의도인 것이다.

문제는 향후 북한이 핵무기를 실전배치하고 점차 그 전력을 증강시켜나갈수록 이러한 강압전략은 보다 빈번하게, 보다 강도 높게 재연될 개연성이 높다는 점이다. 이 경우 사소한 충돌조차 자칫 핵사용 국면으로 전환될 우려가 있기 때문에 "전쟁이냐 항복이냐"의 딜레마 속에서 한국정부의 대응옵션이 크게 제약될 공산이 크다고 하겠다.[36]

2. 적시 개입 저지와 전면전 도발 위험 증가

북한이 핵무기를 실전배치하고 나면 대남 국지도발 수준에 그치지 않고 '적화통일'을 위해 재래식 전면전을 도발할 수 있다는 우려가 꾸준히 제기되고 있다.[37] 한미 군사동맹이 존재하는 한 전면전 도발은 미군의 개입으로 자멸로 귀결되겠지만, 핵무기가 미군의 개입을 저지할 수 있다는 것이다.

이러한 우려는 1991년 걸프전의 경험에 뿌리를 두고 있다. 미국은

36) 김희상, "오늘 한국의 안보위협," (2009). ⟨http://kinsakorea.tistory.com/1⟩.

37) National Security Council, National Security Review 28: United States Policy Toward North Korean Nuclear Weapons Program(Classified) (1991); Perry, W., Crisis on the Korean Peninsula: Implication for U.S. Policy in Northeast Asia (2003). ⟨http://iis-db.stanford.edu/evnts/3980/perry_korea.pdf⟩.

압도적 군사적 우위에도 불구하고 후세인의 쿠웨이트 침공을 억지하지 못했고, 핵위협에도 불구하고 이라크의 유전파괴 행위를 저지하지 못했다. 더욱이 미국은 후세인이 생화학무기를 사용할 수 있다는 우려 때문에 군사작전을 쿠웨이트 '해방'(격퇴)에 국한했을 뿐, 바그다드 '점령'은 시도조차 하지 못했다.[38] 만일 생화학무기가 이 정도의 대미 억지력을 발휘했다면, 핵무기는 더 큰 억지력을 발휘할 것이고, 자칫 북한의 대남 도발 시 미국이 개입하지 못하거나 개입하더라도 적시에 개입하지 못할지 모른다는 우려인 것이다. 그렇다면 이러한 우려는 얼마나 현실성이 있는 것일까?

미국의 개입과 비개입은 모두 극단적으로 높은 비용을 초래한다. 개입 시에는 북한과의 핵전쟁을 염두에 둬야 하고, 비개입 시에는 전세계 동맹전략이 파탄나는 위험을 감수해야 한다. 따라서 유사시 미국이 어떤 선택을 할지는 불분명하다. 이것이 의미하는 바는 북한이 대남 전면전을 개시하면서 미군 개입을 저지하기 위해 핵위협을 사용하는 경우, 미국 내에서는 격렬한 정치적 논쟁이 발생할 수밖에 없다는 점이다. 이에 따라 설사 개입이 선택되더라도 적시 개입은 어려워질 가능성을 배제할 수 없게 된다.

물론 미국은 한국에 대해 확장억지(extended deterrence) 공약을 제공하고 있다. 한반도에 전쟁이 발발할 경우 미국은 핵무기를 포함한 가

---

38) Record, J., "Defeating Desert Storm (and Why Saddam Didn't)," *Comparative Strategy*, Vol. 12, No. 2, (1993), pp.127~128; Glaspie Says Saddam Is Guilty of Deception, *Washington Post* (1991.3.21); Sagan, S., The Commitment Trap: Why the United States Should Not Use Nuclear Threats to Deter Biological and Chemical Weapons Attacks, *International Security*, Vol. 24, No. 4, (2000), pp.91~96; Lindsay, J. and O'Hanlon, M., "Limited National and Allied Missile Defense," *International Security*, Vol. 26, No. 4, (2002), pp.191~192.

능한 모든 수단을 동원해 한국을 방어한다는 공약이다. 문제는 확장억지가 법적 구속력이 없는 문자 그대로 '약속'(commitment)일 뿐이어서 유사 시 미국의 개입이 자동적으로 보장되지 않는다는데 있다. 한미상호방위조약(1953.10.1)은 유사 시 미국의 자동개입이 보장된 북대서양조약(North Atlantic Treaty)과 달리 "상호 협의 후 자국의 헌법상의 수속 (절차)에 따라" 개입여부를 결정하도록 규정하고 있기 때문이다.[39]

물론 한국에는 실질적인 자동개입 장치가 존재한다. 우선 상당수 주한미군 전력이 경기북부와 수도권에 배치돼 있어 북한 남침 시 반드시 맞닥뜨릴 수밖에 없다. 또한 주한미군사령관은 전시작전통제권을 갖고 있어 전시상황에서 한미연합군을 지휘하게 되어 있다. 유사 시 미군의 자동개입과 증원을 보장하는 인계철선(trap-wire)인 것이다.

그러나 전시작전권은 미래 어느 시점에서 한국군으로 반환될 것이다. 이와 때를 같이 해 경기북부와 수도서울에 배치된 주한미군은 평택 이남으로 배치될 것이다. 한반도에서 전쟁이 발발하더라도 북한군이 평택 이남으로 내려오지 않는다면 북한군과 주한미군이 맞닥뜨리지 않을 수 있는 것이다. 즉 북한이 대남 전면전을 도발하면서 주한미군과 충돌하지 않고 서울에서 진격을 멈추는 경우, 미국 내에서는 주한미군의 개입과 나아가 증원군 파견 여부에 대해 논란이 발생하면서 적시 개입이 어려워질 수 있다. 이러한 상황에서 북한은 수도서울을 장악하여 유리한 고지에서 평화협상을 벌일 수 있을 것이다. 역으로 이러한 예상은 북한의 오판을 초래해 대남 전면전 도발 위험을 증가시키게 될 것이다.

---

39) http://www.mofa.go.kr/incboard/faimsif/treaty_popup.jsp?ITEM_ID=79396B32890CA 60949256647002EE3D4&ITEM_PARENT_ID=30DFAA57279B2768492565FF0002DBC5.

3. 잠재적 핵 도미노와 동아시아 불안정 촉진

미국이 유사 시 한국을 방어하기 위해 "적시에 개입하지 못할 지도 모른다"는 우려는 대남 확장억지 공약의 신뢰성을 현저하게 약화시킨다. 미국의 대남 확장억지는 한국의 사활과 존망이 달려 있는 문제이자 한국이 미국과 군사동맹을 맺고 유지하는 이유이다. 따라서 확장억지 공약의 신뢰성 약화는 한국으로 하여금 생존을 위한 대안적 루트인 핵무장을 진지하게 고려하게 만들 소지가 다분하다. 그리고 한국의 핵무장 시도는 일본을 자극해 동아시아 전체에 핵개발 도미노를 초래할 것이다.

미국의 대남 확장억지 공약 약화가 한국의 핵개발을 자극한다는 점은 박정희 정부의 핵개발 경험이 잘 보여주고 있다. 물론 미국은 확장억지 공약의 신뢰성을 제고하기 위해 다양한 수단을 강구할 것이다. 그러나 한국으로서는 북한이 핵무장을 하는 순간 미국의 어떤 재보장 약속도 믿기 어렵게 된다. "미국이 서울을 지키기 위해 뉴욕과 워싱턴을 희생할 수 있는가?"라는 궁극적 질문을 던질 수밖에 없기 때문이다. 물론 한국의 핵무장은 국제제재를 초래해 경제적 곤란을 초래할 것이다. 그러나 생존과 번영 중 양자택일을 해야 하는 상황이라면 누구라도 생존을 선택할 것이다.

이러한 생존과 번영의 딜레마 속에서 한국의 선택은 핵무장 옵션 유지정책으로 귀착될 개연성이 높다. 핵무기 개발 여부를 최종 결정하지 않은 채 필요 시 즉각 핵무장을 할 수 있는 능력을 확보·유지하는 정책을 의미한다. 최근 한국정부가 미국에 사용 후 핵연료 재처리 권한을 강력하게 요구하고 있는 것도 이와 무관하지 않다.

한국의 핵무장 움직임은 일본의 핵무장을 자극할 것이다. 2012년 6월

20일 일본 국회가 〈원자력기본법〉과 〈우주기구법〉을 개정해 핵무장으로 가는 두 개의 빗장을 연 것도 이와 무관하지 않다.[40] 사실 일본은 공식적으로는 '비핵 3원칙'을 주장해왔지만, 이면에서는 핵옵션 유지정책을 추진해왔다.[41] 그 결과 현재 일본은 극히 짧은 시간에 최소 수백기의 핵무기와 투발수단을 만들 수 있는 능력을 보유하고 있다.

물론 당장 일본이 핵무기 개발을 결정할 개연성은 낮다. 설사 정부가 핵무장을 원하더라도 국민들의 반핵관념을 넘어서기는 쉽지 않고, 아직 미일동맹 파기를 감수하면서까지 핵무장을 선택할 이유는 없기 때문이다. 그러나 향후 북한의 핵전력이 증강되고 그 결과 한국에서 핵무장 조짐이 일어날 경우 일본 역시 핵무장 움직임을 가속화시킬 공산이 크다.

한국과 일본이 실제 핵무장을 선택하는가 여부와 무관하게 그러한 조짐만으로도 동아시아 핵 군비경쟁이 촉발될 수 있다. 미국은 이를 저지하기 위해 미일·한미 양자동맹 강화, 대남·대일 핵우산 강화, 미사일방어망 강화, 한국·일본의 선제공격능력 향상 지원 등 가능한 모든 수단을 강구할 것이다. 중국은 이러한 조치들은 자국에 대한 봉쇄조치로 간주하고 재래식 및 핵전력 증강으로 맞설 공산이 크다. 중국의 이러한 행보는 다시 한미일 3국을 자극해 미사일방어망과 선제공격능력을 더욱 빠르게 증강시키게 만들 것이다.

"방어적 목적이 공격적 목적으로 오인되는" 전형적인 안보딜레마의 상황인 것이다. 안보딜레마는 일단 시작되면 헤어 나오기 힘들기 때문

---

[40] "日 이젠 핵까지?…재무장 움직임 가속화,"『연합뉴스』, 2012. 6. 21.

[41] 1994년 일부 유출된 일본 외무성의 일급 기밀문서 〈일본 외교정책의 전제조건〉(1969)은 "일본은 핵무기 제조의 경제적, 기술적 잠재력을 보유한다. 그러나 당분간은 핵전력을 보유하지 않는 정책을 채택한다"고 기술하고 있다. Japanese Stated Nuclear Plan in 69. *Washington Times* (1994. 8. 5).

에 동아시아 전체가 거대한 군비경쟁의 소용돌이로 휘말려 들어갈 공산이 크다. 그리고 이러한 군비경쟁의 악순환 속에서 미중 간 상호 의심과 군사적 긴장이 고조될 것이고, 동아시아는 점점 더 불안정으로 빠져들 것이다. 특히 안보 딜레마의 심화 속에서 동아시아가 한미일을 한편으로 하고 북중러를 다른 한편으로 하는 신냉전 구도로 빠져들 가능성도 배제할 수 없다.

VI. 만족스럽지 않은 대응옵션들

이처럼 북한의 핵무장은 한국의 생존과 안보환경에 심각한 위협을 제기한다. 그렇다면 한국은 북핵위협에 어떻게 대처할 것인가? 현재 한국사회에서는 정밀폭격을 통한 북핵능력 제거, 독자적 핵무장, 확장억지 강화, 그리고 재래식 억지력 강화 등의 대응옵션이 제안되고 있다. 그러나 재래식 억지력은 아무리 강화되어도 핵무기라는 절대무기에 대한 억지력이 되지는 못한다는 점에서 북한 핵위협에 대처하기 위한 보조수단 이상의 의미는 없다. 그렇다면 나머지 옵션들은 어떤가?

우선, 군사적 옵션은 이미 때가 늦었다. 만일 군사적 옵션을 실행하려 했다면 북한이 아직 핵무기를 갖지 못했던 1990년대 초·중반이나 늦어도 2000년대 중반에는 이루어졌어야 하는데, 이미 북한은 10~20기의 핵무기를 보유한 상황이다. 뿐만 아니라 당시와 달리 현재 북한의 핵시설과 핵무기는 여러 곳에 산재해 있어 정밀폭격으로도 모두를 제거하기 어렵다.[42] 따라서 정밀폭격은 보복공격을 초래할 공산이 크고,

---

42) 1994년 1차 북핵위기 당시 영변 정밀폭격 계획 수립에 관여했고, 2006년에도 "필요

그것은 핵보복이 될 가능성을 배제할 수 없다. 북한을 핵보유국으로 인정할 수 없는 것만큼이나 '핵무기를 보유한 국가' 북한과 전쟁을 치르는 것 역시 상상하기 어렵다.

다음으로 독자적 핵무장론은 북한의 핵능력이 커질수록 미국의 대남 확장억지의 신뢰성이 약화되기 때문에 생존을 위해서는 한국도 핵무기를 가져야 한다는 주장이다. 또한 한국이 핵무기를 가져야 과거 미국과 소련 사이에 그랬던 것처럼 상호견제하에서 핵군축 협상을 벌려 궁극적으로 남과 북 모두의 비핵화로 갈 수 있다는 주장이다.[43] 그러나 이러한 주장은 아직은 한국사회에서 소수의견으로 남아 있다. 핵무장은 국제사회의 제재와 고립을 의미하며, 이는 무역에 의존하고 있는 한국의 '경제적 자살'을 불러올 것이므로 핵무장은 한국의 전반적 국가이익 차원에서 볼 때는 오히려 손해라는 게 다수 견해이다.

물론 정부의 대미, 對중국 협상력 제고를 위해서는 우리 사회에서 핵무장론이 적절하게 확산되는 것이 바람직하다고 생각할 수도 있다. 한국에서 핵무장론이 확산되면 일본의 핵무장을 우려한 중국이 북한에게 핵 포기 압력을 강화할 것이며, 미국 역시 한국의 핵무장 동기를 억제하기 위해 핵우산을 더욱 강화할 것이라는 기대감이다. 그러나 이러한 동맹국에 대한 결박외교(tethering diplomacy)는 한미관계, 한중관

하면, 정밀폭격으로 핵시설을 파괴하라"고 주장했던 윌리엄 페리 전 미국 국방장관은 최근 『연합뉴스』와 가진 인터뷰(2013. 2. 5)에서 다음과 같이 말했다. "북한의 모든 핵시설이 한 곳에 모여 있던 1994년에는 한 번의 타격만으로도 핵시설을 파괴할 수 있었다. 그러나 지금은 핵시설이 북한 전역에 산재해 있는데다 이곳저곳으로 핵무기 운반이 가능해 군사적 공격을 하기 어렵다." "페리 전 미 국방, 군사공격으로 북 핵능력 제거 불가,"『연합뉴스』, 2013. 2. 6. 페리의 2006년 주장은 Carter, A. and Perry, W., If necessary, Strike and Destroy. *Washington Post* (2006. 6. 22).

[43] 김대중, "南이 核 가져야 北이 협상한다,"『조선일보』, 2011. 1. 11, A34; 김대중, "한국의 핵무기, 논의할 가치도 없다는 말인가."『조선일보』, 2011. 2. 8, A34.

계를 크게 악화시킬 수 있다는 점을 고려해야 한다. 더욱이 한국의 핵무기 개발의도에 대한 국제사회의 우려를 증폭시켜 원자력발전 등 평화적 핵 활동까지 제약받을 가능성도 염두에 두어야 한다.

따라서 보다 현실적인 대안은 미국 대남 확장억지의 신뢰성을 획기적으로 강화시키는 것이다. 이와 관련하여 다양한 제안들이 나오고 있다. 우선 전시작전권 이양 시기를 무기연기하고, 미국의 대남 방어공약의 약화로 비춰질 수도 있는 주한미군의 전략적 유연성(strategic flexibility)에 대한 논의를 철회하여 북한의 오판 가능성을 줄여야 한다는 제안이다. 특히 필요하다면 오바마 대통령이 공개적으로 "북한이 한국에 핵무기를 사용하면, 미국 역시 핵무기로 보복할 것"이라고 약속하는 것도 검토해봐야 한다는 제안이다.[44] 그러나 미국이 전략적 유연성 및 이와 관련된 전시작전권 이양, 그리고 핵 보복 관련 모호성 유지 등 자신의 글로벌 군사전략과 관련된 정책을 한국의 필요성 때문에 무기한 집행 연기시킬 개연성은 높지 않다.

한편 1991년 철수된 주한미군 전술핵무기를 한반도에 재배치하여 핵우산을 강화하자는 주장도 제기되고 있다. 이는 2005년 2월 북한의 핵보유 선언 이후 일부 안보전문가들 사이에서 꾸준히 제기되어 왔으며,[45] 2010년 11월 북한의 우라늄 농축시설이 공개된 이후에는 김태영 국방장관이 "검토해 보겠다"고 발언하기도 했던 사항이다. 물론 이 발언이 나간 직후 한국정부의 고위 당국자가 "한미 양국은 이 문제를 논의한 적도 없고, 논의 대상도 아니다"며 부인했지만,[46] 그 가능성이 완

---

44) McDevitt, M., Deterring North Korean Provocations (Brookings Northeast Asia Commentary 46). (Brookings Institute, 2011).
45) 주한미군 전술핵무기를 재도입하여 '핵 인계철선'(nuclear trap-wire)을 구축함으로써 한반도에 '소규모 상호확증파괴 상황'(mini-MAD)을 조성하자는 제안이다. Parker, J., Restore U.S. Nukes to South Korea(PFO 05-21A). (Nautilus Institute, 2005).

전히 배제된 것은 아니다. 왜냐하면 2010년 4월 발표된 미국의 〈핵태세검토보고〉(Nuclear Posture Review)는 "위기 순간에 필요하다면 동아시아에 비전략체계(non-strategic systems)를 재배치할 능력을 유지한다"고 분명히 밝히고 있기 때문이다.[47] 이 문장은 북한을 염두에 둔 것이며, 비전략체계는 전술핵무기를 의미한다는 것이 일반적 해석이다.

그러나 현재 한국은 물론 미국 내에서조차 주한미군 전술핵무기 재배치는 소수의견으로 남아 있다.[48] 지금이 〈핵태세검토보고〉에서 말한 '위기' 상황인지 여부에 대한 판단은 차치하더라도 전술핵무기 재배치는 중국과 러시아의 강력한 반발에 직면할 것이 분명하기 때문이다. 러시아는 지금도 유럽에 배치된 미국의 전술핵무기를 철수하라고 요구하고 있는 중이다. 미국이 북한 때문에, 중국 및 러시아와의 신냉전을 초래할지도 모를 전술핵무기 재배치에 동의할 개연성은 현재로서는 희박하다.

미국의 대남 확장억지 강화와 관련하여 마지막으로 남는 대안은 미사일방어망을 강화하는 것이다. 탄도미사일에 대한 요격이 기술적으로 가능한지에 대해 여전히 논란이 있기는 하지만, 미사일방어망은 현재로서는 북한의 핵위협에 대처할 수 있는 유일한 군사적 대응책으로 평가된다. 이와 관련하여 2010년 2월 미 국방부는 〈탄도미사일방어계획검토보고〉(Ballistic Missile Defense Review)에서 동아시아에서 일본, 호주와 함께 한국을 미사일방어망의 파트너로 적시하고 있다.[49] 한국 역시 미사일방어능력 획득에 관심을 가지고 있기 때문에, 북한의 위

---

[46] U.S. not to redeploy tactical nukes in S. Korea: expert. *Yonhap News* (2011. 12. 27).
[47] U.S. Department of Defense. *Nuclear Posture Review Report* (2010).
[48] U.S. not to redeploy tactical nukes in S. Korea: expert. *Yonhap News* (2011. 12. 27).
[49] U.S. Department of Defense. *Ballistic Missile Defense Review Report* (2010), pp.32~33.

협에 대처하기 위해 구체적으로 어떤 요구조건들이 필요한지를 결정한 후 미사일방어망 강화를 위해 한국과 함께 노력하겠다고 밝히고 있다.

그러나 현재 한국정부는 이와 관련하여 분명한 입장을 밝히지 않고 있다. 미사일방어망에 참가하게 되면 한국의 국방비가 큰 폭으로 증가할 수밖에 없기 때문에 국내여론 및 한국경제 상황을 고려해야 하고, 나아가 중국이 이를 한미일에 의한 對중국 봉쇄망으로 보고 반발할 것이 분명하기 때문이다. 대북 억지력 제고와 한중관계 안정화라는 두 마리 토끼를 어떻게 동시에 잡을 것인지가 향후 한국정부의 외교력을 테스트 하는 가장 중요한 무대가 될 전망이다.

요컨대, 북한 핵위협에 대처하기 위한 한국의 군사적 대응옵션들은 단기적으로는 매우 제한적이거나 실현가능성이 높지 않은 것이 현실이다. 따라서 한국은 미국과 협력하고 중국 등 관련국들과도 협의하여 장기적으로 효과적인 군사적 대응태세를 갖춰나감과 동시에 그 과정에서 제기될 수 있는 북한의 핵위협에 대처할 수 있는 적절한 외교적 수단을 강구해야 한다. 이와 관련하여 가장 현실적인 대안은 6자회담과 같은 다자회담이다.

물론 이것은 6자회담을 통해 북한을 비핵화 시킬 수 있다는 희망 때문은 아니다. 북한은 이미 핵무기를 보유한 상황이고, 자발적으로 핵무기를 포기할 가능성은 사실상 없다. 그러나 북한 비핵화의 가능성이 낮다는 것이 6자회담 등 외교협상 무용론의 근거가 될 수는 없다. 특히 6자회담은 비록 비핵화를 목표로 출발했지만, 한반도와 관련된 모든 이해당사자가 참여하고 있다는 점에서 북한 핵능력을 동결시키고 관리하는 장치로 그 기능이 전환될 수 있기 때문이다. 장기적으로 북한의 핵위협에 대처할 수 있는 현실성 있는 대응방안이 마련될 때까지, 6자회담을 통해 북한의 핵능력 증가를 제어하고 위협을 관리하는 것은 한국의 국가이익 관점에서도 바람직한 일일 것이다.

김지영. "사생결단의 선언 〈비핵화를 위한 핵실험〉, 조선 외무성 성명." 『조선신보』(2006. 10. 5).

리동찬. "김정일동지의 혁명유산." 『노동신문』(2011. 12. 28).

_____. "조선민주주의인민공화국 국방위원회 대변인 중대담화." 『조선중앙통신』(2013. 6. 16).

이동률. "2012년 중국 외교 전략과 한반도." 『동아시아 브리프』7-1, (2012).

이수혁. 『전환적 사건』(서울: 중앙북스, 2008).

이수형. "미중 강대국 상호 헤징과 남북한 한반도 정치." 『평화재단 평화연구원 제54차 전문가포럼 발표논문집』(2012).

장준익. 『북한 핵 · 미사일 전쟁』(고양: 서문당, 1999).

정은숙. "벨로루시, 우크라이나, 카자흐스탄의 비핵화 사례." 박기덕, 이상현 편. 『북핵문제와 한반도 평화체제』(성남: 세종연구소, 2008).

조동준. "리비아의 비핵화 선택 연구." 박기덕, 이상현 편. 『북핵문제와 한반도 평화체제』(성남: 세종연구소, 2008).

『통일뉴스』. "북, 경제건설과 핵무력건설 병진노선 채택." (2013. 3. 31).

『통일뉴스』. "노동신문 사설 '경제건설과 핵무력건설 병진노선' 해설." (2013. 4. 1).

Albright, D., et al. Iran's Advanced Centrifuges (http://isis-online.org/isis-reports/detail/irans-advanced-centrifuges), 2011.

_____. North Korea's Estimated Stocks of Plutonium and Weapon-Grade Uranium. (http://isis-online.org/isis-reports/detail/north-koreas-estimated-stocks-of-plutonium-and-weapon-grade-uranium), 2012.

Albright, D. North Korean Miniaturization. (http://38north.org/2013/02/albright021313), 2013.

Babbage, M.. "White Elephants: Why South Africa Gave Up the Bomb and the

Implications for Nuclear Nonproliferation Policy." *Journal of Public and International Affairs*, Vol. 15, 2004.

Bijian, Z. China Strategy. "From Peaceful Rise to Shared Interests." *The Korea Herald*. 2011. 10. 17.

Cho, N.H.. North Korea-Iran Connection in WMD Proliferation. The 8th Korea-Middle East Cooperation Forum, October 13-14. Jeju, Korea., 2011.

Clinton, H.. "America's Pacific Century." *Foreign Policy*, Vol. 189, 2011.

Cossa, R.A.. Northeast Asia Regionalism: A (Possible) Means to an End for Washington. *Issues & Insights* (Pacific Forum CSIS) 10-10, 2010.

『Global Times』. North Korea Testing Limits of Tolerance, 2013. 5. 7.

Kan, S.. China and Proliferation of Weapons of Mass Destruction and Missiles: Policy Issues. *CRS Report for Congress*, 2013.

Kapur, A. International Nuclear Proliferation, *Multilateral Diplomacy and Regional Aspect*. New York: Praeger., 1979.

Jin, C. and Liu, S., The G20's role irreplaceable. *China Daily*, 2010. 11. 8.

Kerry, J., Remarks With Jordanian Foreign Minister Nasser Judeh After Their Meeting. http://www.state.gov/secretary/remarks/2013/02/204560.htm., 2013.

Kleine-Ahlbrandt, S., "China's North Korea Policy: Backtracking from Sunnylands." *38 North*. 2013.

Official Document System of the United Nations. (http://www.un.org/ga/search/view_doc.asp?symbol=S/RES/2094), 2013.

U.S. Department of Defense. *Ballistic Missile Defense Review Report*, 2010.

韓旭東. "美國正在亞太構築新三線." 『當代世界』, 2012.

胡锦涛. "坚定不移沿着中国特色社会主义道路前进为全面建成小康社会而奋斗." (http://cpc.people.com.cn/18/n/2012/1108/c350821-19526654.html), 2012. 11. 8.

『共識網』 (http://www.21ccom.net), 2013. 4. 30.

『环球时报』. 李开盛. "朝鲜发射卫星中国受害最大." 2012. 12. 4.

『环球时报』. "朝鲜发卫星的回音是周边磨刀声(社评)." 2012. 12. 3.

『环球时报』. "中国珍惜中朝友好, 朝鲜也需珍惜(社评)." 2013. 2. 6.

『环球时报』. "朝鲜半岛风急, 中国更需战略定力(社评)." 2013. 2. 16.

동북아 지역질서의 동요와 북핵문제의 성격

이 수 훈

경남대학교 정치외교학과 교수

동북아 지역질서의 동요와 북핵문제의 성격

Ⅰ. 머리말

북한은 2016년 벽두부터 누구도 예측하지 못한 타이밍에 제4차 핵실험을 감행하여 전 세계를 깜짝 놀라게 만들었다. 한반도의 남북관계는 이로 인해 파탄이 났고, 결과적으로 '남북관계의 마지막 보루'로 불렸던 개성공단의 사실상 폐쇄를 불러왔다. 동북아 정세도 요동치게 만든 나머지 미중 간의 불협화음을 고조시켰다. 한국의 박근혜 정부는 중국이 격렬하게 반발해온 주한 미군의 한반도 사드(고고도미사일방어) 배치를 공식적으로 논의한다는 결정을 내렸다. 중국과 러시아는 반대의 고삐를 늦추지 않고 있다. 중국 정부는 한국에 대해 연일 노골적 언사를 동원해 대가를 치를 것이라고 협박하고 있다. 박근혜 정부 들어와 "신밀월"이라 자랑했던 한중관계는 최악의 수렁으로 빠져든 것이다. 한국 언론에는 연일 사드 배치 부지가 어딘지에 대한 기사가 쏟아지고

있다. 미국은 일본에 이어 한국마저 자신이 주도하는 대중국 봉쇄망이
랄 수 있는 MD, 즉 '미사일방어체계'에 포함시킴으로써 한·미·일 3각
안보협력체제를 더 한층 강화시켰다. 북핵문제는 이 같은 폭발력을 갖
고 있는 동북아의 최대 안보 위협요인인 것이다.

 1993년 제1차 북핵위기 발발 이후 제4차 핵실험이 진행된 2016년 1월
현재까지 북핵문제는 북미 대립의 산물로 다루어져온 것이 학계의 대
세였다.[1] 북한 자신이 핵문제를 미국의 대북한 적대시정책의 산물이
라고 주장해왔으며, 따라서 미국이 북한에 대한 적대시정책을 포기하
면 자신도 핵포기에 나설 것이라고 주장해왔다. 그런가 하면, 학계에
서는 북한의 핵프로그램을 정치적 동기, 즉 체제 위신과 체제 정당화
를 위한 정치적 목적을 갖는다고 분석하는 시각도 꾸준히 흐름을 이어
왔다. 또 다른 분석가들은 북한 당국이 핵프로그램을 체제생존을 위해
대외적 협상 카드로 활용하고자 한다는 동기를 강조해왔다.[2]

 이 논문은 북핵문제를 기존의 주장과는 다른 새로운 관점에서 다루
어보고자 한다. 즉 동요하는 동북아 지역질서, 혹은 기존 지역질서의
해체라는 큰 틀 속에서 북핵문제를 조망하는 데 목적을 둔다. 그렇다
고 하여 이 논문이 기존의 주장들을 틀렸다고 보는 것이 아니라, 북핵
문제를 접근하는 데 있어 또 하나의 관점을 보탬으로써 논의의 폭을
넓히고자 하며 그 연장선상에서 북핵 해법을 모색함에 있어서도 나름

---

[1] 장달중·이정철·임수호,『북미 대립: 탈냉전 속의 냉전 대립』(서울: 서울대학교출
    판문화원, 2008); Park, Kyung-Ae, "North Korea's Nuclear Strategies in the Asymmetric
    Nuclear Conflict with United States," *Asian Perspective*, Vol. 34, No. 1, (2010).
[2] 임수호, "실존적 억지와 협상을 통한 확산: 북한의 핵정책과 위기조성외교," (서울
    대학교 박사학위논문, 2007); Yong Chool Ha and Chaesung Chun, "North Korea's
    Brinkmanship and the Task to Solve the 'Nuclear Dilemma'," *Asian Perspective*, Vol. 34,
    No. 1, (2010).

의 기여를 할 수 있지 않을까 기대하는 바이다. 이 논문은 기존에 동북아의 지정학이라는 차원에서 북핵문제를 조망한 시도[3]를 주목하면서 21세기 들어와 본격화되고 있는 동북아 지역질서의 변화가 야기하는 불확실성 혹은 유동성과 북핵프로그램 사이의 연관성에 분석의 초점을 두고자 한다.

이 같은 문제의식 아래 이 논문은 다음과 같은 두 가지 주장을 펼칠 것이다. 첫째, 2002년 발발한 제2차 북핵위기를 다루기 위해 만들어진 '6자회담'은 동북아 지정학 동요의 명징한 반영이라는 것이다. 1993년 발발했던 제1차 북핵위기가 순전히 북미 양자 간 협상을 통해 '1994년 제네바합의틀'로 봉합되었던 것과는 상전벽해와도 같은 변화라 할 것이다. 둘째, 북한은 동요하는 동북아 안보환경이 자신에게 부과하는 생존의 불확실성과 유동성에 대응하는 한편 나름대로 타개해나가는 전략적 카드로 북핵프로그램을 사용해왔다는 것이다. 따라서 북핵문제는 동북아에 새로운 지역질서가 정착될 때 비로소 해결의 실마리를 찾을 수 있을 것이다.

II. 미국 패권의 퇴조와 신흥 중국의 급부상

탈냉전기 들어 동북아 지역질서가 크게 동요해왔다. 그런 나머지 동북아 지역질서는 질적으로 변모해왔으며, 이제는 하나의 새로운 지역질서만이 대안이 될 수 있는 그런 상황에 도달하였다. 한 체제의 위기

---

3) 김명섭, "북핵문제와 동북아 6자회담의 지정학: 역사적 성찰과 전망,"『한국과 국제정치』 제27권 제1호, (2011).

라고 부름직한 변화가 일어났다.[4] 그리고 그 위기는 현재 한창 진행 중이다. 심각한 위기를 겪고 있는 동북아 기존 지역질서는 '미국주도 형 지역질서'라 부를 수 있다. '미국주도형 지역질서'란 쓰임새는 제2차 세계대전과 그 일환이었던 태평양전쟁에서 승전국이 된 미국이 주도 하여 동북아 지역에 만든 지역질서인 탓에 붙여진 것이다.

미국주도형 지역질서의 핵심 요소들 가운데 냉전체제는 이미 종식 되었고, 일본의 평화국가 규정은 보통국가화 흐름에 의해 근본적 변화 를 겪고 있다. 미국의 패권적 위상 역시 예전과 질적으로 달라지고 있 는 가운데 신흥세력 중국의 부상이 중첩적으로 전개되어 역내 미중 권 력경쟁 격화 현상이 나타나고 있다. 이에 더해 일본의 탈평화국가 노 선, 서태평양상의 해양영유권 갈등 및 분쟁, 북핵문제 등이 유동적인 현 국면의 동북아 정세를 구성하고 있다.

이런 정세가 말해주듯이 하나의 질서가 무너지고 새로운 질서가 들 어서는 과정에는 큰 혼란이 따르게 마련이다. 이행기는 불확실성이 지 배하는 시기이자, 미래를 예측하는 일도 불가능한 시기다.[5] 전략적 환 경 자체가 매우 유동적인 시기이기도 하다. 동북아 지역질서가 구조적 으로 변화하고 있다는 관점은 일단 두 요인, 즉 미국 패권의 상대적 퇴 조와 신흥 세력 중국의 급부상을 중시한다. 또한 이 관점은 미국 패권 의 퇴조와 중국의 급부상이라는 두 요인들이 상호작용하면서 동북아 역내에 미중 패권 경쟁을 불러일으키고 있다고 본다. 이런 환경 속에 서 일본의 보통국가화 흐름이 등장하였는데 이 역시 동북아 지역질서 의 변모과정에서 간과할 수 없는 정도의 영향을 끼치고 있다고 주장한

---

4) 이수훈, "헤게모니 퇴조와 동북아 지역정치," 『한국과 국제정치』 제29권 제1호, (2013).
5) Immanuel Wallerstein, *World-System Analysis* (Durham: Duke University Press, 2004).

다. 미국은 중국과의 경쟁에서 일본과 동맹관계를 적극 활용하고 있는 게 사실이다. 미국은 한국도 군사동맹을 고리로 삼아 대중국 봉쇄에 활용하고자 하는 의도가 역력하다.

영국의 일개 식민지에 불과했던 미국이 세계적 패권이 된 것은 유례를 찾기 어렵다. 미국은 하나의 대륙을 영토로 삼은 국가라서 세계 도처의 다른 국가들과도 구별된다. 미국은 제1차 세계대전과 제2차 세계대전에서 승리한 결과 19세기의 영국을 이어 세계체제의 패권(hegemony)으로 도약하였다. 전 세계적으로 압도적인 경제적 성공에 그치지 않고 압도적 무력을 보유한 특이한 사례이기도 하다. 네덜란드 패권과는 정말 차별적이다. 군사력의 압도적 우위는 핵무기를 독점적으로 보유함으로써 비롯되었다.

하지만 핵무기 독점은 금세 깨어졌고, 세계경제에서 미국이 차지하는 위상도 점차 감소해갔다. 베트남전쟁을 치르면서 미국은 대내외적으로 큰 상처를 입었다. 1989년 냉전의 종식과 소련의 붕괴는 미국의 객관적 위상과 전 세계적 역할에 대해 되돌아볼 수 있는 기회였다. 그러나 당시 미국의 지도자들은 소련 패망이 국제관계에서 단연코 명백한 '단극적 모멘트'를 부여한 것으로 간주하였다. 1991년 아버지 부시 행정부는 걸프전을 강행하였고 미국은 무소불위의 권력을 행사할 수 있는 국가로 행세하였다. 그러나 미국은 이미 부의 축적이라는 차원에서 심각한 취약성을 안고 있었다. 일본과 서독의 경제력이 크게 확장되었다. 동서독이 통일을 할 수 있었던 데는 서독의 막강한 경제력이 뒷받침되었기에 가능하였다. 동아시아에서는 세계은행이 '동아시아의 기적'이라 불릴 정도의 경제적 도약이 일어났고,[6] 후발주자였던 중국

---

6) 한국비교사회학회 편, 『동아시아의 성공과 좌절』 (서울: 전통과 현대, 1998).

마저 고도성장을 하면서 덩치를 키워가고 있었다. 이에 비해 미국의 경제력은 상대적으로 내리막길을 걸었다. 번성했던 1960년대, 70년대 미국경제와는 점차 거리가 멀어져갔다.

대비적으로 중국은 개혁 개방 이후 "세계의 공장"으로 불릴 만큼 고도성장을 누렸다. 2020년경에는 미국을 추월한다는 보고서들이 많다. 중국은 금융적 차원에서도 괄목할 만한 면모를 보이고 있는데 돈이 너무 많아 "세계의 금고"로 불리기도 한다. 중국에 돈이 많다는 지표는 무역을 통한 경상수지 흑자, 외환보유고, 금 보유고, 화교자본 규모 등등이다. 중국의 외환보유액은 2014년 9월 말 기준으로 거의 4조 달러에 육박한다. 돈이 많은 일본보다 3배 이상 더 보유하고 있다. 중국에 쌓인 천문학적 돈은 미국 국채와 재무성 채권을 매입하는 데 투입되어 왔다. 중국은 자국 통화인 위안화의 위상을 높여왔다. 아직도 달러가 세계경제를 움직이는 기축통화이지만 위안화의 무게가 점차 높아질 것은 불을 보듯 뻔하다. 이런 자산을 배경으로 중국은 역내 투자개발 은행 설립을 주도한 결과 AIIB, 즉 '아시아투자인프라은행'을 2015년 봄 주도적으로 출범시켰다. 미국의 은근한 반대에도 불구하고 한국도 창립멤버로 가담하였다.

중국이 동북아 지역에서 차지하는 비중과 위상은 전 세계적 차원에서 갖는 비중이나 위상에 비해 한층 더 높다. 우선 동북아 경제가 중국을 중심으로 움직여나가고 있다. 한국을 예로 들어보자. 이제 한국은 전통적인 경제협력 파트너였던 미국이나 일본이 아니라 중국과 보다 긴밀한 경제협력 파트너가 되었다. 중국과의 교역규모는 날로 증가하고 있다. 곧 3,000억 달러 규모가 될 것이라고 한다. 우리의 무역총규모가 약 1조 달러임을 감안하면 약 1/3로 근접해가는 셈이다. 특히 2014년 11월 베이징에서 박근혜 대통령과 시진핑 국가주석이 한중FTA

타결을 선언함으로써 앞으로 교역규모는 한층 빠르게 늘어날 전망이다. 한국의 대 중국투자도 중국으로의 질주라고 할 정도로 증가해왔다. 한국의 간판 기업들인 삼성, LG, 현대자동차 등이 중국에 생산거점을 만들었다.

중국의 한반도에 대한 영향력은 한국에 그치지 않고 북한에까지 이어지고 있다. 북한은 미국과 적대관계를 청산하지 못한 탓에 국제적 고립 신세를 면치 못하고 있다. 미국이 주도하여 유엔 등 국제사회가 북한에 가하고 있는 경제제재를 비롯하여 여러 종류의 압박이 엄청나다. 북한의 여러 차례에 걸친 핵실험과 미사일 발사시험 후 국제사회가 부과한 제재가 다수다. 그러나 중국은 북한과 피를 나눈 혈맹이라며, 그 같은 국제사회의 압박과 제재 대열에 선뜻 서지 않았다. 유엔 안전보장이사회의 대북 제재 결의안에 찬성하긴 하였어도 실제 제재를 이행하는 데는 언제나 소극적이었다. 도리어 북한과의 안보 및 경제관계를 유지하거나 발전시켰다.

III. 동북아 지정학의 동요와 6자회담의 수립

1. 제네바합의의 붕괴와 제2차 북핵위기

미국의 조지 W. 부시 행정부는 2001년 전대미문의 '9.11테러'를 당한 나머지 반테러·반대량살상무기 전략을 채택하게 되었다. 한 줌의 테러분자들이 미국의 심장부를 공격하여 재앙과도 같은 피해를 남겼다. 미국사회가 패닉상태에 빠진 틈을 타고 워싱턴을 장악한 매파들은 이란, 이라크, 북한을 '악의 축'으로 규정하여 테러국가 혹은 테러지원국으로 낙인찍었다. 그리고 이들이 핵프로그램을 가동하고 있다는 의혹을 끊임없이 제기하였다. 부시 행정부는 미국의 패권 퇴조를 수용하지 않는 방향으로 노선을 정하게 된 것이다. 대신 극심한 반발과 저항으로 대응하였다. 부시 행정부는 테러 집단들뿐만 아니라 이라크, 이란, 북한 따위의 국가들을 '악의 축'으로 몰아갔다. 그리고 아프가니스탄전쟁을 마무리하지 못한 채 2003년에는 이라크전쟁을 일으켰다. 이라크의 독재자 사담 후세인을 제거하는 데는 성공하였지만 이라크전쟁은 미국에게 너무나 큰 비용을 치르게 만들었다. 이라크전쟁은 미국의 동원 역량에 비추어 버거움을 자초한 '과잉 군사팽창' 사례였음이 자체 보고서[7]를 통해 밝혀졌다. 미국이 누려온 세계적 지도력에도 상당한 흠집이 생겼다.

이런 흐름 속에서 2002년 10월 제2차 북핵위기가 발발하였다. 제임스 켈리 미국무부 차관보의 방북에서 북한이 미국을 속이고 비밀리에 고농축우라늄(HEU)프로그램을 가동하고 있다는 사실을 북한이 "시인했다"고 밝히면서부터였다.[8] 켈리 방북 이전인 2002년에 접어들어 미

---

7) James A. Baker Ⅲ and Lee Hamilton, *The Iraq Study Group Report* (New York: Vantage Books, 2006).

8) 제2차 북핵위기의 도화선이 된 북한의 HEU프로그램 존재 여부의 진실공방은 당시에도 논란이 분분하였다. 이 문제는 이후 2003년 8월 27일~29일 개최된 제1차 6자회담에서도 북미 간 치열한 공방이 일었던 이슈였다. 미국은 HEU 관련 정보를 갖고 있다고 하고 또 켈리 방북 때 북한 측이 시인했다는 입장이었으며 북한은 인정한 적이 없다는 입장을 내보였기 때문이다. 앞뒤 맥락을 살피기 위해 북한 측의 주장을 살펴볼 필요가 있다. 제1차 베이징 6자회담이 끝나고 난 뒤 2003년 10월 18일 북한은 외무성 대변인 담화를 통해 "2002년 10월 평양에 온 미국 대통령 특사 켈리는 아무런 근거 자료도 없이 우리가 핵무기 제조를 목적으로 농축 우라늄 계획을 추진하여 조미―기본합의문을 위반하고 있다고 걸고들면서 그것을 중지하지 않으면 조―미 대화도 없고 특히 조―일 관계나 북남관계도 파국 상태에 들어가게 될 것이라고 우리에게 노골적인 위협과 압력을 가해 나섰다. 우리는 켈리의 이러한 오만무례하고 강압적인 처사에 대처하여 핵압살 위협으로부터 자주권을 지키기 위해서는 핵무

의회의 공화당 의원들이 1994년 맺어진 북미 간 '제네바합의' 이행의무에 대해 끊임없이 문제제기를 하였다. 대북 중유 지원이 지연되는 일도 허다했다. 북한은 이에 대해 미국의 제네바합의 이행에 대해 심각한 불신을 갖기 시작했던 것 같다. 그해 8월 일본을 방문한 존 볼턴 국무부차관은 기자회견을 통해 북한의 대량살상무기 제조 의혹은 상당한 우려로 남아 있으며 부시 행정부는 북한 측이 제네바합의를 이행하고 있다는 점을 인정하기를 거부했다고 설명하였다. 미국과 북한이 제네바 협정을 두고 상호 이행에 대한 심각한 불신을 갖게 되었고, 미국 국무부 고위 관계자가 노골적으로 언론에 이 같은 의사를 흘리게 되었던 것이다.[9] 북미 간 제네바합의가 급격히 붕괴의 길로 접어들게 된 정황이다.

부시 행정부 고위 관리들은 특히 북한이 고농축우라늄(HEU) 프로그램을 오랜 기간 가동해왔다는 증거를 갖고 있다면서 미국이 제네바합의로부터 전면 철수하겠다는 결정을 내리고 오직 북한 측에 이를 알려야 할 일만 남게 되었다는 점을 내비치기 시작하였다. 그 통고가 10월 켈리차관보의 방북 목적이었던 것이다. 그렇게 제2차 북핵위기가 발발하게 되었다. 이는 일단 1994년 북미 간 제네바합의 협정의 파산을 의미하였지만 여러 후폭풍을 동반하였다. 북한은 12월 12일 외무성 담화를 통해 제네바합의에 의해 이루어진 핵 동결을 해제하고 핵시설의 가동과 건설을 즉시 재개한다고 선언했다. 2003년 1월 6일 IAEA 특별이사회가 북한의 핵시설 감시체제 복원을 촉구하는 대북결의안을 채택

기는 물론 그보다 더한 것도 가지게 되어 있다는 점을 명백히 말해주었을 뿐 미국의 주장대로 농축우라늄계획을 인정한 적은 없다"고 밝혔다. 조선민주주의인민공화국 외무성 대변인 담화, 『조선중앙통신』, 2003. 10. 18.
9) 이수혁, 『전환적 사건』 (서울: 중앙books, 2008), pp.41~42.

하자, 북한은 1월 10일 정부 성명을 통해 NPT 및 IAEA 협정 탈퇴를 선언하였다. 미국은 중유지원을 중단하였고, 경수로사업은 종국적으로 청산 절차를 겪어야 했다. 북핵문제는 여러 대화와 협상, KEDO의 수립, 북한 신포 지역의 경수로 건설 사업 등을 백지화시킨 채 1993년 이전으로 돌아가게 되었다.

그 결과 북미 간의 대립은 격화되었고, 북한은 핵시설의 전면적이고 확장적인 가동으로 맞섰다. 2003년 4월 23일부터 25일까지 우여곡절 끝에 미국, 중국, 북한 간 3자회담이 베이징에서 개최되었다. 북한은 미국과의 양자협상을 고집하였고, 미국은 북한과는 핵을 포기하겠다는 선조치가 없는 한 대화할 수 없다는 강경한 입장에도 불구하고 중국이 중재하여 이루어진 회담이었다. 이 회담이 결과를 낳고 순항할 객관적 토대는 전무하였다. 미국과 북한의 입장차가 너무나 뚜렷하였기 때문이다.

이 회담의 결렬 이후 약간의 냉각기가 있었다. 새로 출범한 한국의 참여정부는 이 시기에 유관국 정상회담을 활용해 북핵문제를 '평화적'으로 해결해야 한다는 입장을 관철시키기 위한 정지작업을 하게 되었다. 특히 당시 미국은 대량살상무기 보유를 이유로 삼아 이라크를 공격하고 이라크전쟁을 감행하였다. 그래서 이란과 더불어 '악의 축' 국가로 규정 당했던 북한으로서는 미국에 의한 군사적 옵션이 초미의 관심사였다. 한국 정부도 북한의 위기감을 덜어주기 위해 군사적 옵션을 배제시키고 평화적인 해법을 미국에 요구하여 관철시키게 되었다. 2003년 5월 15일 워싱턴에서의 노무현—부시 한미정상회담에서였다. 미국은 군사적 조치를 의미하는 '모든 선택'이 아닌 '추가적 검토'라는 표현에 동의하여 공동성명이 채택되었던 것이다. 이후 7월까지 한일정상회담과 한중정상회담을 거치면서 북핵문제 해결은 회담의 최대 관심사였고, 노무현 대통령은 북핵문제의 평화적 해결이라는 원칙을 일관되게 설득하여 관철시켰다.

2. 6자회담 전조로서의 3자회담

제2차 북핵위기를 해결하기 위해 북미 양자회담이 아니라 중국 정부의 중재 아래 3자회담이 개최되었던 것은 중대한 변화라고 할 수 있다. 미국은 '테러와의 전쟁'을 위시하여 전 세계적인 군사 개입으로 인해 동북아 지역에 직접적이고 구체적인 관심을 기울이기 어려웠다. 특히 이라크전쟁 때문에 자신의 군사적 역량을 쏟아 부어야 했다. 한국을 비롯한 동맹국이나 유럽 우방국들의 군사적 협조를 필요로 했고, 중국과는 순탄한 관계를 가져가야 했다. 미국은 동북아 지역에서 자신의 전략적 이해관계를 유지하고 자신의 존재감을 이어나가는 데 만족해야 했다. 1993년 제1차 북핵위기 때 클린턴 행정부가 '군사적 옵션'을 거론하면서 북핵문제를 조기에 진화하고자 했던 점에 비추어 동북아에 의미심장한 지정학적 변화가 일어났다고 해야 할 것이다.

이에 비해 중국은 사정이 상당한 정도로 달랐다. 중국은 세계경제에서 차지하는 위상이 날로 높아져갔다. 2000년대 들어서는 국제체제에 폭 넓고 빠른 편입을 위하여 전방위외교와 경제외교를 전개하였으며, 더불어 경제, 안보, 환경, 그리고 사회 부문 등의 영역에서 국제적 협력을 적극 추진하였다. 중국은 APEC, ASEM 등 국제적 다자협력체에의 참여, 유엔의 도의적인 권위 회복 등 외교활동, 그리고 IMF와 세계은행 등 국제금융기구들의 세계경제 발전 기여 등을 촉구하였다. 중국은 세계적인 현안 문제에서 국제사회와 동조하였다. 후진타오체제 들어서는 '평화발전'이란 큰 국가목표 속에 '책임대국', 즉 국제사회에서 책

임있는 행위자로서 할 일은 하겠다는 외교를 전개하게 되었다.[10]

더 나아가 중국은 동북아 지역질서 변화에 적절하게 편승하였다. 중국은 군사 기술력의 증강에 관심을 두는 한편, 동북아 지역 영향력 확보를 목표로 한반도와의 관계를 강화하였다. 특히 한미동맹이 존재하는 한, 한중관계가 한계를 가질 수밖에 없다는 인식을 갖고 북한의 지정학적 위치를 부각시켰다. 9.11테러 이후 미국은 이라크문제, 북핵문제 등을 처리하는 과정에서 중국의 협력과 지지가 필요했고, 그런 만큼 중국과의 마찰을 원하지 않았다. 이러한 상황에서 중국은 미국과의 관계 발전 추세를 유지하려고 하였고, 다른 한편으로 북핵문제, 환경문제, 무역 등의 의제와 관련하여 한국과의 파트너십을 강조하였다. 중국은 한국과의 협력적 파트너십 강화로 한반도에서 영향력을 확대할 수 있는 기회와 경로를 확대하였다. 또한 중국은 당시 한국과의 관계 발전이 중요했던 탓에 한국과도 협조가 가능하였다. 한국과 중국 사이에 급증하는 경제적 협력이 중요한 변수가 되었던 것이다.

중국은 북한에 대한 세심한 배려를 잊지 않았다. 미국에 대해 중국은 한반도 비핵화의 중요성을 강조하면서도 북한의 체제안전 보장에 대한 우려를 해소할 필요성을 제기하였다. 미국과의 대화가 있을 때마다 중국 지도부는 북한의 안보 우려 해소를 역설하였다. 이 점은 그해 7월 7일 노무현-후진타오 한중정상회담 결과에도 재확인되었다. 중국의 완고한 입장으로 인해 정상회담 후 공동성명에 "중국 측은 북한의 안보 우려가 해소되어야 한다고 주장했다"는 표현이 포함되었다. 북한을 견인해내고 중재자 역할을 할 수 있는 근거들을 차곡차곡 마련했던 셈이다.

---

10) 신상진, "후진타오시대 중국의 대내외정책 전망," 『통일정세분석』 2002-06, (2002).

3. 3자회담에서 6자회담으로의 진화

이런 결과 2003년 2월 23일~25일 북미중 3자회담이 베이징에서 개최되었다. 다시 강조하거니와 중국의 중재로 3자회담이 베이징에서 열렸다는 사실 자체가 동북아 지정학의 동요와 북핵문제 조망이라는 문제의식에서 보자면 의미깊은 사건이었다. 이 회담에서 미국은 선핵포기, 북한은 선체제보장이라는 기존의 입장을 고수함으로써 날카롭게 대립하였고, 북한 측의 "핵보유" 발언으로 결렬되고 말았다. 이에 중국은 북핵문제의 해결과 관련국들 간의 대화를 추진하기 위한 국제 대화를 주도할 의향을 여러 차례 표시하였다.[11] 미국도 3자회담 결렬 이후 3자회담의 지속보다 한국과 일본이 참여하는 확대 다자회담 쪽으로 기울었다. 미국도 북중 공조에 맞설 수 있는 우군이 필요했던 것이다.

2003년 봄 한반도 상황은 날로 악화일로를 걸었다. 4월 북한은 폐연료봉 재처리 작업을 선포하였다. 정전협정 탈퇴도 공언하였다. 위기가 고조되자 6월 1일 후진타오 국가주석과 부시 대통령은 프랑스에서 가진 미중정상회담에서 북핵문제 해결에 관한 의견을 교환하게 되었다. 이후 중국은 북핵문제 해결 행보에 적극성을 보이기 시작했다. 다이빙귀 중국외교부 부외장이 7월 2일 러시아를 방문하였고, 7월 12일 평양을 방문하여 후진타오 국가주석의 편지를 김정일 위원장에게 전했다. 연이어 다이빙귀는 미국을 방문하여 콜린 파월 국무장관과 긴 대화를 나누었다. 중국의 설득에 따라 북한은 북미양자회담 고수 입장을 철회하였고, 미국도 긍정적인 의견을 제시하였다. 중국의 "다자회담 틀 내에 북미양자회담을 포함"한다는 제안을 수용하였다. 7월 29일 후진타오

---

11) 리단, "후진타오 지도부의 대북한 신사고: 6자회담을 중심으로,"『한국동북아논총』제10권 제4호, (2005), p.66.

는 전화 통화에서 부시에게 베이징 6자회담 참석 의향을 전했다. 7월 30일 북한은 러시아 측에 다자회담을 수용하고 베이징 6자회담에 참석 의향을 전했다.

이렇듯 한국, 북한, 미국, 중국, 러시아, 일본 6개국이 참여하는 '6자회담'이 성립된 것은 중국의 적극적 외교 이니셔티브 덕택이기도 하지만 근본적으로는 변화된 동북아의 지정학을 반영하는 산물이었다. 다자회담에 대한 북한의 저항에도 불구하고 중국 후진타오 국가주석은 '신형우의'를 표방하며 북핵문제에 대해 '6자회담'을 통한 접근을 주장하여 관철시켰다.[12] 그리고 베이징을 6자회담의 중심지로 만들었으며 중국이 의장국을 맡았다. 중국은 북한에게는 신뢰할 수 있는 우방이었기 때문에 북한의 안보 우려를 배려해줄 수 있다는 자신감을 줄 수 있었다. 그리고 실제 회담을 개최함에 있어서도 북한은 베이징 외에 다른 장소에서 회담이 불가능한 기술적 측면도 작용했다고 볼 수 있다. 그렇게 2003년 8월 27일~29일 제1차 6자회담이 열리게 되었다.

IV. 불확실성에 대한 대응으로서의 북핵 카드

앞서 논의한 바대로 현재 동북아 지역질서는 한창 위기를 겪고 있다. 거시적으로 보면 북핵문제는 그런 위기의 한 표시이기도 하거니와 그 위기의 일부이기도 하다. 따라서 북핵문제는 이 위기가 해소되고 대안적 동북아 지역질서가 구축될 때 비로소 해결의 가닥을 잡을 수 있다. 그 결과는 북한의 핵보유일 수도 있고, 정반대로 핵포기일 수도

---

12) 리단, 위의 논문.

있다. 결과는 우리가 동북아 지역질서를 어떻게 설계하고 어떤 성격으로 수립하는가에 따라 판이하게 달라질 것이지만 북한이 이런 위기적 환경 속에서 선택할 수 있는 가장 효과적인 수단이 핵프로그램이자 대량살상무기 카드다.

2009년 초 출범한 오바마 행정부는 부시 행정부의 대외정책을 수정하였다. 이라크전쟁을 끝내고 조기에 철군한다는 기조를 분명히 하였다. 세계체제 전체로부터 축소정치[13]를 구사하면서 오바마 대통령은 비용이 적게 드는 대외전략을 구사하게 되었다. 2012년에는 향후 10년간 4,879억 달러의 국방비 감축을 골자로 하는 '신국방전략[14]'을 채택하기에 이르렀다. 미국의 국제적 위상 변화에 대해 반발하고 저항하기보다는 수용하고 적응하는 정책을 택하게 되었다. 중동으로부터의 군사적 철수, 그 지역에 관해 EU에게 보다 폭넓은 영향력 양도, 이란과의 핵 타협을 통한 궁극적 관계 개선[15] 등이 축소정치를 의미한다. 대신 대외전략의 역량을 동북아 방향으로 더 집중하겠다는 정책이 '아시아로의 선회'이며, 그 연장선상에서 대중국 봉쇄정책의 성격을 강하게 띠고 있는 정책이 바로 '재균형'이다. 이 정책은 중국으로부터의 반발을 야기시킬 수밖에 없는 바 동북아 지역에서 미중 간 권력경쟁이 격하게 전개되는 현실을 낳고 있다.

---

[13] Paul McDonald and Joseph Parent, "Graceful Decline? The Surprising Success of Great Power Retrenchment," *International Security*, Vol. 35, No. 4, (2011).

[14] US Department of Defense, *Sustaining US Global Leadership: Priorities for the 21ˢᵗ Century* Defence (Washington D.C.: Department of Defense, 2012).

[15] Robert D. Kaplan, "Warming to Iran," *The Atlantic*, 2015 (Jan/Feb issue, 2015).

1. 미중 간 동북아 권력경쟁

지금은 거대한 권력변동기여서 미국의 시대라고 부르기도 마땅치 않고 중국의 시대라고 부르기에도 때 이른 감이 있다. 미국 내 저명한 중국 전문가인 샘보 교수는 중국이 아직 미국과 같은 국제적 면모를 갖추지 못했다고 평가하기를 주저하지 않는다.[16] 이런 탓에 당분간 국제무대에서 미국과 중국은 대체로 협력적인 관계를 유지할 가능성이 높지만 동북아 지역에서는 전혀 다른 성격의 관계가 출현할 개연성이 높다.

동북아 지역에서 미국은 자신의 과거 영향력을 잃지 않고자 갖은 노력을 기울이는 게 사실이다. 확장되고 있는 국력에 걸맞게 중국은 자신의 정치적 영향력을 넓히고자 노력하는 것도 분명하다. 미국은 중국을 적절히 견제하면서 중국으로 하여금 미국이 주도하는 자유주의적 지역질서 속으로 통합되기를 기대한다. 그에 반해 중국은 자신의 변모된 위상에 맞는 세력균형적 지역질서를 수립하고자 한다. 두 개의 지역관이 경쟁하고 충돌하고 있는 셈이다. 동북아 지역질서 속에서는 미국과 중국사이의 권력경쟁이 한층 격렬하다.

미국은 동북아 지역에서 중국의 영향력 확장을 견제하고 있다. 과거 냉전기에 미국이 소련의 남진을 봉쇄하기 위한 전략을 구사하였는데, 지금은 팽창하는 중국을 봉쇄하겠다는 차원에서 궤적을 같이 하는 전략이라고 할 수 있다. 오바마 대통령은 그 견제정책을 아시아 지역에서의 '재균형'(rebalancing)이라 불렀다. 중국은 이 같은 미국의 재균형 정책을 중국 견제를 전략적 목표로 삼고 있다고 본다.

---

16) David Shambaugh, *China Goes Global: The Partial Power* (Oxford: Oxford University Press, 2013).

실제 미국은 한미일 삼각안보협력체제를 구축하기 위해 다각적인 노력을 기울여왔다. 중국은 동북아에 신냉전을 조성한다면서 반대하고 있다. 2016년 2월 7일 북한의 장거리 로켓 발사 이후 한국 정부와 미국 정부가 '고고도미사일방어체제'인 사드(THAAD) 배치 문제를 본격적으로 논의하겠다고 발표하자 중국은 격하게 반발하였다. 사드에 포함되는 레이더가 중국 안방을 다 들여다볼 수 있다면서 강력하게 반발하고 있다. 한국과 미국의 군사당국은 북한만이 사드의 대상이라고 응대한다. 2014년 12월 말 한국, 미국, 일본 국방당국이 북한의 핵과 미사일에 관련된 군사정보 공유 약정을 체결하였다. 과거 침략행위에 대한 반성과 상응하는 행동을 보이지 않는 일본과의 군사협력을 한국 국민들은 달가워하지 않는다. 그래서 일본과의 군사협력을 할 수 있는 국내 분위기가 싸늘하다. 이런 분위기를 우회하기 위해 미국을 고리로 삼아 한미일3각 군사협력이 속도를 내고 있는 것이다.

중국은 경제규모가 늘어남에 따라 군사력 증강에 큰 비용을 투입하고 있다. 아직 군사력에 있어 미국에 비해 열등한 수준이지만 중국의 군비 증가 추이를 볼 때 팽창의 속도가 상당히 빠르다. 중국은 근래 경제성장률이 7퍼센트대로 하락하였음에도 불구하고 국방비는 매년 10퍼센트를 유지하고 있다. 중국은 영토와 주권의 수호를 내걸면서 군 현대화에 박차를 가하고 있다. 특히 최근에는 해군력을 증강하는 데 정책의 우선 순위를 두고 있다.[17] 일본과 한국은 중국과 해양에서의 영유권 갈등을 빚고 있기 때문에 이 같은 중국의 행보가 위협으로 다가오는 것은 당연하다. 중국은 남중국해에서 동남아의 여러 국가들, 필리핀, 말레이시아, 베트남, 인도네시아 등과 유사한 해양 영유권 분

---

17) 정재흥, "중국의 부상과 해양군사전략 재편," *INChinaBrief*, Vol. 253, (2013), p.2.

쟁을 겪고 있기도 하다. 오늘날 서태평양이 동아시아 역내 북한문제에 버금가는 '발화점'(flash point)으로 부각되고 있다는 관측이 제기되는 것[18]도 무리가 아니다. 이 같은 해양 분쟁은 미국과 중국 사이의 군사적 갈등으로 이어질 수도 있기 때문에 한국도 연루의 위험에 노출되어 있다. 실제 지난 2015년 10월 중순 워싱턴에서 개최된 오바마-박근혜 한미정상회담 후 "남중국해에서의 항해와 상공비행의 자유가 보장되어야 한다"는 미국 측 입장을 박근혜 대통령이 천명함으로써 남중국해에서의 미중 간 갈등에 한국이 개입되는 결과를 초래한 적이 있다.

중국은 동북아 지역에서 패권을 추구하지 않을 것이라고 누차 강조해왔다. 중국은 아시아의 이웃 국가들과 조화롭게 관계맺기를 하겠다고 밀해왔다. 시진핑 중국 국가주석은 공공연하게 "태평양은 미국과 중국 둘 다를 아우를 수 있을 만큼 넓다"면서 미국과 중국의 공존을 강조하고 있다. 하지만 동시에 중국은 자국의 주권에 관련되는 '핵심이익'에 대해서는 절대 양보할 수 없다는 점을 천명해왔다. 양보할 수 없는 사안들에 대해서는 적극적이고 공세적으로 대응하겠다는 것이다.

2012년 말 북한의 장거리 로켓 발사시험과 2013년 2월 제3차 핵실험을 계기로 북중관계가 이전보다 열이 식은 것은 사실이다. 그럼에도 불구하고 북중관계의 기본 성격이 변했다고 볼 수는 없다. 2016년 제4차 북핵 실험 이후 중국은 미국과 한국의 대북 제재를 위한 거센 압박에 대해 '3원칙', 즉 한반도 비핵화, 평화와 안정 유지, 대화와 협상을 통한 해결을 반복하였을 뿐이다. 중국 정부는 핵실험 직후 박근혜 대통령이 대국민담화를 통해 제안한 '5자회담'을 일축하면서 "시 주석과

---

[18] Swaine, Michael, "The Real Challenge in the Pacific," *Foreign Affairs*, 2015 (May/June Issue, 2015), p.145.

의 통화 등 중국과 협조" 노력[19]에도 불구하고 시진핑 국가주석은 핵 실험 1개월여 만에 박근혜 대통령과 통화를 하게 되었다. 심지어 강도 높은 제재의 필요성을 강조하면서 베이징을 직접 방문하여 미국이 추진하고 있는 고강도 대북제재 결의안을 요구한 존 케리 국무장관을 향해 "제재가 목적이 되면 안 된다"[20]고 말했다.

2. 일본의 '평화국가' 탈피 노선

일본은 1951년 미국과 맺은 샌프란시스코 강화조약에 따라 '평화헌법'을 채택하였다. 그에 따라 군대를 보유하지 않고 전쟁을 하지 않는 다는 '평화국가'가 되었다. 일본은 미국이 제공하는 안보 우산 아래 눈부신 경제발전과 민주주의를 이루게 되었다. 하지만 일본의 우경화 세력은 1990년대부터 '보통국가론'을 내세우면서 평화헌법을 개정하여 군대를 갖고 전쟁을 할 수 있는 정상국가 만들기를 추진해왔다. 미국이 주도하여 만든 동북아 '샌프란시스코체제'가 붕괴되고 동북아 지역 질서가 위기를 만남에 따라 일본이 선택한 길이다. 현재 일본의 아베 신조 총리는 이 같은 평화국가 탈피 노선의 선봉에 서서 평화헌법을 무력화시키려는 정치적 흐름에 앞장서왔다.

그 결과 급기야 2015년 9월 19일 일본 의회의 참의원에서 아베 정권의 안보법제안이 강행 처리되었다. 안보법제에는 한반도와 연관되어 '집단적 자위권' 행사라는 민감한 사항이 포함되어 있다. 이는 한반도 유사시 일본군의 개입 가능성을 열어놓고 있어 논란이 되고 있다. 한

---

19) 『한겨레신문』, "대북 압박에 중국과 공조 절실한데…박 대통령, 시진핑과 통화 못하나," 2016. 1. 8.
20) 『연합뉴스』, "미중, 안보리결 본격 협상…中, 美에 입장전달," 2016. 1. 29.

국 정부는 우리 측의 요청과 동의가 전제되어야만 집단적 자위권 행사가 가능하다고 설명하지만 국민들의 우려를 잠재우기에는 미흡한 측면이 많다.

실제 2015년 10월 한일 국방장관회담에 참석한 나카타니 겐 일본 방위상은 일본 언론에 "한국의 주권은 휴전선 남쪽"이라고 발언한 바 있다. 이는 자위대가 북한에 진출할 때 우리 쪽의 동의를 받을 필요가 없다는 뜻으로 해석돼 논란을 빚었다. 현재 한국 보수 정부의 대북 인식을 볼 때 북한에 급변사태 같은 일이 발생했을 때 자위대의 한반도 진출을 반대할 것인가도 의문이다. 더구나 한·미·일 3각안보협력이 심화되는 시기라서 미국이 주도하면 한국 정부가 반대하고 저항할 이유도 없을 것 같고 실제 그런 태도를 취할 것 같지도 않다.

3. 대응책으로서의 핵프로그램

미중 간 동북아 역내 권력경쟁은 북한을 긴장시키기에 족하다. 미국과 중국 양국이 동북아 지역 전반뿐만 아니라 북한에 대해 확고한 전략적 입장을 수립하지 못하고 있는 한[21] 북한은 그로 인한 불확실성과 유동성에 대한 대응책을 구사해야 한다. 전략적 대비가 필수적인 환경 속에 놓여 있는 북한이다. 그 전략적 대비가 핵프로그램인 것이다. 일본 역시 동북아 지역질서 동요의 일환으로 평화국가가 아니라 군대를 보유하고 전쟁을 할 수 있는 보통국가로의 노선을 강조하면 할수록 그리고 실제 여러 '집단적 자위권' 등의 법제들을 만듦으로써 '한반도 유사시'를 강조할수록 북한은 재래식 무기가 아니라 신형 대응 수단이

---

21) Jian Cai, "The Korea Nuclear Crisis and the Chaging Sino-DPRK Relationship," *Asian Perspective*, Vol. 34, No. 1, (2010).

필요하게 마련인 데 그것이 바로 핵무기를 포함한 비전통적 WMD다. 즉, 이같이 유동적일 뿐만 아니라 자신에게 일반적으로 불리한 정세에 대해 배제와 고립 상태에 빠진 북한이 집착할 수 있는 전략 혹은 구체적 카드가 무엇일까. 핵무기와 미사일이 그나마 가장 효율적인 카드라 할 수 있을 것이다.

북한에게 있어 중국 역시 무한정 신뢰할 수 있는 혈맹인가도 문제다. 새롭게 구축되어야 할 동북아 지역질서의 성격에 따라 중국이 전혀 다른 전략적 관계자로 탈바꿈할 수 있는 노릇이기 때문이다. 이전에도 북한은 중국에 대해 시종일관 대국으로서의 중국 알레르기 반응을 보여왔다. 북한은 핵프로그램과 관련하여 방어 논리로 "민족의 존엄과 나라의 자주권"을 일관되게 강조해왔다.[22] 예컨대, 1993년 제1차 북핵위기가 발발하고 미국이 IAEA에 의한 특별사찰을 요구를 관철시키기 위해 압박을 가하자 외무성 논평을 통해 "우리는 민족의 존엄과 나라의 자주권을 건드리는 그 어떤 행위도 절대로 용납하지 않을 것이다"[23]라고 하였다. 이 자주권의 논리는 미국에만 적용된다고 볼 수 없고 환경 변화에 따라서는 중국에게도 얼마든지 적용될 수 있을 것이다.

V. 맺음말

북핵문제는 한반도에 그치고 마는 이슈가 아니라 동북아라는 한반

---

22) 문장권, "탈냉전기 북한의 핵정책 결정요인에 관한 연구," (경남대학교 박사학위논문, 2016).
23) 『로동신문』, "조선민주주의인민공화국 외교부 성명," 1993. 1. 28.

도 상위의 한층 포괄적이고 복잡다단한 지정학을 표출하는 지역과 직결되어 있는 이슈다. 따라서 북핵문제는 성격이 복잡다단할 뿐더러 연동되어 있는 과제들이 여럿이다. 6자회담의 중요한 성과라고 할 수 있는 2005년 '9.19공동성명'에 그 과제들이 망라되어 있으며,[24] 그들은 각기 분리되어 있지 않고 포괄적으로 엮여 있다. 포괄적이고 조율된 해법은 그냥 구두선에 그치는 표현이 아니라 지극히 현실적인 해법이다. 그 현실적 이행로드맵이 3단계로 구성되어 있는 2007년 '2.13합의'다.

2008년 12월 베이징에서 6자회담이 마지막으로 개최되고 결렬된 지 8년에 가까운 긴 교착의 시간이 흘렀다. 이 기간에 북핵문제는 방치상태에 놓여졌고, 평양의 핵시계는 외부의 간섭 없이 돌아갔다. 그 시간동안 북한은 2009년, 2013년, 2016년 세 차례에 걸쳐 핵 실험을 감행하였다. 2009년 핵실험 후에 북한 당국은 "소량화, 경량화, 다종화"에 성공했다고 주장하였다. 2016년 1월 6일 감행한 핵실험 후 북한 조선중앙TV는 발표문을 통해 "수소탄 시험이 성공적으로 진행되었다"[25]고 주장하였다. 북한 주장에 따르면 북한은 핵폭탄을 보유하였을 뿐만 아니라 실전배치형 핵무기를 개발할 수 있는 수준으로 핵기술을 진화시켜가고 있다. 실제 북한의 핵폭탄 보유를 부인하는 국가나 정보기관은 없다. 미국은 공식 정부 문서에 북한을 "핵보유국"이라 표현하기도 했고 "핵국가"라는 표현도 등장하였다. 미국과 국제사회가 공식적으로 인정하지 않는다는 비인정정책뿐이지 북한은 '사실상 핵보유국'이 되었다.

미국은 북핵문제에 대해 유엔을 통한 제재와 독자적 제재 및 포기

---

24) 국가정보원, 『남북한 합의문 총람』, (2008), pp.545~547.
25) 『조선중앙TV』, "수소탄 핵실험 발표문," 2016. 1. 6.

압박으로 일관해왔다. 오바마 행정부 들어와서는 '전략적 인내'라는 정책으로 일관해왔다. 그러나 수많은 고강도 제재에도 불구하고 북한이 경제적 곤경을 겪는다는 신호는 어디에도 없다. 그리고 핵포기는커녕 보란 듯이 핵실험을 여러 차례 감행하였다. 제재 효과가 없고, 전략적 인내 정책이 통하지 않는다는 증거다. 제재문제에 대해 미국은 중국이 제재 대열에 충실하게 서지 않으며 자신이 갖고 있는 대북 지렛대를 사용하지 않는다면서 중국과 마찰을 빚고 있기도 하다. 한국도 대중 압박을 한다면서 연일 갈등을 빚더니 급기야 주한 미군의 한반도 사드 배치를 공식 논의한다는 결정을 내려 한중 갈등이 전례 없는 상황을 빚고 있음은 서두에 밝힌 그대로다.

'한반도 비핵화'는 왜 이루어지지 않는가. 그 원인은 학계에서 제시하고 있듯이 북한의 핵무기 보유 의지, 북미 간 적대관계 지속, 국내 정치적 동기, 대외 협상용 등등 여럿이다. 그리고 이들 각기는 북한이 핵을 포기할 수 없는 이유가 된다. 북한의 주장대로라면 미국의 대북 적대시정책 철회와 평화협정 체결이 핵포기의 조건이다. 6자회담의 논리를 따르자면 조속히 회담을 재개하여 '9.19공동성명'을 이행하면 한반도 비핵화는 달성된다.

이 논문의 결론은 선행 연구들의 결론과 정책적 제안을 송두리째 부정하는 데 있지 않다. 다만 하나의 새로운 관점에서 북핵문제를 조망한 결과 한반도 비핵화에 대한 논의의 외연을 넓히자는데 목적이 있을 뿐만 아니라 중장기적 호흡을 갖고 북핵문제를 해결해가야 함을 강조하고자 하는 의도를 갖는다. 지금은 동북아 지역질서가 크게 동요하는 위기적 시기다. 그리고 기존의 지역질서를 대체할 대안적 지역질서는 아직도 구축되지 못한 시간대에 놓여 있다.

첫째, 북핵문제는 이런 시기의 산물이자 그 일환이다. 구조적 성격이 강하다는 것이다. 따라서 북핵문제를 상황 논리에 따라 접근해서는 안 된다. 2002년 제2차 북핵위기가 발발했을 때 10년 전에 발발한 제1차 북핵위기 때와 달리 중국이 포함된 3자회담으로 출발하고 곧 6자회담이 성사되어 북핵문제를 다루어나간 사실 그 자체에 중요한 의미를 둘 필요가 있다. 즉 동북아 지정학의 동요라는 거시적 요인을 말한다. 북한의 핵프로그램은 미사일과 더불어 동북아 지역질서 이행의 시기에 내재되어 있는 불확실성과 유동성에 대한 북한 나름의 전략적 대응이다. 불확실성과 유동성이란 북한 같은 고립과 배제의 존재에게는 생존의 먹구름과도 같은 불리한 환경을 뜻한다. 이 환경에 대응하는 가장 효율적인 '자위' 수단이 핵프로그램이다.

둘째, 미국과 중국이 북한을 어떻게 처리할 것인지에 대한 전략적 결론을 내리지 못한 채 한반도를 상호 경쟁의 완충지대로 활용하고자 하는 한 비핵화를 이루기 불가능하다. 미국은 남한을 매개로 삼아 한반도에 대한 전략적 영향력을 유지하려고 하고, 중국은 미국과 한·미·일 3각협력체제가 자신에게 가하는 봉쇄정책을 타개하는 데 북한을 활용하고자 하는 전략적 의도를 견지하는 한 비핵화는 돌파구를 찾기 어려울 것이다. 셋째, 일본이 '샌프란시스코체제' 해체에 편승한 나머지 탈평화국가 노선을 강력하게 추진하면서 한반도 유사시에 군사적 개입의 가능성을 도모하는 한 북한은 핵포기에 나설 수 없을 것이다.

김근식. "북핵의 핵협상: 주장, 행동, 패턴." 『한국과국제정치』 제27권 제1호, (2011).

김명섭. "북핵문제와 동북아 6자회담의 지정학: 역사적 성찰과 전망." 『한국과국제정치』 제27권 제1호, (2011).

문순보. "북핵문제와 국제사회의 대북제재." 『국가전략』 제16권 제2호, (2010).

문장권. "탈냉전기 북한의 핵정책 결정요인에 관한 연구." (경남대학교 박사학위논문, 2016).

리 단. "후진타오 지도부의 대북한 신사고: 6자회담을 중심으로." 『한국동북아논총』 제10권 제4호, (2005).

신상진. "후진타오시대 중국의 대내외정책 전망." 『통일정세분석』 2002-06, (2002).

이수혁. 『전환적 사건: 북핵문제 정밀 분석』 (서울: 중앙books, 2008).

이수훈. "헤게모니 퇴조와 동북아 지역정치." 『한국과국제정치』 제29권 제1호, (2013).

임수호. "실존적 억지와 협상을 통한 확산: 북한의 핵정책과 위기조성 (1989-2006)." (서울대학교 박사학위논문, 2007).

장달중, 이정철, 임수호 지음. 『북미대립: 탈냉전 속의 냉전 대립』 (서울: 서울대학교출판문화원, 2006).

전봉근. "북핵협상 20년의 평가와 교훈." 『한국과국제정치』 제27권 제1호, (2011).

정재흥. "중국의 부상과 해양군사전략 재편." *INChinaBrief*, Vol. 253, (2013).

한국비교사회학회 편. 『동아시아의 성공과 좌절』 (서울: 전통과 현대, 1998).

Wit, Joel, et al, 김태현 역. 『북핵위기의 전말』 (서울: 모음북스, 2005).

국가정보원. 『남북한 합의문 총람』 (2008).

『로동신문』. "조선민주주의인민공화국 외교부 성명." 1993. 1. 28.

『연합뉴스』. "미중, 안보리결의 본격 협상…中, 美에 입장전달." 2016. 1. 29.

『조선중앙통신』. "조선민주주의인민공화국 외무성 대변인 담화." 2003. 10. 18.

『조선중앙TV』. "수소탄 핵실험 발표문." 2016. 1. 6.

『한겨레신문』. "대북 압박에 중국과 공조 절실한데···박 대통령, 시진핑과 통화 못하나." 2016. 1. 8.

Baker, III, James A. and Lee Hamilton. *The Iraq Study Group Report*. New York: Vantage Books, 2006.

Cai, Jian. "The Korea Nuclear Crisis and the Chaging Sino-DPRK Relationship." *Asian Perspective*, Vol. 34, No. 1, 2010.

Department of Defence. *Sustaining U.S. Global Leadership: Priorities for the 21st Century Defence*. Washington D.C.: Department of Defence, 2012.

Ha, Yong Chool and Chun Chaesung, "North Korea's Brinkmanship and the Task to Solve the 'Nuclear Dilemma'." *Asian Perspective*, Vol. 34, No. 1, 2010.

Kaplan, Robert D.. "Warming to Iran." *The Atlantic*, 2015 Jan/Feb issue, 2015.

McDonald, Paul and Joseph Parent. "Graceful Decline? The Surprising Success of Great Power Retrenchment." *International Security*, Vol. 35, No. 4, 2011.

Park, Kyung-Ae. "North Korea's Nuclear Strategies in the Asymmetric Nuclear Conflict with United States." *Asian Perspective*, Vol. 34, No. 1, 2010.

Shambaugh, David. *China Goes Global: The Partial Power*. Oxford: Oxford University Press, 2013.

Swaine, Michael. "The Real Challenge in the Pacific." *Foreign Affairs*, 2015 May/June Issue, 2015.

Wallerstein, Immanuel. *World-System Analysis*, Durham: Duke University Press, 2004.

탈식민·탈패권·탈분단의 한반도 평화체제

구 갑 우

북한대학원대학교 교수

탈식민 · 탈패권 · 탈분단의 한반도 평화체제

Ⅰ. 문제설정

1953년 7월 한반도에 정전체제가 수립된 이후, 정전체제를 대체하는 평화체제의 건설은 잠재적 또는 명시적 의제 가운데 하나였다. 정전협정(Armistice Agreement) 제4조 60항에는,[1] "한반도문제(Korean question)의 평화적 해결을 보장하기 위하여 쌍방 군사령관은 쌍방의 관계 각국 정부에 정전협정이 조인되고 효력을 발생한 후 3개월 내에 각기 대표를 파견하여 쌍방의 한 급 높은 정치회담을 소집하고 한반도로부터의

---

[1] "Agreement between the Supreme Commands of the Korea People's Army and the Command of the Chinese People's Volunteers, on the one hand, and the Commander-in-Chief, United Nations Command, on the other hand, Concerning a Military Armistice in Korea"("국제연합군 총사령관을 일방으로 하고 조선인민군 최고사령관 및 중국인민지원군 사령원을 다른 일방으로 하는 한국 군사정전에 관한 협정," 1953년 7월 27일).

모든 외국군대의 철수 및 한국문제의 평화적 해결 등의 문제들을 합의할 것을 이에 건의한다"고 규정되어 있다. 이 항에 의거하여, 1954년 4월~6월 남북한과 미국, 중국, 소련 그리고 한국전쟁 참여국 등 19개국이 참여한 제네바 정치회담이 열리기도 했다. 이 회담의 의제는, '외국군대의 철수'와 '한반도문제의 평화적 해결'이었다.

그러나 제네바 정치회담에서는, 예측되었던 것처럼, 두 의제에 대한 어떠한 합의도 이루어지지 않았다. 남북한에 주둔하고 있는 외국군 문제와 통일방식—남한의 유엔 감시 인구비례 총선거 대 북한의 중립국 감시 지역비례 총선거—을 둘러싼 말의 공방이 회담의 주요 내용이었다. 북한은 제네바 정치회담에서 남북한의 군대를 평화상태로 전환시키기 위한 남북협정을 제안하기도 했다. 그러나 그 제안은 평화체제의 한 구성요소인 평화협정을 체결하자는 것은 아니었다. 정전의 공고화를 통해 평화의 실질적 조건—남북한의 불가침, 군축, 미군철수—을 마련하자는 것이 핵심 내용이었다. 1958년 중공군이 북한에서 철수한 상황에서, 북한은 1960년대에 들어서 이 주장을 반복했고, 1970년 조선로동당 제5차 대회에서는 선(先) 미군철수, 후(後) 남북협정으로 자신의 입장을 정식화했다.[2]

남북관계에서 정전협정을 대체하는 남북한의 평화협정은, 1972년 1월 김일성이 일본 요미우리신문 기자와 대담하는 과정에서 처음으로 제기되었다. 평화협정의 체결을 통해 한국전쟁을 종결하면, 주한미군의 주둔을 위한 명분이 없어진다고 판단했던 것처럼 보인다. 선 평화협정, 후 주한미군 철수로 정리할 수 있는 북한의 제안에 대해, 1974년

---

[2] 김일성, "조선로동당 제5차대회에서 한 중앙위원회사업총화보고,"『조선중앙년감 1971』 (평양: 조선중앙통신사, 1971).

1월 남한의 박정희 정부는 남한의 군사력을 무력화하려는 시도라도 평가하면서 공식적으로 거부했다. 그리고 북한에 대해 남북 불가침협정을 역제안하기도 했다. 북한은 1974년 3월 최고인민회의에서 평화협정의 주체를 남북한에서 북한과 미국으로 변경했다. 미군철수와 평화협정을 연계했던 북한이 미군철수를 미국에 제안하면서 평화협정의 당사자가 바뀐 것이다.[3]

1970년대 이후 평화협정을 포함한 한반도 평화체제는 북한이 선점한 의제였다. 남한정부는 서울올림픽 직후인 1988년 10월 노태우 대통령의 제43차 유엔총회 연설—"한반도에 화해와 통일을 여는 길"—을 통해 처음으로 정전체제를 '항구적 평화체제'로 전환하는 문제를 공식 의제화했다.[4] 노태우 정부는 1991년 남북한의 유엔가입과 더불어 남북한을 당사자로 하는 평화협정 체결을 다시금 제안하기도 했다. 남한의 '민주화'로 1960년대 4.19혁명 직후처럼 한반도문제가 국내정치의 의제로 상정되면서 정부가 한반도 평화체제를 언급할 수 있는 국내적 계기가 마련되었다면,[5] 냉전체제의 한 극인 소련의 붕괴로 발생한 '탈냉전'은 국제적 계기였다. 냉전체제의 비대칭적 해체로 한반도 힘의 균형에서 우위를 점한 상태에서 남한정부는 한반도 평화체제를 의제화할 수 있었다.

---

3) 남북의 제안과 역제안은, 김일성(1973); 박정희(1975); 허담(1988) 등을 참조. 북한 최고인민회의 제5기 재차회의에서는 북미 평화협정을 요구하는 "미합중국 국회에 보내는 편지"가 채택되기도 했다. 북한은 1973년 1월 미국－베트남 전쟁이 파리평화협정으로 종료되자 이에 고무되어 평화협정의 주체를 변경했다는 해석이 있다. 이 협정에서는 미국, 북베트남, 남베트남, 남베트남 해방전선 등이 참여했지만 실질적으로는 미국과 북베트남이 당사자 역할을 했다. 이 해석은 장달중 외(2011), p.248 참조.

4) 한국 대통령 최초의 유엔총회 연설이었다. 원문은 허문영 외(2007)에 실려 있다.

5) Koo, Kab-Woo. "Civil Society and Unification Movements in South Korea." *Journal of Peace and Unification*, Vol. 1, No. 1, (2011).

남북한 모두 한반도 평화체제를 의제화했지만, 제네바 정치회담부터 제기된 두 쟁점—미군철수와 평화협정의 당사자—의 해결은 지난한 과제였다. 1990년대 중후반에 개최된 남북한, 미국, 중국의 4자회담에서도 한반도 평화체제와 관련된 이 두 쟁점은 반복되었다. 4자회담 이후 2003년부터 개최된 북한 핵문제의 해결을 위한 6자회담에서 한반도 평화체제는 다시금 의제로 상정되었다. 2005년 9.19공동성명에서는 한반도 비핵화와 함께 한반도 평화체제의 구축을 위한 다자회담이 동시 의제화되기도 했다. 그러나 한반도 평화체제의 형태와 내용 그리고 평화체제에 이르는 과정을 둘러싼 남북한과 관련국가들 그리고 시민사회의 동상이몽(同床異夢)은 지속되고 있다.

이 글은 탈식민·탈패권·탈분단의 시각에서, 민주화와 탈냉전시대에 등장한 한반도 평화체제라는 의제의 역사와 쟁점을 검토한다. 탈식민·탈패권·탈분단은 세계사적 맥락에서 동시에 한반도적 맥락에서 국제관계의 진보를 지향하는 담론이다. 이 진보적 지향은 현실에 근거하고 있다. 힘의 균형 또는 힘의 우위에 기초한 평화가 아니라 협정을 포함한 다양한 제도의 건설을 통해 평화를 추구하는 한반도 평화체제 구축이, 다양한 정치사회세력들에게 지속가능한 평화와 통일을 위해 필요한 정책대안일 수 있기 때문이다. 흡수통일이든 국가연합을 통한 단계적 통일이든 통일이 권력게임임을 고려할 때, 정전체제에서 통일로 직접 이행하는 경로가 아니라 정전체제의 다음 단계로 평화체제를 설정하는 것은, 평화적 방법에 의한 평화를 추구하는 규범적, 현실적 경로일 수 있다. 또한 한반도 평화체제는, 정전체제와 통일이 야기하는 갈등의 실재를 인정하고 그 갈등의 전환(transformation)을 시도하려는 접근이기도 하다.

II. 탈식민 · 탈패권 · 탈분단의 평화체제: 이론적 논의

1. 탈식민 · 탈패권 · 탈분단의 담론6)

탈식민주의(postcolonialism)는 식민현상의 역사와 유산을 피식민인의 시각에서 분석하고 비판하는 담론과 이론을 포괄하는 개념이다.7) 제국주의와 식민주의란 개념이 중심부 국가들에 대한 비판에 초점을 맞추고 있다면, 탈식민주의는 그 초점과 비판을 탈식민국가의 식민성으로 이동시키고자 한다. 그러나 탈식민 이후에도 식민현상이 계속되고 있다면, 신식민주의(neocolonialism)가 보다 적절한 개념일 수 있다. 예를 들어, 가나의 은쿠루마(Kwame Nkrumah)는 1965년 『신식민주의: 제국주의의 마지막 단계』에서 신식민주의는 식민주의의 미국적 단계, 즉 식민지 없는 제국을 표상한다고 주장한 바 있다. 신식민주의는 다른 수단에 의한 전통적 식민지배의 연속, 즉 제국주의의 연장에 기초하고 있는 개념이다.8) 따라서 탈식민주의 개념이 정당성을 획득하기 위해서는 신식민주의 개념과 차별성을 가질 수 있어야 한다.

이 차별성은, '초국적 사회정의'(transnational social justice)를 향한 정치적 이상으로 표현되기도 한다.9) 탈식민주의는 비영토적 제국주의적 패권의 유지 및 제국주의와 식민주의의 역사를 비판하면서, 동시에 운동적 개입 및 새로운 정치적 정체성을 추구한다는 점에서, 신식민주의

---

6) 이 부분은 구갑우(2012), pp.192~198의 수정보완이다.

7) Diana, Brydon, ed. *Postcolonialism: Critical Concepts* (London: Routledge, 2000).

8) R. Young. *Postcolonialism: An Historical Introduction* (Oxford: Blackwell, 2001), pp.46~49.

9) R. Young. *Postcolonialism: An Historical Introduction* (Oxford: Blackwell, 2001), pp.57~58.

와 차이를 가지는 개념으로 정의된다. 즉 탈식민주의는 탈제국주의 및 탈패권을 지향하지만,[10] 세계체제 또는 국제체제로부터의 단절이 아니라 초국적 사회정의를 추구한다는 점에서 차이가 있다. 다양한 개념의 앞에 놓인 '탈'(post)이란 접두사는 비판적 분석과 실천의 새로운 형태와 전략의 도입을 표현하는 역사적 계기를 의미하는 것으로 규정된다.[11] 즉, 특정한 정치적 입장에서의 정의이기는 하지만, 탈식민주의의 개념은 식민현상에 대한 비판적 분석과 실천을 넘어 행위자의 적극적 개입을 가능하게 하는 인식론적 원천까지를 포괄하고 있다. 구래의 개념보다 탈식민주의를 옹호하는 정당화의 논리다.

그러나 탈식민주의의 수용자에게는 postcolonialism의 번역 자체가 논란의 대상이다. 번역은 수입된 개념의 수용과 변용의 과정이다. 변용은 보다 정확히 이야기한다면, 자국의 전통에 의한 외래문화의 변용이다.[12] 특히 쟁점이 되는 것은, 식민주의 앞에 붙어 있는 접두사 post

---

10) 패권(hegemony)의 개념과 패권에 대한 순기능적·역기능적·절충적 해석들에 대해서는 백창재(2009), pp.81~130 참조.

11) Young(2001), pp.4~5는 탈식민주의를 '트리콘티넨탈리즘'(tricontinentalism)으로 표현하는 것이 보다 적절하다고 말하고 있다. 그에게 탈식민주의의 실천적 기원은, 1966년 쿠바의 아바나에서 개최된 아프리카, 아시아, 라틴아메리카 인민연대기구의 첫번째 회의다. 영은 반맑스주의적이고 위계의 사다리의 밑을 지칭하는 것처럼 보이는 제3세계라는 표현 대신에, 세 대륙을 지칭하는 three continents 또는 tricontinental 이란 표현을 선호하고 있다.

12) 마루야마 마사오(丸山眞男)·가토 슈이치(加藤周一), 임성모 옮김, 『번역과 일본의 근대』(서울: 이산, 2000). 고부응(2003)은 탈식민주의를 수입이론으로 본다. 그 책의 필자구성에서 볼 수 있는 것처럼, 한국에서의 탈식민주의 연구는 주로 문학연구자와 역사학자 등 인문학 연구자들이 중심이다. 탈식민주의 논의를 사회과학 영역으로 확장할 때, 탈식민주의 담론은 한반도의 분단, 두 국가의 형성, 두 국가의 발전과정, 그리고 현재 등을 해석하는 틀로 기능할 수 있을 것이다. 특히, '주체'를 내세운 북한에 대한 탈식민주의적 시각에서의 연구는 매우 역설적인 결과를 발견하게 할수도 있다. 김일성은 1967년 8월 탈식민주의 잡지 *Tricontinental*에 "반제반미투쟁을 강화하자"는 논설을 발표한 바 있다.

다. 포스트는, '이후'(after)일 수도 있고, '넘어서'(beyond)일 수도 있기 때문이다. '이후'라면 탈식민주의는 식민주의와 제국주의적 패권질서의 유산과 연속을 의미하고, 반면 '넘어서'라면 식민주의와 패권적 질서의 해체와 극복을 의미한다. 이 혼란을 극복하기 위해 한글로 포스트콜로니얼리즘으로 쓰기도 한다. 번역이 불가능하다는 의사일 것이다.[13]

번역뿐만 아니라 탈식민주의 개념의 모호성 때문에 이 개념의 도입에 문제를 제기하기도 한다.[14] 첫째, 이 개념을 통해 식민지 이전과 이후를 구분하는 것이 서구중심주의적이라는 비판이다. 둘째, 탈식민주의란 개념이 탈식민시대에도 재생산되고 있는 서구와의 경제적 격차를 은폐하는 도구로 사용될 수 있다는 것이다. 셋째, 탈식민주의란 개념이 서구에서만 통용될 뿐, 식민적 현실을 경험하고 있는 지역에서는 생소하다는 것이 이 개념의 도입을 비판하는 또 다른 이유다. 서구에서 서구란 주체를 스스로 해체하고자 했던 탈구조주의(poststructuralism)를 서구의 밖으로 확장하여 중심과 주변의 인식론적 자리바꿈을 시도하는 전형적인 서구적 상품이라는 것이다.

이 비판들에도 불구하고 탈식민주의가 의미를 가진다면, 현실의 패권질서와 식민성의 극복을 위한 이론적, 실천적 담론으로 기능할 수 있기 때문이다. 구래의 개념과 달리, 식민주의의 역사적 맥락은 물론 지구화라는 정치적 맥락을 동시에 고려하면서 탈식민·탈패권의 대안

---

13) Gandi(2000)를 번역한 이영욱은, postcolonialism을 '포스트식민주의'로 변용한다. 명분은, "'포스트'가 '탈'의 의미보다는 식민 이후의 정황을 그 자체로 지시하는 중립적인 의미를 갖고 있다고 생각했기 때문이다." 그리고 "'decolonization'의 'de'가 갖는 '탈'의 의미와 '포스트'를 구분해서 이해하는 것이 필요하다는" 또 다른 번역의 명분을 덧붙이고 있다.

14) 이경원, 『검은 역사 하얀 이론: 탈식민주의의 계보와 정체성』 (파주: 한길사, 2011).

을 모색하고 있기 때문이다. 1960년대 말 1970년대 초반에 사용되기 시작한 탈식민이 1980년대에 제도적 공고화를 획득한 것도 지구화라는 맥락에 대한 고려가 작용했기 때문일 것이다.[15] 탈식민주의의 기원이 가까운 과거인 이유는, 탈식민주의가 "민족주의와 포스트모더니즘 사이에 생겨난 혼종"일 수 있지만,[16] 동시에 또는 '특히', 민족주의가 설정하고 있는 우리와 그들의 이항대립을 넘어서려는 담론이라는 사실과도 연관되어 있다.

탈식민주의 담론의 주창자들도 민족주의와 포스트모더니즘의 간극만큼이나 다양한 지향을 보이고 있다. 민족주의를 탈식민화를 위한 장치로 생각하는 이들은, "민족주의가 이론적으로는 '구식'이라고 해도, 그것은 여전히 동시대 포스트식민성의 혁명적 아카이브를 구성한다고" 말할 정도다.[17] 그러나 식민주의 앞에 붙은 접두사 포스트가 포스트모더니즘이나 포스트구조주의처럼 거대담론과 이항대립의 지양을 의도한다고 할 때, 민족주의란 대안을 선택한다면 탈식민주의란 새로운 개념을 도입할 필요는 없을 것이다. 민족주의는, 서구를 문명으로 동양을 야만으로 인식하는 오리엔탈리즘(orientalism)에 대해 같은 이항대립의 논리구조를 가진 옥시덴탈리즘(occidentalism)으로 맞서게 한다. 오리엔탈리즘의 극복은,[18] 즉 탈패권을 포함하는 탈식민의 과제는, 이항대립의 한 축인 열등한 쪽에 설 때 그 열등한 주체들을 재현할 수 있다거나 또는 특정한 시각만이 그 주체가 말할 수 있게 한다는 배

---

15) Diana, Brydon, ed. *Postcolonialism: Critical Concepts* (London: Routledge, 2000).

16) 이경원, "탈식민주의의 계보와 정체성," 고부응 편, 『탈식민주의』 (2003), p.44.

17) Leela, Gandi 저, 이영욱 역, 『포스트식민주의란 무엇인가』 (서울: 현실문화연구, 2000), p.142.

18) 강상중(姜尙中) 저, 이경덕·임성모 역, 『오리엔털리즘을 넘어서』 (서울: 이산, 1997).

타주의를 넘어설 때, 새로운 지평을 가지게 된다. 그렇지 않을 때, 우리는 제국주의 대 민족주의와 같은 '힘의 정치'(power politics)만을 생각할 수밖에 없기 때문이다.

2. 탈분단의 평화체제

탈식민주의적 시각에서 볼 때, 한반도의 사회적 장벽(social partition)과 분단은 전형적인 식민적, 패권적 유산이다. 독일의 경우는 다르지만 한반도를 포함하여 베트남이나 예멘 그리고 아일랜드섬 등은 식민지의 결과로 분단을 경험했다는 공통점을 갖고 있다. 이들 분단국가들은 식민지시대 이전에는 하나의 국가를 유지하였으나 식민지 경험 이후 패권적 질서 때문에 원래의 국가로 회귀되지 못하고 두 개의 독립적 국가로 나뉜 것이라고 할 수 있다. 또한 분단으로 성립된 두 개의 국가는 서로 다른 이념과 전략을 가지고 독자적으로 발전을 추구하면서도 하나의 국가를 지향하는 과정에서, 심각한 갈등을 겪게 되며 이 갈등의 중심에 식민적 유산인 사회적 장벽이 존재한다고 할 수 있다.

사회적 장벽은, 과거 행정적으로 하나의 단일한 실체였지만 패권적 질서가 지속되는 탈식민시대에도 두 개 또는 그 이상의 새로운 국가들로 분할되고 새로운 개체 가운데 적어도 하나가 이전의 국가와의 직접적인 연계를 주장하면서 형성된다.[19] 그 연계는 분리된 행정단위의 영토에 대한 독점적인 합법적 계승자임을 그 영토에 대해 헌법적 지위를 표현하는 것으로 나타나기도 한다. 따라서 사회적 장벽은 민족적 정체

---

19) Stanley, Waterman, "Partition and Modern Nationalism," in C. H. Williams and E. Kofman, eds. *Community Conflict, Partition and Nationalism* (London: Routledge, 1989), pp.117~132.

성이 작동하는 공간적 범위의 문제를 야기하게 된다.[20] 민족적 정체성은 통일을 가정하고 분단된 국가들 모두에 적용될 수도 있고, 또는 특정 분단국가 내부에서만 작동할 수도 있다. 정상적 국민국가와 달리, 민족주의가 사회적 장벽을 야기한 외부적 요인인 패권국가에 대한 저항을 담은 진보적 이념으로 기능하면서 정치사회세력을 호명하곤 하는 이유도 사회적 장벽으로 설명 가능하다.

현실과 담론으로서 탈식민주의는, 한반도 분단의 재해석 및 분단의 극복과 관련하여 새로운 상상력을 가능하게 한다. 예를 들어, 강한 민족주의적 전통을 가지고 있는 아일랜드섬에서는, 영국의 아일랜드섬 지배와 이에 대한 아일랜드인의 저항이라는 악과 선의 이항대립을 비판하는 수정주의 역사학의 등장 이후, 논쟁과정에서 탈식민이론을 도입한 역사서술이 시도되고 있다.[21] 한국에서도 '식민지 근대'라는 개념의 도입을 통해 이 이항대립을 넘어서는 역사서술을 모색하기도 한다. 식민지 근대는, 식민지를 근대의 전형으로 바라보지만 근대를 비판적으로 재해석하려 한다는 점에서 탈근대적 개념화의 시도다.[22] 다시 반복하지만, 탈식민주의는 제국주의 대 민족주의라는 이항대립을 넘어서려는 담론이다.

한반도의 탈식민적 분단에 담겨 있는, '이후'와 '넘어서'의 긴장은, 탈식민적 분단의 극복을 통일이 아닌 '탈분단'으로 개념화할 수 있게 한다. 탈분단은, 북한을 타자화 또는 도구화하는 태도를 비판하고 또한 폐쇄적 민족주의에 기초한 통일을 반대하면서도 분단의 부정적 효과

---

20) Joe, Cleary. *Literature, Partition and the Nation State* (Cambridge: Cambridge University Press, 2002), p.20.
21) 박지향, 『슬픈 아일랜드』 (서울: 기파랑, 2008).
22) 윤해동, 『식민지 근대의 패러독스』 (서울: 휴머니스트, 2007).

를 극복하자는 담론이다.[23] 즉 탈분단의 담론은 사회적 장벽이 야기하는 갈등의 전환을 위해 민족주의에 의존하지 않으려 한다. 우리와 그들의 이항대립을 생산하는 민족주의로는 그들을 배제할 가능성이 높기 때문이다. 즉, 탈분단은 갈등행위자들이 갈등의 전환(transformation)을 위해 미래의 기억을 공유하며 공존을 추구하는 평화과정이다.

탈분단적 평화과정의 한 구성요소가 평화의 제도화인 '평화체제'다. 한국어 평화체제는 영어로 peace regime 또는 peace system으로 번역될 수 있다. 한반도 핵문제 해결을 위한 6자회담에서는 peace regime이란 표현을 사용하고 있다. 평화는 하나의 번역어가 존재하지만, 체제에는 두 가지 다른 번역어가 있다. 그리고 두 개념, 평화와 체제의 정의를 둘러싸고도 남북 및 주변국가는 물론 남한 내부에도 서로 다른 의견이 경쟁하고 있다. 정전체제를 대체하는 평화체제를 의제화할 때 그것이 peace regime이든 peace system이든, 평화는 전쟁이 없는 상태인 '소극적 평화'를 넘어서는 개념이 될 수밖에 없다. 반면, regime과 system은 국제관계이론의 맥락에서 상이한 개념이다.

regime은, 행위자들 사이의 규칙, 기대, 처방의 틀을 지칭하고, 분명하게 정의된 이슈영역(issue area) 안에서 작동한다.[24] 반면, system은 일반적으로 개별행위자들이 고려해야 하는 구조의 개념과 연관되어 있다. 두 개념 모두 행위자에게 부과되는 구조적 제약을 담고 있지만, system은 regime보다 포괄적 개념이다. 따라서 peace system은 peace regime을 구성요소로 하면서 공동의 인식과 상호성의 원칙에 기초하여 협력적 관계를 수립한 상태로 정의될 수 있다. 그러나 유념해야 할 것

---

[23] 조한혜정, 이우영, 『탈분단 시대를 열며』 (서울: 삼인, 2000).

[24] S. Krasner ed., *International Regime* (Ithaca: Cornell University Press, 1983).

은, 평화는 regime 또는 system이 형성되기 어려운 정치적으로 가장 논쟁적인 이슈영역이라는 점이다.

기능주의(functionalism) 이론가 미트라니(D. Mitrany)가 지적하고 있는 것처럼,[25] 일하는 평화(working peace)는 보호되는 평화와는 대조적 개념이다. 평화에 대한 기능주의적 접근은 공동의 필요를 제공하는 것이 국경을 가로질러 사람들을 통합할 수 있다는 단순한 명제에 기초하고 있다. 즉 기능주의적 접근은 연방주의적(federalist) 접근과 달리 기능이 형태에 우선한다고 주장한다. 한반도에서 대북화해협력정책으로 명명된 기능주의적 접근은, 이명박 정부 등장 이후 중단된 상태다. 기능주의적 접근이 정치군사적 영역으로의 침투확산(spill-over)의 효과를 산출하지는 못했다. 따라서 형태가 기능에 우선해야 한다는 주장이 제기되고 있다. 이 견해에 따르면, 평화의 제도화를 의미하는 peace regime은 한반도에서 기능주의적 협력을 촉진할 수도 있다. 한반도 핵문제의 해결을 위한 6자회담의 9.19공동성명은, 비핵화가 peace regime과 함께 가는 과정을 제안한 바 있다.

물론 평화체제가 반드시 지속가능한(sustainable) 평화를 산출하는 것은 아니다. 정전체제가 한반도에서 전쟁의 재발을 막기 위한 유효한 장치일 수 있다. 정전체제의 폐기가 한반도를 새로운 혼란에 빠뜨릴 수 있는 판도라의 상자가 될 수 있다는 주장도 있다.[26] 한반도문제의 당사자들 사이에 신뢰구축이 전제되지 않는다면, 평화체제는 기능하지 않을 수도 있다. 그럼에도 평화조약을 포함한 평화의 제도화는 한반도에서 지속가능한 평화에 기여할 가능성이 높다. 제도가 주는 제약

---

25) D. Mitrany, *A Working Peace System* (London: RIIA, 1943).

26) 이근욱, "국제정치와 외교정책," 김계동 외, 『현대외교정책론』 (서울: 명인문화사, 2007).

은 행위자들이 과거의 선택으로 회귀하는 것을 억제할 수 있기 때문이다. 정전체제가 약한 의미의 평화체제(peace regime) 또는 기능주의적 협력을 포함한 강한 의미의 평화체제(peace system)로 전환되는 것은, 한반도의 갈등행위자들이 미래의 기억을 공유하면서 공존과 공생의 단계에 접어들었음을 의미한다.

III. 탈냉전 · 민주화와 한반도 평화체제[27]

1987년 6월 한국의 민주혁명은, 국가권력으로부터 자율적 행동의 영역으로서 시민사회를 재발견하게 한 계기였다. 1987년 민주혁명의 의도하지 않은 효과는 한국사회에서 정치적, 경제적 자유주의의 확산이었다. 다른 한편 1987년 6월항쟁은, 냉전체제의 해체에 앞서서 그리고 분단체제의 이완이 발생하기는 했지만 냉전적 분단체제가 지속되는 상황에서 일어난 민주혁명이었다. 1987년 민주혁명은 권위주의적인 냉전적 산업화세력과 민주화세력 사이의 힘의 균형으로 귀결되었지만, 그 변화조차도 냉전적 분단체제의 지각변동을 야기할 수 있는 동력이었다.[28] 1987년 6월을 계기로 발생한 지배세력의 재편은, 지배세력 내부에서 분단체제의 극복에 기여할 수 있는 새로운 세력의 발생을 의미하는 것이기도 했다.

남북한의 공식대화는 중단되고 비밀대화의 끈은 유지된 상태에서,[29] 군사독재정권의 유산을 간직하고 있었지만 첫 민주정부였던 노

---

27) 3장과 4장은, 평화체제의 시각에서 구갑우(2008) 14장의 내용을 재정리한 것이다.
28) 김종엽, "분단체제와 87년체제," 김종엽 엮음, 『87년체제론: 민주화 이후 한국사회의 인식과 새 전망』 (파주: 창비, 2009).

태우 정부가 출범한 이후, 남한의 시민사회는 한반도 분단체제의 지각변동에 적극적으로 개입하게 된다. 무엇보다도 주목되는 것이, 1989년 2월 한국기독교교회협의회가 발표한 '민족의 통일과 평화에 대한 한국기독교회 선언'이다.[30] 이 선언은, 1972년 7.4남북공동성명의 자주, 평화, 민족대단결의 정신을 재확인하고, "통일이 민족이나 국가의 공동선과 이익을 실현하는 것일 뿐 아니라 인간의 자유와 존엄성을 최대한 보장하는 것이어야 한다"는 원칙을 제시하면서, 남북정부에 대해 5가지 사항의 건의—분단으로 인한 상처의 치유, 분단극복을 위한 국민의 참여, 사상·이념·제도를 초월한 민족적 대단결, 남북한 긴장완화와 평화증진, 민족 자주성의 실현—를 담았다. 이 선언에는 당시로서는 상상하기 힘든, 휴전협정의 평화협정으로의 전환, 남북불가침조약, 주한미군의 철수, 유엔군 사령부의 해체, 군축, 한반도 핵무기의 철거 등의 군사적 문제와 관련된 내용을 담고 있었다.

남북의 화해와 협력 그리고 올림픽 공동개최를 요구하는 시민사회의 평화·통일운동에 대해 노태우 정부는 '창구단일화' 논리로 맞섰다.[31] 그리고 1988년 7월 7일의 "민족자존과 통일 번영을 위한 특별선언(7.7선언)"으로 대응했다.[32] 남북의 '평화공존'을 지향하는 7.7선언의

---

29) 1988년으로 예정된 서울올림픽 공동개최의 문제를 둘러싸고 1984년부터 남북한의 공식대화와 비밀대화가 재개되었다. 공식대화가 중단된 상태에서도 남한의 박철언과 북한의 한시해를 대표로 하는 비밀대화는 지속되고 있었다(Koo, 2009) pp.63~74.
30) 이만열, 『한국기독교와 민족통일운동』 (서울: 한국기독교역사연구소, 2001).
31) 그러나 시민사회에는, "창구일원화를 가급적 거부하는 훈련"이 필요하다는 인식이 확산되고 있었다(백낙청, 2007) p.372. 1989년에는 국가보안법에서 반국가단체로 규정하고 있는 북한을 방문하는 시민사회 인사들의 방북이 이어졌다. 소설가 황석영, 문익환 목사, 전국대학생대표자협의회의 임수경 대표 등이 그들이다. 민주화 이후 폭발적으로 나타났던 한국 시민사회의 통일운동에 대해서는 Koo(2011) 참조.
32) 시민사회의 제안이 7.7선언의 등장에 기여했다는 주장에 대해서는 임동원(2008) 참조.

주요 내용은, 자유왕래, 이산가족의 교류, 남북교역의 민족내부교역으로의 인정, 민족경제의 균형적 발전, 남북의 협력외교와 민족의 공동이익 추구, 주변 4강의 남북한에 대한 교차승인 등이었다. 이 선언에는 평화적 방법에 의한 평화를 추구하는 자유주의적 대북정책의 골간이 담겨 있었다. 이 선언의 출현은, 민주화의 효과로 지배세력 내부에 탈냉전적 보수세력이 형성되고 있음을 의미하는 것이었다. 북한과의 적대와 경쟁의 지속을 원하는 냉전적 보수세력과 달리 탈냉전적 보수세력은, 북한에 대한 포용 또는 관여(engagement)를 시도하고자 했다. 노태우정부의 포용정책은, 부분적으로는, 북한은 물론 사회주의국가라는 새로운 시장을 개척하게 할 수 있는 경제적 논리에 의해 뒷받침될 수 있었다. 정치공학적 측면에서 보면, 7.7선언은 임박한 올림픽에 사회주의국가들의 참여를 유인하는 효과를 가질 수 있었다.

1988년 10월 노태우 대통령은, 유엔총회 연설에서 한반도 평화체제의 구축을 남한정부로서는 처음으로 의제화했다. 또한 남북과 미일중소가 참여하는 '6개국 동북아평화협의회'를 제안하기도 했다. 1989년 9월 발표한 '한민족공동체 통일방안'에서는 남북한이 공존·공영을 통해 연합을 거쳐 완전한 통일국가로 가는 경로가 제시되었다. 「남북교류협력에관한법률」과 「남북협력기금법」은 이 경로를 담보하는 법적, 재정적 장치였다. 남한의 이 제안들은, 비밀대화의 선을 통해 북한에 전달되고 있었다. 비밀회담의 대표였던 박철언이 회고하는 것처럼, 노태우정부의 전향적인 대북제안에 대해, "친미 일변도의 시각과 극우 보수주의 측"에서는 우려의 목소리가 높았다고 한다.[33] 대북정책을 둘러싸고 지배세력이 분열할 가능성이 높았다고 할 수 있다. 지배세력

---

[33] 박철언, 『바른 역사를 위한 증언 1, 2』 (서울: 랜덤하우스, 2005).

내부에서의 갈등과 협력은, 국가와 시민사회의 갈등과 협력만큼이나 대북정책의 향방을 결정할 주요 변수였다.

1988년이 "가장 긴장하고 복잡한 시기"가 될 것이라는 "깊은 우려를" 표명했던 북한은 7.7선언을 "영구분렬안"이라고 비판했다. 그리고 노태우정부의 자유주의적 대북정책에 대해 북한은 1990년 5월 최고인민회의에서 다섯 개의 방침으로 대응했다.34) 주요 내용은, 남북의 불가침선언과 '북미평화협정', 남한의 시민사회세력이 포함된 자유왕래와 전면개방, 남북의 협력외교, 전민족적인 남북대화, 전민족적인 통일전선의 형성 등이었다. 탈냉전시대의 정세와 힘 관계를 고려할 때, 북한의 선택은 '체제보위'에 맞추어질 수밖에 없었다. 북한은, 하나의 국가하나의 세도로 동일하자는 한민족공동체 통일방안이 흡수통일을 하자는 것이라고 비판하면서, 하나의 국가, 두 개의 제도, 두 개의 정부가 상당 기간 공존하면서 남북쌍방대표의 동수로 민족통일기구를 구성하는 방식으로 권력을 대칭적으로 배분하는 통일의 형태인 '느슨한 연방제'를 정초하기도 했다.35) 북한은 담론으로는 두 개의 '조선'정책에는 반대하면서, 실제로는 지역정부가 상당 기간 공존을 하는 연방국가를 지향하고자 했다.

1980년대 후반과 1990년대 초반 남북관계에 영향을 미치는 국제적 변수인 북미관계, 한미관계, 북일관계에도 변화가 발생하기 시작했다. 1988년 12월 미국은 베이징에서 북한과 외교적 접촉을 시작했다. 미국 국방부는 1989년의 '넌－워너(Nunn-Warner) 수정안'에 따라 1990년 4월

---

34) 『로동신문』, 1988년 1월 1일; 7월 11일; 1990년 5월 25일.
35) 느슨한 연방제 또는 낮은 단계의 연방제는 1989년 문익환 목사가 북한을 방문하여 김일성 주석과 회담하면서 처음 논의된 것으로 알려져 있다(장석, 2002; 이승환, 2009).

'동아시아전략구상'을 제출하면서, 주한미군을 3단계에 걸쳐 감축하는 한미동맹 재편안을 제출했다. 노태우정부도 북한의 군사적 위협이 소멸된다면, 주한미군의 감축에 동의할 것이라는 발언을 하기도 했다. 1991년 10월 한국과 미국은 주한미군의 전술핵무기를 전면 철수하는 데 합의하기도 했다. 1991년 1월 북한은 일본과 국교정상화를 위한 본회담을 시작했다. 북미관계의 개선과 한미동맹의 구조조정, 북일수교회담의 시작은 한반도 평화과정에 긍정적 효과를 가져 올 수 있었다.

　1991년 9월 북한은 종래의 입장을 변경하여 남한과 함께 유엔에 가입했다. 그리고 1991년 12월 남북한은 '남북 사이의 화해와 불가침 및 교류협력에 관한 합의서'('기본합의서')에 합의했다. 이 '기본합의서'를 통해 남북은 정치군사적 대결의 해소와 교류와 협력 그리고 남북관계를 규율할 수 있는 제도적 장치의 마련이 공동의 이익이 될 수 있음을 확인했다. 특히 제5조는, "현 정전상태를 남북 사이의 공고한 평화상태로 전환시키기 위하여 공동으로 노력하며 이러한 평화상태가 이룩될 때까지 현 군사정전협정을 준수한다"는 내용이었고, 따라서 공고한 평화상태로의 전환은 평화협정을 포함한 평화체제로의 이행을 의미하는 것으로 해석되었다. '기본합의서'의 서명 직후 남북한은 '한반도의 비핵화에 관한 공동선언'에 합의했다. 노태우정부의 자유주의적 접근은 이 두 문서를 통해 절정에 오른 듯했다. 북한은 1991년 12월 라진·선봉 자유무역지대 설치를 결정했고, 1992년 1월에는 국제원자력기구(International Atomic Energy Agency, IAEA)와 핵안전협정에 서명하기도 했고, 북한과 미국은 한국전쟁 이후 최고위급 회담을 미국의 뉴욕에서 개최했다. 탈냉전시대 한반도 평화과정은 순조롭게 진행되는 듯이 보였다.

　그러나 '기본합의서'를 매개로 한 '1991년체제'는 평화체제를 만들기도 전에 좌초했다. 이 실패의 과정에서 우리는 탈냉전·민주화시대에 한반도 평화과정에 영향을 미치는 구조의 원형을 발견할 수 있다. 탈냉전의 효과로 북미접촉이 발생하면서 남북관계·한미관계·북미관계가 상호작용하는 남북미 삼각관계가 새롭게 형성되었다. 이 삼각관계로, 대북정책의 결정과 연관된 변수가 증가했다. 북미관계의 개선은 남북관계에 긍정적 영향을, 한미동맹의 강화는 남북관계에 부정적 영향을, 남남갈등의 격화는 남북관계에 부정적 영향을 미쳤다. '1991년체제'의 붕괴는 다음과 같은 이유 때문이었다.

첫 번째 원인은, 북한과 미국의 핵문제를 둘러싼 갈등이었다. 북한은 1992년부터 1993년 1월까지 여섯 차례 IAEA 사찰을 수용했지만, IAEA는 득빌사찰을 요구했고, 북미관계와 북일관계의 개선도 미국과 합의했던 남한에 대한 사찰도 이루어지지 않았다. 이 시점의 북미갈등을 제1차 북핵위기로 부르고 있다. 1991년체제를 붕괴시킨 제1차 북핵위기는 두 요인 때문에 비롯된 것처럼 보인다. 하나는, 미국의 정책전환이다. 1991년 11월 제23차 한미연례안보협의회에서는 북한의 핵무기 개발에 우려를 표명한 후 주한미군의 감축계획을 철회했다. 다른 하나는, 남한정부의 선택이었다. 남한정부는 미국의 정책전환을 제어할 의도와 능력이 없었던 것처럼 보인다. 미국의 정책전환과 한국의 그 전환에 대한 동의는 북한의 이른바 '벼랑끝 핵외교'를 야기했다. 1991년체제와 한미동맹 강화가 공존할 때, 대북정책의 목표는 흡수통일일 수밖에 없었다.

두 번째 원인은, 남북한의 신뢰와 공동이익의 부족이었다. 남북관계는 미국의 대한반도정책의 종속변수였고, '기본합의서'는 남북의 화해와 협력에 기초한 장전(章典)은 아니었다.

세 번째 원인은, 남북한의 국내정치에서 찾을 수 있다. 노태우 정부의 대북정책은 집권층 내부 보수세력의 동의를 받지 못했다. 시민사회 세력은 노태우 정부의 정당성을 인정하지 않았고, 노태우 정부도 시민 사회의 평화·통일운동을 불법적 사회운동으로 간주했다. 대북정책의 국내적 토대가 취약한 상황에서, 1991년체제를 안정화할 수 있는 국제 적 조건—한미동맹의 민주적 재편과 북미, 북일수교—을 조성하는 정 책을 만들기는 불가능했다. 북한은, 1990년 한소수교와 1992년 한중수 교가 북미, 북일수교와 연계되지 않으면서 고립의 위기가 심화되었다 고 평가했을 것이다. 기본합의서에 동의했음에도 불구하고 북미, 북일 수교의 전망이 불투명해지자, 북한은 체제보위를 위해 남북관계보다 북미관계를 우선하는 정책선택을 했다. 북한은 기본합의서 이후에도 평화협정은 북한과 미국이 체결해야 한다는 입장을 고수했다.

북한은 남북대화가 진행되던 시점인 1991년 3월 한미가 군사정전위 원회 유엔군 수석대표를 한국군 장성으로 교체하자, 기본합의서 체결 이후인 1992년 8월 북한 측 군사정전위원회 수석대표를 소환했다. 북 한은 1993년 3월 핵확산금지조약(Non-Proliferation Treaty, NPT)을 탈퇴 하고, 남북접촉에서 북한대표가 '서울 불바다' 발언을 하면서 남북대화 는 중단되었다. 그리고 1993년 4월에서 1995년 2월에 걸쳐 중립국감독 위원회에서 체코와 폴란드의 대표단을, 군사정전위원회에서 중국대표 단을 철수시켰다. 북한은 정전협정을 무력화하면서 1994년 4월 "정전 협정을 평화협정으로 바꾸고 현 정전기구를 대신하는 평화보장체제" 의 수립을 위한 협상을 미국에 제안했다.[36] 그리고 1994년 5월에는 이 른바 '조선인민군 판문점대표부'를 설치했다. 1994년 6월에는 한반도 전쟁위기까지 발생했다.

---

[36] 조선중앙통신사, 『조선중앙년감 1985』 (평양: 조선중앙통신사, 1985).

이 위기는 민간외교관 카터 전 미국대통령의 방북으로 해소되었다. 카터 대통령과 김일성 주석의 회담에서, 남북정상회담이 논의되었고, 김영삼 대통령은 이 제안을 수용했다. 그러나 1994년 7월 김일성 주석이 갑자기 사망하면서 남북정상회담은 무산되었다. 이후 전개된 남한 내부의 김일성 주석 조문을 둘러싼 논쟁은, 국내정치적 요소가 남북관계를 적대화하는 주요한 요인 가운데 하나임을 보여주는 것이었다. 1993년 취임사에서 어느 동맹국도 민족보다 더 나을 수 없다고 했던 김영삼 대통령은, 1994년 광복절 경축사에서 '민족공동체 통일방안'을 발표하면서 통일한국의 이념 및 체제로 자유민주주의를 천명함으로써 명확하게 북한을 흡수통일하겠다는 의지를 밝혔다. 1994년 10월 북한 핵시설과 경수로의 교환 및 북미관계의 정상화를 담은 제네바합의에 대해서도,[37] 김영삼 정부는 북한과의 타협이 북한정권의 생명을 연장시킬 뿐이라며 북미합의에 반대하는 입장을 보이기도 했다.

제네바합의 이후 1995년 1월 미국이 북한에 대한 중유지원을 시작하고, 같은 해 3월 북한에 경수로를 제공하기 위한 다자기구로 '한반도에너지개발기구'(Korean Peninsula Energy Development Organization, KEDO)가 설립되고 12월 북한과 KEDO 사이에 경수로 공급협정이 체결되고 있는 상황에서, 북한은 정전체제의 무력화를 계속 시도했다. 북한은 1995년 6월 유엔군사령부의 해체를 요구하면서, 1996년 2월에는 새로운 평화보장체계의 수립을 위한 협상을 다시금 미국에 제안했다. 핵심 내용은 평화협정 체결 이전에 정전협정을 대신할 '잠정협정'을 체결하고, 군사정전위원회를 대체하는 북미군사공동기구를 만들자는 것이었

---

[37] 제네바합의가 이루어질 즈음에 북한은 '선군정치'를 시작했다. 제네바합의가 북한의 자연사(自然死)를 이끌어낼 것이라고 생각했던 미국도 그리고 제네바합의를 수용한 북한도 서로를 신뢰하지 않았다(이정철, 2005).

다.[38] 1996년 4월에는 조선인민군 판문점대표를 통해 군사분계선 및 비무장지대 관리업무를 포기하겠다는 의사를 밝히기도 했다.

북한의 정전협정 무력화는 평화체제 구축 전까지는 정전협정이 준수되어야 한다는 남한정부의 입장과는 배치되는 것이었다. 북한은 남북불가침협정이 체결되어 있는 상태에서 북미의 잠정협정이 한반도의 평화와 연방제 통일의 실현을 위한 전제가 될 것이라고 주장했지만, 남한은 한반도 평화체제의 당사자가 남북한이 되어야 한다는 입장을 고수했다. 남한과 미국은 북한의 제안에 맞서 1996년 4월 제주도에서 열린 정상회담에서 4자회담을 제안했다.[39] 그러나 1996년 9월 발생한 북한 '잠수함 사건'으로 4자회담의 개최전망이 불투명해졌다. 김영삼 정부는 북한의 사과를 요구하며 제네바합의 사항인 경수로의 지원을 재고하겠다고 발표했다. 1996년 12월 북한이 이례적으로 잠수함 사건에 대한 사과를 하고 북한이 4자회담과 인도적 지원을 연계하는 전략을 선택하면서, 1997년 3월 미국의 뉴욕에서 4자회담 공식 설명회가 개최되었다.

4자회담은, 1997년 '남북미'가 참여하는 세 번의 공동설명회와 '남북미중'의 세 차례의 예비회담을 거쳐 1997년 12월부터 1999년 8월까지 '남북미중'이 참여하는 여섯 차례의 본회담이 스위스의 제네바에서 개최되었다. 4자회담이 열리게 되는 과정에서 볼 수 있듯이, 어느 국가가 참여하는가가 첫 번째 쟁점이었다. 북한은, 1979년 7월 한미가 제안한 남북미 3자회담을 북미대화와 남북대화를 분리해야 한다는 이유로 거부했지만, 1984년 1월 입장을 바꾸어 남북미 3자회담을 제안할 때, 남

---

38) 『로동신문』, 1996년 2월 23일.
39) 김영삼 정부의 대응은, 탈냉전·민주화시대의 한미관계에서 한국의 발언권이 제고되었음을 보여주는 증거다(구갑우·안정식, 2010).

한은 "군통수권과 작전지휘권을 가지고 있지 못"하기 때문에 제한적 당사자이고, 중국은 한반도에서 중국군을 철수했고 한반도 위기에 책임이 없기 때문에 당사자가 아니라는 입장을 밝힌 바 있고,[40] 4자회담과 관련하여서도 이 주장을 반복했다. 반면, 남북미 3자회담을 제안했던 한미는 북한의 3자회담 제안이 북미대화를 중심으로 남북대화가 보조하는 형태라 해석하고 역으로 남북미에 중국이 참여하는 4자회담을 제안한 바 있다. 결국 북한은 남북미 사전 협의 이후 중국이 참여하는 3+1 형식의 회담을 수용했다. 1997년 10월 미중정상회담에서는 다시금 북한에게 4자회담에 참여하라는 압박이 있었다. 탈냉전 시대, 미중관계와 한반도문제의 연계였다. 결국 북한은 4자회담 본회담에 참여하게 된다.

1954년 제네바 정치회담 이후 한반도문제와 관련한 최초의 '다자회의'였던 4자회담에서는 의제설정 자체가 쟁점이었다.[41] 남한은 '한반도 평화체제'와 '군사적 긴장완화 및 신뢰구축'을, 북한은 '주한미군 철수'와 '북미평화협정'을 의제로 설정하고자 했다. 결국, '평화체제 구축 분과위'와 '긴장완화 분과위'가 설치되었고, 북한이 주장한 의제는 분과위에서 논의하는 것으로 절충이 이루어졌다. 이 절충은 4자회담에 참여하는 주체들의 평화협정 당사자 문제에 대한 동상이몽의 결과였다. 남한은 탈냉전·민주화 이후 평화체제를 의제화하면서 '남북'이 주도하고 미중이 동의하는 방식을 제안했다. 반면, 북한은 '북미'를 중심에 두는 북미평화협정을 생각하고 있었다. 미국은 북미보다는 '남북'을

---

40) 공제민, 『고려민주련방공화국 창립방안』 (평양: 사회과학출판사, 1989).
41) 박영호, "4자회담의 전개과정과 평가," 김학성 외, 『한반도 평화전략』 (서울: 통일연구원, 2000); 김용호, "대북정책과 국제관계이론: 4자회담과 햇볕정책을 중심으로 한 비판적 고찰," 『국제정치논총』 제36집 제3호, (2002); 장달중, 이정철, 임수호, 『북미대립: 탈냉전 속의 냉전 대립』 (서울: 서울대학교출판문화원, 2011).

우선했고, 중국은 미국을 견제하고 한반도에 대한 영향력 확보를 위해 북미보다는 '남북'이 중심이 되는 평화체제를 선호했다. 주한미군 철수 문제와 관련하여서도 한미는 주한미군이 정전협정과는 무관한 한미상호방위조약에 따른 주둔이기 때문에 4자회담과는 무관하다는 입장이었던 반면, 북한은 긴장완화를 위한 '근본문제'로 주한미군의 철수를 제기했다. 중국은 한편으로는 쉬운 것에서부터 어려운 것으로 나아가자는 이른바 선이후난(先易後難)의 한미의 입장을 지지하면서도, 다른 한편으로는 북미관계 개선과 같은 의제를 상정하면서 북한의 입장을 수용하는 태도를 보였다.

IV. 대북 화해협력정책과 한반도 평화체제

한반도 평화체제를 논의하는 최초의 다자적 틀이었던 4자회담은 1999년 8월 6차 본회담을 마지막으로 종료되었다. 4자회담의 진행과정에서 1998년 집권한 남한의 김대중 정부는, '흡수통일 배제', '상호 무력 불사용', '화해 및 교류협력 추진'이라는 대북정책의 3대 원칙을 천명하고,[42] 정전체제를 평화체제로 전환하는 문제를 다시금 의제화했다. 그

---

[42] 김대중 정부의 공존·공영을 지향하는 자유주의적 대북정책은 김대중 대통령의 개인적 신념의 산물이기도 하지만, 몇 가지 역사적 사건을 고려하지 않고는 설명되기 어려울 수 있다. 첫째, 1997년 남한이 겪은 전대미문의 위기였던 IMF 위기를 계기로 북한을 흡수할 수 있다는 남한 사회 일각의 논의가 흡수되었다. 둘째, 김대중 정부도 연립정부이기는 했지만 상대적으로 진보적인 자유주의적 세력의 지지를 바탕으로 집권했기 때문에 전향적 대북정책을 추진할 수 있었다. 셋째, 북한의 변화다. 북한은 1990년대 중반 '고난의 행군'을 겪으면서 체제보위를 위해서는 경제위기의 해결이 필요하다고 생각했을 것이다. 마지막으로 국제적 제약이 완화되었다는 점을 지적할 수 있다. 1994년 10월 제네바합의 이후 북한과 미국 사이에 합의의 실행을

리고 4자회담을 그 전환을 위한 유효한 협상의 틀로 생각했다. 주한미
군과 관련하여서는, 전임 정부의 입장을 계승하면서도, 한반도 평화체
제 구축에 실질적 진전이 있을 경우 주한미군 문제가 의제화될 수 있
다고 말하기도 했다. 그러면서도 평화체제가 구축되고 통일이 되더라
도 주한미군은 동북아 평화유지군으로 계속 주둔하는 것이 바람직하
다는 것이 김대중 정부의 공식 입장이었다.[43] 김대중 정부의 자유주의
적 대북정책은, 북한과의 공존·공영을 도모하는 것이었고 따라서 평
화체제는 공존·공영을 위한 제도적 장치였다.

　김대중 정부는 4자회담을 지속하면서 동시에 광의의 평화체제의 한
구성요소인 '기능적 협력'을 추진하기 시작했다. 1998년 3월 세계식량
계획(World Food Programme)을 통해 북한에 식량을 지원하겠다는 의
사를 밝혔고, 이어 대북민간지원 활성화 조치 및 투자업종의 규모의
제한을 완화하는 남북경협 활성화 조치를 발표했다. 6월에는 정주영
현대그룹 명예회장이 소떼를 트럭에 태우고 판문점을 통해 방북하는
초유의 사건이 벌어지기도 했다. 김대중 정부는, 1998년 8월 북한이 미
사일을 시험 발사해 긴장된 분위기가 조성되었음에도 불구하고, 11월
금강산 관광선을 출항시키기도 했다. 1999년 6월 서해교전이 발생했을
때도 금강산 관광을 중단하지 않았다.

　김대중 정부 대북정책의 또 다른 특징은, 북미, 북일관계의 개선이
남북관계 개선에 선행해도 개의하지 않겠다는 것이었다. 북한이 국제
사회에서 정상국가로 인정받게 되면 남북 관계의 개선에도 득이 될 수
있다는 계산이었다. 김대중 정부 들어서서 북미대화는 빠른 속도로 진

둘러싸고 간헐적 긴장이 있기는 했지만, 핵위기와 같은 심각한 갈등은 존재하지 않
았다.
[43] 박종철, "한반도 비핵화와 평화체제 전환," 『한국과 국제정치』 제22권 제1호, (2006).

행되었다. 1999년 5월 미국의 윌리엄 페리 대북조정관이 북한을 방문했고, 9월에는 페리보고서를 발표했다. 주요 내용은, 북한이 핵 및 장거리 미사일을 포기하면 미국은 대북 경제제재 조치를 완화하고 남북대화 및 북미, 북일 수교를 지원하겠다는 것이었다. 페리프로세스의 내용은 선 남북대화, 북미·북일 수교, 후 평화체제 구축으로 요약할 수 있다. 즉 김대중 정부는 평화협정으로 환원되는 좁은 의미의 평화체제(peace regime)보다는 보다 기능적 협력이 포함된 넓은 의미의 평화체제(peace system)를 구축하고자 했다.

북미관계의 진전이 이루어지자 김대중 정부는 2000년 3월 베를린선언을 통해 한반도 냉전구조의 해체를 목적으로 하는 남북경제공동체 건설계획을 북한에 공식적으로 제안했고, 6월 남북정상회담이 개최되었다. 2000년 6월의 남북정상회담은 '한반도문제 재한반도화'의 계기였을 뿐만 아니라 남북이 서로의 '국가적 실체'를 인정한 사건이었다. 2000년 남북정상회담의 성과는, 6.15남북공동선언 다섯 개 항에 응축되어 있다. 경제교류를 포함한 다방면의 교류와 협력, 그리고 이산가족의 만남은 새로운 내용이 아니었다. 논란이 되었던 부분은 1항과 2항이었다. 1항에서는 '자주'라는 용어를 둘러싸고 논쟁이 전개되었다. 자주를 북한이 주장해 온 반미(反美)로 해석할 수 있었기 때문이다. 남한의 '연합제'와 북한의 '낮은 단계의 연방제'의 공통성이 있다고 규정한 2항을 둘러싸고 남한사회에서는 격론이 벌어졌다. 평화와 평화체제의 단계를 거치지 않은 통일방안에 대한 합의는 자유주의적 궤도를 이탈한 비약일 수 있기 때문이다. 이론적으로도, 연합제와 낮은 단계의 연방제가 남북의 공존을 추구한다는 점에서 형식적 공통성은 있지만, 전자가 2국가가 공존하는 통일 전의 상태라면, 후자는 1국가 2정부가 공존하는 통일 후의 상태다.

2000년 정상회담 이후 남북은 '6.15 시대'라는 시기구분을 공유하면서 남북관계의 제도적 기초에 합의했다. 장관급 회담의 정례화와 제도화, 국방장관 회담, 남북경제협력추진위원회 구성, 3대 경협 사업—금강산관광, 개성공업지구 건설, 남북의 철도·도로 연결—추진, 이산가족 교류의 활성화 등이 그것이다. 남북을 거미줄처럼 엮는 기능망 및 그 기능망을 뒷받침하는 제도적 장치가 남북한의 신뢰구축 및 화해와 협력, 그리고 궁극적 평화의 성취를 위한 디딤돌이라는 인식도 확산되었다. 김대중 정부는, 6.15공동선언에서 평화체제 그 자체를 의제화하지 않았지만, 광의의 평화체제 구축을 위한 토대의 마련을 통해 한반도 분단체제의 구조적 변화를 추동하고 있었다.

다른 한편, 2000년 정상회담 이후 북미관계도 매우 빠른 속도로 진전되었다. 2000년 7월 아세안지역포럼(ASEAN Regional Forum, ARF)에서 북미 간에 첫 외무장관 회담이 개최되었다. 2000년 10월에는 북한의 조명록 국방위원회 제1부위원장이 미국을 방문했고, 그 결과로 "조선민주주의인민공화국과 미합중국 간의 공동 코뮤니케"가 만들어졌다. 서로의 적대적 관계를 종결하는 선언을 첫 중대 조치로 명기한 이 공동 코뮤니케의 주요 내용은, 북미관계의 전면적 개선, 정전협정의 평화보장체계로의 전환, 자주권의 상호 존중 및 내정불간섭, 호혜적인 경제협조와 교류, 북한의 미사일 실험 유예, 한반도의 비핵·평화, 미국의 대북 인도적 지원, 반테러 협력, 남북관계의 진전에 대한 미국의 협력 등이었다. 북한과 미국이 관계정상화 및 한반도 냉전체제의 해체를 약속한 것이다.

그러나 한반도 평화과정은 2001년에 들어서면서 다시금 조정기를 맞이했다. 세 가지 정도의 요인을 지적할 수 있다. 첫째, 2000년 말 북미가 공동 코뮤니케를 만들어 냈음에도 불구하고, 클린턴 대통령의 방북 또는 김정일 국방위원장의 방미가 무산되면서, 북미는 관계정상화의 마지막 계단을 밟지 못했다. 2001년 미국에 부시 행정부가 들어서면서 클린턴 행정부의 대북정책을 원점에서 재검토하기 시작했다. 2001년 12월 미국은 "핵태세 보고서"(Nuclear Posture Review)에서 북한을 핵 선제공격이 가능한 대상 가운데 하나로 지정했고, 2002년 1월 미국의 부시 대통령은 북한을 '악의 축'으로 규정했다. 북미관계는 다시금 냉각되었다.

둘째, 남북관계의 진전을 위해서는 남북한의 정책의 상호 조정이 이루어져야 한다. 남한이 자유주의적 접근을 계속하고 있는 상태에서 북한이 과거로 회귀하거나 회귀하려는 유인이 발생했을 때, 북한을 제어할 수 있는 정책수단이 많지 않았다. 특히 남북관계가 진전되면 될수록 흡수통일 또는 체제붕괴에 대한 우려를 가질 수 있는 북한이 그 우려를 불식시킬 수 있도록 해야 한다. 이 남북관계의 딜레마를 제어하기 위해서는 평화체제와 같은 제도적 장치 및 정치·군사적 신뢰구축이 필수였다. 그러나 2000년 정상회담 이후의 6.15 시대에는 이 부분이 결여되어 있었다. 2002년 6월에는 서해에서 남북의 무력충돌이 발생하기도 했다.

셋째, 남북관계의 경색은 남한의 국내정치 때문에 발생하기도 했다. 김대중 정부 대북정책의 의도하지 않은 결과 가운데 하나가, 북한이 적인가 아닌가를 둘러싼 남남갈등의 증폭이었다. 김대중 정부 대북정책의 결함 가운데 하나로 지적되는 것이, 좋은 정책인데 왜 지지하지 않느냐는 일방주의적 태도였다. 평화적 방법에 의한 평화를 대북정책의 원칙으로 만들었음에도 불구하고, 김대중 정부는 그 정책을 추진하는 동력이라고 할 수 있는 정치적·사회적 합의를 만들어 내지는 못했던 것처럼 보인다.

김대중 정부의 대북 화해협력정책을 계승하고자 했던 노무현 정부는 민주화 이후 어떤 정부보다 강한 구조적 제약과 함께 대북정책을 전개해야 했다. 세 가지 제약에 주목할 수 있다. 첫째, 2002년 10월 미국의 제임스 켈리(J. Kelly) 대북한특사가 고농축우라늄을 이용한 북한의 핵무기 개발 의혹을 제기하면서 시작된 제2차 북핵위기는 국제적 제약이었다. IAEA가 북핵문제를 유엔에 회부한 시점인 2003년 2월, 노무현 정부가 출범했다. 제2차 북핵위기를 해결하기 위해 2003년 8월부터 시작된 남북미중, 일본과 러시아가 참여한 6자회담으로 노무현 정부의 대북정책은 동북아 질서의 재편과 연계될 수밖에 없었다.

둘째, 남북관계 수준의 제약이 존재했다. 노무현 정부는 정치·군사적 협력이 부재했던 6.15 시대의 한계와 6.15 시대에 대한 남북의 인식 차이를 넘어서야 했다. 남한은 6.15 시대의 특징을 남북의 기능적 협력으로 해석했고, 북한은 6.15 시대에서 외세를 배격하는 '우리 민족끼리'를 강조했다.[44] 특히 6.15가 평화의 제도화로서 평화체제를 결과하지 못한 조건에서 남북관계의 진전에도 한계가 노정될 수밖에 없었다.

셋째, 2000년 정상회담을 둘러싼 대북송금 특검은 국내적 제약으로 작용했다. 노무현 정부가 출범한 다음 날 야당인 한나라당은 국회에서 단독으로 대북송금 특검법을 통과시켰다. 북한은 노무현 정부가 대북송금 특검을 수용하게 되면 남북관계는 동결로 갈 것이라고 주장했지만, 노무현 정부는 대북정책의 투명성 제고를 위해 대북송금 특검에 거부권을 행사하지 않았다.

이 제약을 고려한 노무현 정부의 대북정책이 '평화번영정책'이었다. 한반도의 평화와 번영을 동북아 구상과 연계하고자 했던 평화번영정

44) 강충희, 원영수, 『6.15자주통일시대』 (평양: 평양출판사, 2005).

책에는 노무현 정부가 직면하고 있던 구조적 제약을 극복하고자 하는 의지가 담겨 있었다. 북핵문제의 평화적 해결과 '한반도 평화체제' 구축이 미국을 포함한 동북아 국가와의 협력 없이는 달성될 수 없다는 문제의식이었다고 할 수 있다. 북핵위기를 남한정부의 주도적 역할을 통해 동북아 협력을 위한 기회로 만들고자 하는 적극적 발상이었다.

노무현 정부의 평화번영정책은 김대중 정부 대북정책의 성과와 방법론을 계승함으로써 가시적 결과를 내기도 했다. 김대중 정부 대북정책의 성과 가운데 하나는 2000년 정상회담 이후 만들어진 남북관계를 규율하는 제도적 장치들이었다. 이 장치들 덕택에 남북대화 및 교류가 '자기 조직화'(self-organization) 경향을 보일 수 있었다. 남북대화는 정치, 군사, 경제, 사회, 문화 등 거의 모든 영역에서 전개되었다. 2002년 10월 시작된 제2차 북핵위기에도 불구하고, 북한이 금강산을 관광지구로, 개성을 공업지구로 지정하면서 남북경협의 새로운 장이 열리게 되었다. 노무현 정부에 들어서서 남북교역도 빠르게 증가했다. 이산가족 상봉과 같은 남북한의 사회·문화교류도 확대되었다.

경제협력을 위한 새로운 제도적 장치도 추가되었다. 2005년 7월 북한의 최고인민회의는 「조선민주주의인민공화국 북남경제협력법」을 채택했다. 남북경제협력의 "제도와 질서"를 세우기 위해 제정된 이 법을 계기로, 북한에서도 경제협력을 위한 법적·제도적 기초가 마련된 셈이다. 2004년 9월 남북 간 투자보장합의서 등 13개 합의서가 국회에서 비준되어 국내법적 효력을 가지게 되었다. 2005년 12월 남한에서는 여야 합의로 「남북관계발전에관한 법률」을 제정했다. 사회·문화 교류와 관련하여 주목해야 할 조직은 2005년 3월 남북과 해외의 민간단체들이 결성한 '6.15공동선언실천민족공동위원회'다. 합법적 조직인 '6.15위원회'의 출현으로 남북관계에 시민사회가 개입할 수 있는 제도적 토대가 마련되었다.

이런 양적 지표와 제도적 장치로 노무현 정부 대북정책의 성과를 높이 평가할 수도 있다. 노무현 정부는 남북경제협력과 사회·문화교류의 자기 조직화 원리에 제동을 걸지 않았다. 그러나 평화를 전면에 내세웠던 노무현 정부는 군사적 신뢰구축이 결여된 6.15시대로부터 자유롭지 못했다. 남북한의 정치·군사적 관계는 북미관계와 6자회담에 종속되었다. 중견국가인 남한이 통제할 수 없는 구조적 제약이었다고 할 수 있다. 그러나 남북 관계의 주기적 단절도 구조적 제약으로 환원할 수는 없을 것이다. 북한이 군사적 신뢰 구축에 동의하지 않기도 했지만, 노무현 정부도 평화번영정책의 기조와 모순될 수 있는 정책을 선택함으로써 한계를 드러냈다.

2004년 후반부터 2005년 5월 대북 비료 지원을 위한 차관급 회담이 개최될 때까지 10개월 정도 남북대화가 중단되었다. 김일성 주석 10주기를 조문하려는 방북단 불허와 동남아 국가를 통한 대규모 탈북자 입국 때문이었다. 남한정부가 이라크에 대한 추가 파병을 결정하고, 남한의 헌법재판소가 국가보안법 7조인 찬양·고무죄 및 이적 표현물 소지죄를 합헌이라고 결정한 것도 남북관계를 경색시킨 또 다른 요인이었다. 노무현 정부도 남북관계의 적대화를 야기하는 남남갈등을 전환시킬 능력은 없었다. 2006년 7월 북한이 미사일을 실험발사하고 유엔이 대북제재 결의안을 채택하자, 남한정부도 쌀과 비료, 경공업 원자재, 화상상봉 자재와 장비, 철도·도로 자재와 장비 등의 지원을 중단했다. 통일부는 그 규모가 약 3억 5,000만 달러에 달한다고 추정했다. 이 제재가 적절했는가를 둘러싸고 논쟁이 있었다. 이후 남북대화는 2007년 2.13합의라는 6자회담의 성과가 나오기 전까지 사실상 중단되었다.

첫 번째 남북대화의 단절은, 2005년 6월 남한정부가 북한이 핵폐기에 합의하면 북한에 200만kw의 전력을 제공하겠다는 이른바 '중대 제안'을 하면서 극복되었다. 이 중대 제안은 2005년 9월 4차 6자회담에서 합의된 9.19공동성명의 도출에 부분적 기여를 한 것처럼 보인다. 9.19공동성명의 주요 내용은, 북한의 핵 폐기와 북한에 대한 미국의 안전보장, 북미 관계와 북일 관계의 정상화, 6자의 경제협력, 한반도 평화체제 구축과 동북아 다자간 안보 협력의 증진 등이었다. 9.19공동성명은 북핵 문제의 평화적 해결을 넘어 '한반도 평화체제' 및 동북아 다자간 안보 협력의 대강이 담긴 문건으로 평가되고 있다. 9.19공동성명이후 남북대화는 재개되었지만, 북한에 대한 미국의 금융제재가 의제로 부상하면서 북미갈등이 발생하고, 2006년 10월 북한이 핵실험을 하면서 다시금 남북 관계가 경색되었다.

남북대화의 단절은 우연적 사건이 중첩되면서 발생한 것처럼 보이지만, 근본 원인은 군사적 신뢰의 결여였다. 남북한은 2004년과 2005년의 장성급 회담에서 서해상의 북방 한계선 문제를 논의했지만 해답을 찾지 못했다. 남한내부의 '친미=반북 대 친북=반미'의 이원적 대립 구도도 남북한의 군사적 갈등 해소를 방해한 요인이었다. 미국이 한반도 이외의 분쟁 지역에 주한 미군이 개입할 수 있게 하는 기동군화—전략적 유연성—를 포함한 한미동맹의 재편을 추진하고자 했을 때, 노무현 정부는 그것을 수용하면서 이른바 '협력적 자주국방 정책'을 추진했다. 2005년 9월의 '국방개혁 2020'은 한국군을 50만으로 감축한다는 내용을 담고 있기는 했지만, 군비증강 계획이기도 했다. 재래식 군사력이 남한보다 열세인 북한이 1990년대부터 핵과 미사일과 같은 비대칭적 군사력을 증강해 왔다는 점을 고려할 때, 노무현 정부의 자주국방 정책은 탈냉전 시대에 남북의 안보딜레마를 부활시키는 선택이었다고 할 수 있다. 남북한의 군사적 신뢰구축이 지속가능한 평화체제로 이어지기 위해서는 남북한이 절대안보가 아닌 공동안보의 관념을 공유해야 한다고 할 때, 노무현 정부의 국방정책은 사실상 공동안보를 부정하는 선택이었다. 군비증강을 목표로 하는 국방정책으로는 억지력 확보를 명분으로 내세운 북한의 핵실험과 같은 행위를 예방하기 어려울 것이다.

2007년 2월 13일 '9.19공동성명의 이행을 위한 초기 조치'에 대한 합의가 이루어졌다. 2.13합의는 북한 핵시설의 단계적 폐기에 대해 6자회담 참여국들이 경제·에너지·인도적 지원을 늘려 가는 인센티브 방식으로 구성되었다. 2월 23일에는 한국군의 전시작전통제권을 미국으로부터 환수하는 합의가 이루어졌다. 노무현 정부는 한국이 자국군의 전시작전통제권을 보유하지 못한 상황에서 한반도 평화체제 구축의 당사자로 나서기 힘들다는 문제의식을 가지고 있었다.[45] 2.13합의가 이루어지면서, 남북관계에 새로운 동력이 부여되었고, 남북한은 2007년 8월 제2차 정상회담에 합의했다. '노무현 대통령의 평양 방문에 관한 합의서'에서는 한반도의 평화, 민족 공동의 번영, 조국통일의 전환적 국면이 정상회담의 의제로 설정되었다. 2007년 10월 평양에서 열린 정상회담에서 합의된 "남북 관계 발전과 평화 번영을 위한 선언"은, 10월 3일 북한 핵시설을 2007년 말까지 불능화한다는 내용의 6자회담 합의문이 발표된 직후에 나왔다.

2007년 남북정상회담 공동선언인 '10.4선언'의 내용과 의미는 다음과 같이 정리할 수 있다. 첫째, 6.15공동선언의 정신을 계승하면서 남북한

45) 이수형, "노무현 정부의 동맹재조정정책: 배경, 과정, 결과," 이수훈 편, 『조정기의 한미동맹』 (서울: 경남대 극동문제연구소, 2009).

이 서로의 체제를 인정하고 평화공존하겠다는 약속으로 읽힐 수 있다. 합의문 2항에 명시되어 있는 것처럼, 남북은 "사상과 제도의 차이를 초월하여 남북 관계를 상호 존중과 신뢰 관계로 확고히 전환시켜 나가기로 했다." 둘째, 10.4선언에서 남북한은 한반도 평화 및 평화체제에 이르는 두 경로에 합의했다. 하나는 경제와 평화가 선순환 구조를 가지는 것이다. 서해 북방한계선 주위를 평화협력특별지대로 만들겠다는 약속이 그 사례다. 이 구상은 군사적 긴장완화와 신뢰구축을 필요로 한다. 다른 하나는 정전체제를 항구적 평화체제로 전환하기 위해 관련국 3자 또는 4자의 정상이 한반도 지역에서 만나 종전선언을 하는 것이었다. 즉, 10.4선언에서는 정전체제와 평화체제 사이에 '종전선언'이란 단계를 설정했다. 셋째, 2007 남북정상회담은 2000년 정상회담과 달리 실무형 정상회담의 성격을 띠었다. 개성 — 신의주 철도와 개성 — 평양 고속도로의 보수, 경제특구의 건설과 해주항의 활용, 조선협력과 같은 기능적 협력의 구체적 내용이 10.4선언에 담겨 있었다. 따라서 10.4선언 이행의 관건은 정책의 실행이었다.

북한도 10.4선언에 대해 긍정적 평가를 했다. 재일조선인총연합에서 발간하는 신문인『조선신보』는 2007년 10월 4일자 평양발 기사에서는 10.4선언을 "'북남 수뇌 상봉' 선언의 채택, 변혁 주도하는 최고령도자의 의지"라고 평가했다. 주목되는 내용은 다음과 같다. 첫째 6.15시대에도 불구하고 상대방의 사상과 체제를 부인하고 대결을 고취하는 행위가 근절된 것은 아니었고 민족경제의 균형적 발전을 추동하는 투자도 없었다는 지적이다. 둘째, 북한은 10.4선언을 '우리 민족끼리'의 실천으로 평가하고 있다. 셋째, 10.4선언을 통해 6.15와 9.19의 교차점이 마련되었다는 평가를 하고 있다. 북한도 남북관계가 한반도를 둘러싼 국제정치와 연계되어 있음을 인정하고 있는 것이다.

10.4선언은 남북한의 기능적 협력, 평화체제의 수립, 한반도 비핵화를 아우르는 광의의 평화체제에 대한 합의였다고 할 수 있다. 따라서 정전체제를 평화체제로 전환하려는 포괄적 기획으로 평가될 수도 있다. 그러나 5년 단임의 대통령제하에서, 10.4선언은 '너무 늦게' 제출된 평화기획이었다. 김대중 정부 대북정책을 제약했던 남남갈등도 노무현 정부에 들어와서 더욱 증폭되었다. 10.4선언이 노무현 정부 말기에 등장함으로써, 한반도 평화체제의 구축 및 대북정책에 대한 정치적·사회적 합의를 위한 제도적 장치의 마련은 이명박 정부의 과제가 되었다. 그러나 이명박 정부의 이른바 '비핵개방 3000'과 '상생공영정책'에는 평화체제에 대한 기획이 마련되어 있지 않았다.

V. 핵문제와 한반도 평화체제

김대중·노무현 정부의 대북화해협력정책에도 불구하고 북한은 핵개발을 통해 전쟁 억지력을 확보하고자 했다.[46] 2005년 2월 10일 외무성 성명을 통해 북한은 핵무기 보유를 선언했고, 2006년 10월 9일 핵실험을 했다. 이명박 정부의 대북강압정책에도 불구하고 북한은 2009년

---

[46] 2003년 1월 10일 '공화국 대변인 성명'을 통해 NPT 탈퇴를 밝힌 후 2003년 3월 미국의 이라크 침공에 즈음한 같은 해 4월 6일 "군사적 억제력"만이 전쟁을 막을 수 있다는, 외무성 대변인 성명을 발표했다. 제1차 6자회담(2003. 8. 27~29)이 시작되기 전인 8월 18일에는 미국이 "대조선정책전환용의를 표시하지 않는다면 핵억제력을 포기할 수 없다"는 조선중앙통신 "론평"을 발표하기도 했다. 2003년 9월 29일에는, 외무성 대변인 대답의 형태로, "미국의 핵선제공격 막는 핵억제력강화의 실제적조치를 취해 나가고 있다"는 글이 나오기도 했다. 북한의 대외발표문의 중요도는, 정부성명, 외무성 성명, 외무성 대변인 성명, 외무성 담화, 외무성 대변인 담화, 외무성 대변인 대답 순이다.

5월 25일 두 번째 핵실험을 했다. 북한은 '자위적핵억제력'을 다시금 강조했다. 이 두 번의 사건은, 남한의 대북정책이 북한의 핵정책에 영향을 미치는 주요 변수가 아닐 수 있음을 보여준다. 그러나 남한은 북한의 핵무기를 '위협'으로 인식할 수밖에 없는 지리적으로 인접한 이웃 국가다. 북한의 핵무기에 대한 남한의 대응은, 한미동맹을 통해 미국의 핵우산을 재확인하는 것이었다.

핵문제와 평화체제의 관계를 생각할 때, 발견할 수 있는 유의미한 합의들이 1992년 1월 20일의 한반도 비핵화에 관한 공동선언, 2005년 9월 19일의 제4차 6자회담의 공동성명, 2005년 11월 17일의 한미동맹과 한반도 평화에 관한 공동선언 등이다. 이 문건들에는 한반도 핵문제의 직접 당사자들인 남북미의 비핵화에 관한 입장들이 담겨 있다. '한반도 비핵화에 관한 공동선언'은, "남한과 북한은 핵무기의 시험, 제조, 생산, 접수, 보유, 저장, 배비, 사용을 하지 아니"하며, 또한 "핵재처리 시설과 우라늄농축시설을 보유하지 아니한"고 비핵화의 내용을 규정하고 있다. 9.19공동성명은 한반도 비핵화에 관한 공동선언을 수용하면서 한반도의 비핵화와 평화체제를 연계했다.

2007년 2.13합의와 10.3합의를 거치면서 2008년 하반기에 북한 핵시설의 불능화 미국의 북한에 대한 테러지원국 해체가 교환되면서 북미관계는 정상화로 가는 종착역에 접근하는 듯했다. 그러나 다시금 말 대 말, 행동 대 행동의 방법론은 지켜지지 않았다. 6자회담 참여국 내부에 핵문제의 해결에 동의하지 않는 세력이 있음을 보여준다. 결국 북한은 2009년 5월 25일 두 번째 핵실험을 했고, 남한정부는 5월 26일 PSI 참여를 선언했다. 2009년 4월 5일 북한이 로켓을 발사하고 4월 14일 유엔 안전보장이사회가 '의장성명'을 통해 북한을 비난하자 북한은 외무성 성명을 통해, 6자회담에 참여하지 않겠다는 의사를 밝혔다.

2009년 6월 12일 유엔 안전보장이사회의 대북제재안인 결의안 1874호가 발표되자 외무성 성명의 형태로, 새로 추출되는 플루토늄의 전량 무기화와 우라늄 농축작업에 착수하겠고 대응했다. 그러나 2009년 9월 4일 유엔주재 북한 상임대표가 유엔 안전보장이사회 의장에게 보내는 편지에는, 대화와 제재 모두에 대처할 준비가 되어 있다고 말하며 대화의 가능성을 열어 놓기도 했다.

2009년 10월 24일 북한 외무성의 리근 미국국장과 미국 국무부의 성 김 북핵담당 특사가 뉴욕에서 만났다. 20여 년간 타협과 결렬을 반복해 온 북미대화의 또 다른 시작이었다. 그리고 2009년 12월 8~10일 미국의 보즈워스 대북정책특별대표가 북한을 방문했다. 북미가 만나기 전인 2009년 10월 5일 중국의 원자바오총리가 평양을 방문하여 김정일 국방위원장과 회담을 했다. 양제츠 중국 외교부장은 한반도 비핵화를 이루는데 큰 진전이 있었다고 이 회담을 평가했다고 한다. 중국, 미국과 접촉한 후 북한은 평화체제와 평화협정을 다시금 의제화했다. 2010년 1월 1일 신년공동사설에서는 "조선반도의 공고한 평화체제를 마련하고 비핵화를 실현하겠다"고 밝혔다. 선 평화체제 후 비핵화로 읽히는 대목이었다. 북한은 2005년 7월 22일 외무성 대변인 담화의 형식으로, "정전체제를 평화체제로 전환하게 되면 핵문제의 발생근원으로 되고 있는 미국의 대조선적대시정책과 핵위협이 없어지는 것으로 되며 그것은 자연히 비핵화실현에로 이어지게 될 것"이라고 주장한 바 있다. 2010년 1월 11일 북한은 평화협정의 체결을 정전협정 당사국들에게 제의하면서, 평화협정의 체결을 위한 회담은 9.19공동성명에서 합의한 것처럼 별도로 진행될 수도 있고, 6자회담의 테두리 내에서 진행될 수도 있다는 유연한 입장을 보이기도 했다.

비핵화와 평화체제를 연계하는 북한의 전략은 미국 오바마 정부의 핵무기 없는 세상 정책에 대한 나름의 독해에 기초하고 있었다. 2009년 5월 핵실험 이후 북한은 미국에게 핵군축과 CTBT의 규범을 한반도에 적용해야 한다고 요구했다. 북한은 "국제적인 핵군축, 핵철폐의 움직임"과 연계하여 "조선반도비핵화"를 추진하려 했다. 한반도 비핵화는 동북아시아의 핵군축, 핵철폐와 직결된 문제라는 것이 그들의 주장이었다. 미국은 2010년 4월 핵태세보고서에서 비확산의 의무를 준수하지 않고 있는 북한을 잠재적 적으로 설정하고 있지만, "지구적 핵전쟁의 위협은 감소했지만, 핵공격의 위험은 증가했다"는 표현에서 볼 수 있는 것처럼, 미국의 주 관심사는 핵물질에 대한 통제를 통해 핵확산을 막는 것이었다고 볼 수 있다. 2010년 4월 12~13일 열린 '핵안보정상회의'는 안보의 대상으로 공동체가 아니라 핵이라는 무생물을 설정하는 핵안보(nuclear security)라는 '기묘한' 표현에서 볼 수 있듯이, '핵물질의 안전한 관리'가 가장 중요한 의제였다. 2010년 4월 9일 미국의 힐러리 클린턴 국무장관이 북한이 1~6개의 핵무기를 보유하고 있다고 발언한 것은, 미국이 북한의 핵을 사실상 인정하면서 핵확산만을 막겠다는 의지를 보인 것으로 해석될 수 있었다. 따라서 만약 북한이 미국에게 핵확산금지조약(NPT) 복귀라는 선물을 줄 수 있었다면,[47] 북미 핵갈등이 새로운 차원으로 '전환'되는 한 계기가 될 수 있을 수도 있었다. 북한이 2010년 4월 21일 핵무기의 과잉생산을 하지 않을 것이며, 비확산과 핵물질의 안전관리에 기여하겠다는 외무성 비망록을 발표한 것도 국제적 맥락에서 갈등의 전환을 염두에 둔 포석이었다고 해석할 수도 있다.

---

47) 2005년 9월의 외무성 대변인 담화이기는 하지만, 북한은 미국이 경수로를 제공하는 즉시 NPT에 복귀하겠다는 입장을 밝힌 바 있다.

남한정부의 선택이 핵문제의 향방을 결정하는 변수의 역할을 할 수밖에 없는 상황이었다. 이명박 정부는 '북한이 핵을 포기하면'이라는 단서를 설정해 놓고, 남북한의 교류와 대화를 사실상 중단했다. 또한 이명박 정부의 '비핵개방 3000' 정책은 북한을 개발의 대상으로 생각하는 발전주의적 사고의 전형이기도 했다.[48] 2010년 3월 천안함 사건 이후 이명박 정부의 대북강압정책이 강화되었다. 2010년 5월 20일 이명박 정부는 천안함 사건이 북한의 어뢰공격 때문이라는 조사결과를 발표했고, 5월 24일 남북교역 중단, 한미연합 대잠수함훈련 실시, 유엔안

---

[48] 이명박 대통령의 '비핵 개방 3000' 구상은, 북한이 핵 폐기의 대결단을 내리면 국제 사회도 그에 상응하는 대결단을 내려 북한경제의 재건을 지원하겠다는 기획이다. 비무장지대의 한강 하구에 남북경제협력을 위한 '나들섬'을 만들어 '한반도의 맨해튼' '동북아의 허브'로 조성하겠다는 구상도 비핵 개방 3000의 구체적 실천 방안 가운데 하나다. 비핵 개방 3000은 매우 구체적으로 북한에 대한 지원내용을 밝히고 있다. 300만 달러 이상 수출 기업 100개를 육성하고, 30만의 산업 인력을 양성하며, 400억 달러 상당의 국제 협력 자금을 투입하고, 에너지, 기간통신망, 항만, 철도, 도로, 운하 등의 인프라 건설에 협력하며, 인간다운 삶을 위한 복지를 지원하겠다는 것이, 비핵 개방 3000의 청사진이다. 이 구상이 실현되면, 북한경제는 현재 1인당 소득 500달러 기준으로 매년 15~20%의 성장을 지속하여 10년 후에는 국민소득 3,000달러 경제로 도약할 수 있다는 것이다. 이제까지 어떤 정부도 내놓지 못한 파격적인 공약임에는 틀림없다. 문제는 실현가능성이다. 비핵 개방 3000 구상의 몇 가지 전제조건은 이 구상의 실현에 걸림돌로 작용할 것처럼 보인다. 첫째, 비핵 개방 3000 구상에 따르면 북한에 대한 경제적 지원은, 북한의 핵 폐기가 이루어져서 한반도 평화체제가 정착되고 북미·북일 관계가 정상화된 이후에 시작된다. 비핵 개방 3000은 오랜 시간에 걸쳐 이루어질 수도 있는 한반도 평화 과정에서 한반도 비핵화를 위한 6자회담 이외에는 아무런 정책 대안도 제시하지 못하고 있다. 비핵 개방 3000 구상은 개성 공업지구와 같은 남북 경제협력이 한반도 평화 과정의 한 구성 요소임을 인정하지 않고 있는 셈이다. 둘째, 비핵 개방 3000은 남이 북의 경제정책을 좌지우지하겠다는 개발독재식 발상을 담고 있다. 비핵 개방 3000의 실현을 위해서는 북의 체제 전환이 이루어져야 할 뿐만 아니라 북이 남의 '사실상의 식민지'로 기능해야 한다. 비핵 개방 3000은 상대방을 전혀 고려하지 않는 구상일 수 있다. 외교는 상대가 있는 게임이다. 비핵 개방 3000 구상은 남북 공영의 가능성을 담고 있다는 점에서는 진일보한 정책으로 평가될 수 있다. 그러나 이 구상의 실현 가능성과 수용 가능성을 높이기 위해서는 비핵 개방 3000에 이르는 과정에서 반드시 필요한 남북의 화해와 협력을 위한 정책이 제시되어야 한다.

전보장이사회에 천안함 사건의 회부, 한미동맹 차원의 제재 협의 등을 내용으로 하는 조치를 발표했다. 남북관계가 정지된 상태에서, 6자회담이 재개된다 하더라도, 이명박 정부가 북한의 선 핵포기를 고수한다면, 비핵화와 함께 평화체제가 의제화되는 것은 어려울 수밖에 없었다. 이명박 정부는 한반도 비핵화 공동선언과 9.19공동성명에 대해 모호한 입장을 견지했다.

그럼에도 2012년 2월 북한과 미국은 다시금 비핵화와 평화체제를 교환하는 9.19공동성명의 이행을, 2.29합의의 형태로 약속했다. 그러나 2012년 4월 북한의 위성발사로 이 합의는 다시금 붕괴되었다. 2012년 12월 북한은 다시금 인공위성 '광명성'을 발사했다. 2013년 1월에는 미국의 재균형정책을 위한 군사전략이 "유엔군사령부를 다국적련합기구로 둔갑시켜 아시아판 나도의 모체로 삼으려 하고 있다"는 외무성 비망록을 발표했다. 북한의 위성발사에 대해 유엔 안전보장이사회가 대북제재 결의 2087호를 채택하자 "세계의 비핵화가 실현되기 전에는 조선반도비핵화도 불가능하다는 최종결론"에 도달했고, "6자회담 9.19공동성명은 사멸되고 조선반도비핵화는 종말"을 고했다는 성명을 발표했다. 박근혜 정부의 출범에 앞서 2013년 2월 12일 북한은 3차 핵실험을 했다. 북한은 핵실험 이후 핵무기가 "소형화", "경량화"되었고, "핵억제력의 다종화"가 이루어졌다고 주장했다. 핵억제력의 확보를 위한 물리적 능력의 강화였다.

2013년 3월 북한의 3차 핵실험에 대한 유엔 안전보장이사회의 대북제재 결의가 채택되고 같은 시기에 전개된 한미합동군사훈련에 대한 북한의 반발이 증폭되면서 동아시아의 불안정을 야기하는 북미갈등, 한미협력, 남북갈등의 악순환이 다시 시작되었다. 북한은 3월 8일 남북한의 불가침과 비핵화에 관한 합의의 폐기를 선언했고, 판문점 연락

통로를 폐쇄했다. 그리고 다음 날 "핵보유국 지위의 영구화"와 "정전협정의 백지화"를 선언했다. 그리고 3월 30일 조선로동당 중앙위원회에서 "경제건설과 핵무력건설을 병진"하는 노선을 공표했다. 헌법전문에 핵국가를 명시하는 사상 유례가 없는 사건과 더불어, 국내법의 제정을 통해 핵보유의 영구화를 다시금 확인했다. 긍정적으로 해석한다면, 핵보유를 통해 억제력을 확보한 상황에서 경제에 나머지 자원을 투입하겠다는 의지로 읽힐 수도 있다. 2013년 4월 북한은 남북한 협력의 유일사례인 개성공업지구를 잠정폐쇄했다. 북한의 이른바 병진노선을 한미는 인정하지 않았다. 핵문제를 둘러싼 미중대립은, 2013년 6월 미중정상회담에서 나타나듯, 미국의 '비핵화를 전제로 한 대화'와 중국의 '비핵화를 위한 대화'로 엇갈리고 있었다. 미국은 북한의 병진노선을 수용할 의사 없음을 밝혔지만, 중국은 병진노선을 언급하지 않았다. 중국은 한반도 비핵화, 한반도의 평화와 안정, 대화와 협상을 통한 문제해결이라는 자신들의 3원칙을 고수했다.

미중정상회담의 효과는 북한이 북미 고위급회담을 제안하는 방식으로 나타났다. 북한은 군사적 긴장상태의 완화, 정전체제의 평화체제로의 전환, 핵 없는 세계의 건설 등을 의제로 제시했다. 그러나 6자회담 참여국들이 개별적으로 또는 집단적으로 참여하는 다양한 조합의 회담개최에도 불구하고, 6자회담은 재개되지 않았다. 남한이 북한의 핵무기에 대해 킬체인과 한국형미사일방어체계로 대응하겠다는 10월 1일 한국 대통령의 발언 이후, 북한의 핵무기를 매개로 한 한반도의 안보딜레마는 보다 심화되는 모습이다. 동북아 차원에서 안보딜레마도 확산되고 있다. 중국은 2015년 현재 6자회담 의장국으로서 6자회담을 재개할 수 있는 능력이 없음을 보여 주고 있다.

북한의 제3차 핵실험과 함께 출범한 박근혜 정부는 과거정부의 화해협력정책과 강압정책의 사잇길이라 할 수 있는 한반도신뢰프로세스와 동북아평화협력구상을 통해 한반도문제에 접근하고자 했다. 그러나 비핵화를 위한 다자협상으로서 6자회담에 대해서는 재개의 입장을 명확히 밝히지 않았다. 집권 초기 개성공업지구의 폐쇄와 같은 극단적 남북갈등을 겪었음에도 간헐적 남북대화는 만들어졌다. 반면 비핵화를 위한 협상의 실종으로 북한의 핵능력은 점진적으로 제고되는 현실을 맞이하고 있다. 6자회담 재개를 위한 최소조건에 대한 합의가 이루어지지 않으면서, 특히 미국의 북한에 대한 전략적 인내와 맞물리면서, 박근혜 정부하에서 비핵화와 평화체제를 함께 논의하는 6자회담이 재개될지는 불투명한 상태다. 박근혜 정부가 평화체제란 의제를 완전히 제외하고 있는 것은 아니지만, 2014년 벽두부터 등장한 이른바 '통일대박론'은 평화체제를 포섭하지 않는 논리를 담고 있다. 통일의 경제적 효과만 강조될 뿐, 통일의 주체와 방법은 생략되어 있는 담론이다. 통일대박론은 북한을 포함한 타자에 대한 인정을 담고 있지 않기 때문에, 북한으로부터 이른바 흡수통일의 담론으로 읽힐 수밖에 없다. 평화체제가 통일대박론을 대체하지 않는다면, 남북한이 서로의 필요에 따라 한정된 대화를 진행하는 형태로 남북관계가 유지될 가능성이 높다.

만약 남북대화, 북미대화, 6자회담이 선순환하는 국면이 도래하지 않는다면, 미국과 중국이 사실상 북한 핵무기의 '실존적 억지력'을 인정하면서 핵확산을 막기 위해 '공동관리'하는 형태의 미봉책이 장기화될 수도 있다. 아시아로의 복귀를 선언한 미국과 신형대국관계로 미국과 맞서고자 하는 중국이 갈등의 관계로 간다면, 한반도를 둘러싸고 힘의 정치가 반복될 가능성이 높은 상황이다. 북한은 자신의 '지정학적 이점'을 활용하여 미국과 중국 사이에서 등거리외교를 하고,[49] 남북관계가 간헐적 대화만을 유지하는 상태가 계속될 수도 있다. 한반도를 둘러싸고 전개되는 힘의 정치는 한반도의 평화를 위태롭게 한다.

남한은, 북미대화를 강제하거나 6자회담을 소집할 능력은 없지만, 북미대화의 촉매로서 역할을 할 수 있고, 만약 6자회담이 재개된다면 6자회담과 같은 다자외교에서 영향력을 행사할 수 있는 '중견국가'(middle power)의 정체성을 가지고 있다.50) 만약 남한이 '평화국가'(peace state)를 지향한다면,51) 국제적 맥락에서 핵군축과 핵폐기를 향한 흐름, 동북아 비핵지대화 구상, 그리고 한반도 비핵화와 관련된 논의에서 주도권을 행사할 수도 있다. 만약 북한에 급변사태가 발생할 경우에도 국제적으로 통일의 정당성을 확보할 수 있다. 물론 남한의 평화국가 구상에 대해 북한이 반응하지 않을 수 있다. 그러나 북한과 같은 약탈·군사국가와 소통하려는 노력이 남한에게 손실을 야기하지는 않을 것이다. 최소한 남한 내부의 진화를 가능하게 할 뿐만 아니라 세력균형 정책보다는 평화의 가능성을 높일 수 있다. 한반도 평화체제의 의제화

---

49) 김철우, 『김정일장군의 선군정치』 (평양: 평양출판사, 2000).

50) 김치욱, "국제정치의 분석단위로서 중견국가: 그 개념화와 시사점," 『국제정치논총』 제49집 제1호, (2009).

51) 평화국가는, "국가의 폭력성과 폭력적, 억압적 국가장치에 기초한 평화가 아니라 평화적 방법에 의한 평화를 추구하는 새로운 정치체"다. 평화국가를 구성하는 기본원칙은 다음과 같다. 첫째 평화국가도 물리적 폭력의 정당한 독점이 유지되는 국가이지만 평화국가는 물리적 폭력의 적정 규모화 및 최소화를 추구한다. '비도발적 방어' 또는 '방어적 방어'의 개념이 그 사례일 수 있다. 둘째, 평화국가는 평화외교와 윤리외교를 지향하는 국가장치를 필요로 한다. 셋째, 평화국가는 정치경제적인 측면에서 구조적 폭력이 제거된 '적극적 평화'를 지향하는 축적체제에 기초한다. 평화의 이념도 녹색의 이념처럼 궁극적으로는 반국가적이지만, 국가의 존재를 인정하는 한 녹색·평화국가가 시민권을 획득하기 때문에 불가피하게 현실에서는 '과정─구조'의 성격을 지닌다. 국가와 시민사회의 다양한 행위자의 역할조화 및 관계형성이 요구되기 때문이다. 평화국가의 형태로, 안보국을 지양하려는 평화지향적 안보국가와 앞서 지적한 구성의 원칙을 충족하는 평화국가를 설정할 수 있다. 그리고 평화국가의 외곽에 국가성을 넘어선 정치체를 상정해 볼 수 있다. 구갑우(2007) 참조.

자체가 쟁점이지만, 남한정부가 적극적으로 비핵화와 평화체제의 연계를 의제화하는 것이 비용—편익의 관점에서도 유용할 수 있다. 이를 위해서는 이 의제화에서 발생할 수 있는 쟁점에 대한 나름의 대안을 가지고 있어야 한다.

VI. 한반도 평화체제의 쟁점[52]

한반도 평화체제는 1953년 정전체제의 대체물이다. 북한은 평화체제를 의제화하려 하고 있지만, 노무현 정부와 달리 이명박 정부의 입장은 불분명했다.[53] 전쟁이 일시적으로 중단된 상태인 정전체제의 새로운 체제로의 전환이 필요한가, 라는 질문에 대해 아니오와 예로 나누어질 수 있다. 정전체제 또는 분단체제의 유지에 이해관계를 가지는 정치사회세력들은 분단체제의 재안정화를 선호할 것이다. 예를 들어, 한미동맹에는 그것의 유지·강화에 이해관계를 가지는 이익집단들이 연루되어 있다. 만약 평화체제가 한미동맹의 유연화를 결과한다면, 평화체제의 의제화에 강한 반대세력이 될 것이다. 북한을 적으로 유지해야만 이익을 얻을 수 있는 정치사회세력도 같은 의사를 보일 것이다.

반면 정전체제의 새로운 체제로의 전환을 생각하는 좌우파 정치사회세력들도 존재한다. 보수우파 가운데는 북한의 붕괴 가능성을 고려

---

[52] 6장은 구갑우(2010)의 일부를 수정·보완한 것이다.

[53] 이명박 정부는 2010년 8.15 경축사에서, 통일세를 의제화하고, 평화공동체—경제공동체—민족공동체로 연결되는 통일방안을 제시했다. 통일세는 통일을 비용의 측면에서 생각하게 한다. 북한은 통일세 제안이, "≪북급변사태≫를 념두에 두고 도이췰란드식 ≪체제통일≫을 꾀하는 극히 불순한 망동이"라고 강력히 반발한 바 있다.

하며 '흡수통일'을 지향하는 세력이 있다. 만약 한반도에 이해관계를 가지고 있는 패권국가 미국과 잠재적 패권국가일 수 있는 중국이 분단의 평화적 관리를 선호한다면, 흡수통일을 추구하는 이른바 '통일외교'와 충돌할 수도 있다. 진보좌파 가운데는, 정전체제 극복의 대안으로 '국가연합'을 제시하는 세력이 있다. 남북의 협력을 기반으로 한반도를 포함한 동북아질서의 지각변동을 시도하는 입장이라고 할 수 있다.[54] 그러나 흡수통일과 국가연합 모두 정전체제를 대체하는 현실적 대안이라고 보기는 힘들다. 두 대안 모두 중간단계를 결여한 비약일 수 있기 때문이다. 따라서 정치적 다수의 동의를 얻기 어려울 수 있다.

정전체제를 대체하는 새로운 체제의 필요성을 주장하는 정치사회세력들에게 정선제제의 평화체제로의 대체는, 너무 앞서 가지 않는 현실적 대안일 수 있다. 뿐만 아니라 평화체제는 지금—여기서 흡수통일과 국가연합에 동의하지 않는 국내적 좌우파는 물론 국제적 행위자를 설득할 수 있는 의제기도 하다. 그러나 평화체제로 가는 길에는 국내적으로, 국제적으로 논의해야만 하는 피해갈 수 없는 쟁점들이 있다. 이 쟁점들의 조정과정이 평화체제를 둘러싼 협상의 주요 내용이 될 것이다. 주요 쟁점들을 살펴보자.

첫째, 평화체제는 남한과 북한, 북한과 미국이 서로 더 이상 적과 위협이 아닌 상태다. 따라서 평화체제 협상과정에서 적과 위협에 기초한 안보담론의 변경이 요구된다. 평화체제 논의는 안보담론의 평화담론 내지는 평화지향적 안보담론으로의 전환과정일 수밖에 없다. 즉 관련

---

54) 박세일, "한반도 위기의 본질과 선진화포용 통일론,"『전환기에 선 한반도, 통일과 평화의 새로운 모색』화해상생마당 자료집, (2009); 백낙청, "포용정책 2.0버전이 필요하다,"『전환기에 선 한반도, 통일과 평화의 새로운 모색』화해상생마당 자료집, (2009).

당사자들의 공동안보에 입각한 관여가 재개되는 것은, 평화담론에 기초한 평화체제 구축의 출발점이다.[55] 평화체제의 구축과정에서, 안보담론의 법적, 제도적 장치들인 남한의 헌법 3조 영토조항이나 국가보안법 그리고 북한의 조선로동당 규약 등의 수정이 의제화될 것이다.

둘째, 평화체제와 비핵화의 관계다. 이명박 정부와 박근혜 정부는 사실상 선 비핵화 후 평화체제의 입장을 견지했다. 박근혜 정부는 2014년 7월 청와대 국가안보실 명의로 발간한 국가안보전략 보고서에서 "여건이 성숙되는 경우" 평화체제를 논의할 수 있다고 밝힌 바 있다. 박근혜 정부가 최초로 평화체제를 공식적으로 언급한 문건이 이 보고서다. 이 "여건"은 최소한의 비핵화 프로세스의 시작을 의미할 것이다. 반면 북한은 2015년 남북한의 8.25합의 이후 선 평화협정 후 비핵화로 해석될 수 있는 북미 평화협정 체결제안을 하고 있다. 과거 선 비핵화 협상과 비핵화와 평화체제의 동시 협상이 실패로 돌아간 이유가 북미 적대 때문이었다는 논리가 그 제안에는 내장되어 있다(2015년 11월 14일 북한 외무성 대변인 대담). 북한은 북미 평화협정의 양심적 중재자로서 반기문 유엔사무총장의 역할을 기대하고 있는 것처럼 보이기도 한다. 그러나 한국을 배제한 평화협상 및 협정은 불가능할 수밖에 없다. 9.19공동성명처럼 다자협상을 통해 비핵화와 평화체제를 동시 의제화하는 길 이외에 다른 대안은 없는 것처럼 보인다. 그렇다면 누군가의 '양보'가 필요하다. 남한정부가 비핵화와 평화체제의 동시 진행에 동의하지 않는다면 한반도 평화체제 논의는 가장 큰 장벽을 만나게 될 것이다.

---

55) Samuel Kim, "North Korea's Nuclear Strategy and the Interface between International and Domestic Politics," *Asian Perspective*, Vol. 34, No. 1, (2010).

셋째, 평화체제의 내용과 형태도 논란의 대상이 될 것이다. 평화체제(peace regime)는 평화라는 이슈영역에 만들어진 규범, 규칙, 원칙, 절차 등과 같은 제도의 집합이라고 할 수 있다. 간략히 정리하면 평화체제는 평화의 제도화다. 핵심 구성요소는 전쟁의 종료를 선언하는 평화조약이다. 쟁점은 평화조약이 각 국가에서 비준을 요구하는 강제성이 있는 형태가 될 것인지의 여부다. 다른 쟁점은, 평화조약의 서명국이 누가 될 것인지의 여부다. 앞서 언급한 것처럼, 2007년 노무현 대통령과 김정일 위원장의 10.4공동선언에서는 3자 또는 4자의 정상이 참여하는 종전선언에 대한 언급이 있었다. 1953년 정전협정에 유엔과 중국과 북한이 서명했다는 점을 생각할 때, 논란을 야기할 수 있는 표현이었다. 남한이 정전협정에 참여하지 않았기 때문에 평화조약의 당사자가 될 수 없다는 주장은 적절하지 않다. 남한은 연합군의 형태를 취했던 유엔군의 일원이었고, 무엇보다도 북한이 정전협정을 위반했다고 문제제기를 하곤 했던 당사자이기 때문이다. 일반적으로 정전협정의 당사자와 평화조약의 당사자는 일치하지 않는다. 그렇다면, 평화조약은 최소한 남북미, 그리고 여기에 중국이 참여하는 방식이 될 가능성이 높다. 9.19공동성명도 6자회담과는 별도의 한반도 평화포럼을 통해 평화체제를 논의하는 방식을 제안하고 있다. 역사적으로 북한은 평화협정의 당사자를 미국으로 제한하려 했다. 그러나 남한의 남북당사자주의와 북한의 북미당사자주의를 넘어서기 위해서는 보다 많은 국가의 참여하는 평화조약을 생각해 볼 필요가 있다.

넷째, 비핵화 평화체제가 함께 논의될 때 비핵화의 의미를 둘러싼 논쟁이 예상된다. 북한이 주장하는 "조선반도 비핵화"는 북핵의 폐기는 물론 한미동맹에 의해 남한에 제공되는 미국의 핵우산 및 동북아 차원의 핵군축 및 핵철폐와 연계되어 있다. 비핵화의 의미를 둘러싸고 북미는 물론 한미와 남북한 사이에도 이견이 표출될 가능성이 있다. 북한의 핵개발이 한미동맹의 군사력에 대응하는 정책이라면, 북한이 추구하는 비핵화는 한반도에서 핵의 반입과 반출을 금지하는 '비핵지대화'의 성격을 가지고 있다.[56] 따라서 한미동맹에 대한 근본적 문제 제기도 불가피할 것이다.[57] 한미동맹의 법적 기초인 한미상호방위조약에는 북한의 위협이 명시되어 있지 않지만, 한미동맹은 북한을 적과 위협으로 설정해 왔다. 미군이 한국에 주둔하는 이유도 북한의 위협 때문이었다. 평화체제 논의에서 한미동맹과 북한이 중국과 맺고 있는 군사동맹의 형태변환 또는 정치동맹화 또는 폐기가 의제화될 수 있다.

핵에너지의 평화적 이용권은 비핵화와 연관된 또 다른 쟁점이다. 북한은 9.19공동성명에서 볼 수 있는 것처럼 경수로 제공을 요구하고 있고, 우라늄농축을 통해 핵에너지를 사용하겠다는 입장을 밝힌 바 있다. 남한은 2014년 만료되는 한미 원자력협정 개정협상에서 사용 후 핵연료의 재처리 권한을 얻는 것을 협상의 주요한 목표로 설정한 바 있다. 1974년 체결된 한미 원자력협정은 사용 후 핵연료의 재처리를

---

[56] 한반도 비핵화를 동북아 비핵지대화와 연계하는 것도 평화체제 구축과 관련된 과제다. '한반도 비핵화-동북아시아 비핵지대-핵 없는 세상'을 연결하는 '3차원 비핵화'도 주목의 대상이다. 한반도 비핵화를 북한 비핵화가 아니라 동북아 비핵지대화로 확장하자는 주장이다. 동북아 비핵지대화는, 비핵국가인 남한, 북한, 일본에 대한 핵보유국 미국, 중국, 러시아가 소극적 안전보장을 제공하는 것을 핵심 내용으로 하고 있다. 2009년 11월 23일 핵군축 및 비확산을 위한 의원 네트워크(PNND) 한국위원회가 주최한 『한반도 비핵화와 동북아비핵지대를 위한 한일국제회의』자료집 참조. 다른 지역의 비핵지대화와 관련하여서는, Acharya and Boutin(1998); Redick (1981) 참조.

[57] 정전협정 4조 60항에 따르면, "한국문제의 평화적 해결을 보장하기 위하여 쌍방 군사령관은 쌍방의 관계각국정부에 정전협정이 조인되고 효력을 발생한 후 3개월 내에 각기 대표를 파견하여 쌍방의 한 급 높은 정치회담을 소집하고 한국으로부터의 모든 외국군대의 철수 및 한국문제의 평화적 해결 등의 문제들을 협의할 것을 이에 건의한다"고 되어 있다.

제한하고 있기 때문이다. 남한은 건식처리 공법인 '파이로프로세싱' (pyro-processing)은 핵물질을 분리할 수 없기 때문에 재처리가 아닌 재활용이라고 주장하면서, 사실상 재처리의 권리를 확보하려 했다. 2015년 11월 25일부터 발표된 한미 신원자력협정에 따르면 한미합의와 미국의 동의를 필요로 한다는 전제가 있지만, 우라늄저농축과 파이로프로세싱을 위한 길을 열면서 제한적이지만 사용 후 핵연료의 재처리를 할 수 있게 되었다. 핵비확산에 협력한다는 규범이 관철되고 있음은 부인할 수 없지만, 한미 신원자력협정은 향후 비핵화 협상에서 핵에너지의 평화적 이용권 그리고 사용 후 핵연료의 재처리를 문제를 둘러싸고 쟁점이 될 수밖에 없을 것으로 보인다.

다섯째, 평화체제가 만들어진다고 할 때 정전협정을 관리하고 있는 유엔군사령부의 존폐여부도 쟁점이 될 것이다. 유엔군사령부의 성격과 관련하여, 유엔군사령부가 유엔의 보조기관이라는 견해와 유엔군은 미국을 중심으로 한 참전국들의 연합군이라는 견해가 대립하고 있다. 전자라면 유엔군사령부는 유엔 안전보장이사회의 결의로 해체되는 것이고, 유엔군사령부가 한미연합군으로 해석하는 후자의 입장에 서면 평화협정 체결 이전에도 유엔군사령부를 해체할 수 있다.[58] 평화체제와 관련하여, 유엔군사령부를 대체하는 새로운 평화관리기구를 만들 것인가 아니면 유엔군사령부를 존속시키면서 새로운 평화관리의 임무를 부여할 것인가를 둘러싼 논쟁도 있다. 유엔군사령부의 해체를 전제로, 새로운 평화관리기구로, 남북미중의 4자 공동군사위원회 또는 남북의 공동평화관리위원회, 또는 국제평화감시단 등을 제시하는 의

[58] 정태욱, 『한반도 평화와 북한인권: 법철학적 기록』 (파주: 한울, 2009). 정태욱은 유엔군사령부의 정식명칭이, United Nations Command가 아니라 미국 지휘하의 '통합사령부'(Unified Command)라는 점을 지적하고 있다.

견들이 경쟁하고 있다.[59]

여섯째, 한반도 평화체제와 동북아 다자간 안보협력의 관계설정도 논의될 수 있다. 동북아에는 유럽과 달리 양자동맹—한미동맹, 미일동맹, 북중동맹—이 군사협력의 지배적 형태다. 미국의 재균형정책에는 한미일 삼각동맹에 대한 구상도 담겨 있다. 동맹 대 동맹이 대립하는 구조를 넘기 위해서는 동북아 수준에서 안보에 대한 대안적 개념화에 다양한 행위자들이 동의해야 한다. '공동안보'(common security)를 지향하는 한반도 평화체제는 최소한의 동북아 다자간 안보협력에 의해 담보되지 않는다면, 지속가능성이 훼손될 수밖에 없다. 한반도 평화체제와 동북아 다자간 안보협력은 선후관계의 문제가 아니라 한반도 평화체제를 매개로 동시적으로 진행되는 사안이 될 필요가 있다.

일곱째, 한반도 평화체제의 구축과정에서 다루어야 할 또 다른 쟁점들이 '군축'과 '군비통제', 북한과 미국, 북한과 일본의 '관계 정상화' 그리고 '남북관계의 정의'—민족 내부의 관계인가, 국가 대 국가의 관계인가—를 둘러싼 논쟁이다. 군축과 군비통제는 평화체제의 필수적 구성물이다. 또한 한 논자의 지적처럼 북미관계의 정상화가 한반도 평화를 위한 추진장치가 될 수도 있다.[60] 그러나 북미관계의 갈등의 역사를 생각한다면, 관계정상화는 추진장치라기보다는 최종 결과물일 가능성이 높다. 그리고 남북관계의 정의와 관련하여 평화체제를 수립하는 과정에서 서로의 국가성에 대한 인정이 필수적이라고 할 때, 평화체제는 남북관계를 국가 대 국가의 관계로 정의하게 할 수도 있다.

---

[59] 평화·통일연구소, 『전쟁과 분단을 끝내는 한반도 평화협정』 (서울: 한울, 2010).

[60] Kun Young Park, "Preparing a Peace Process in the Korean Peninsula," *Asian Perspective*, Vol. 33, No. 3, (2009).

VIII. 한반도 평화체제의 길: 결론에 대신하여

공포의 균형이 부활할 수도 있고, 한반도와 동북아에서 새로운 평화
과정이 시작될 수 있는 이 지각변동의 정세에서, 평화의 길을 가고자
하는 세력들은 무엇을 할 수 있을 것인가. 민주화와 탈냉전 이후 남한
의 국내정치는 한반도를 포함한 동북아 국제정치의 향방을 결정하는
핵심 변수의 역할을 하고 있다. 한반도 평화체제를 둘러싼 논의도 예
외는 아니다. 남한 내부에서 평화체제를 둘러싼 쟁점에서 실현가능성
을 고려한 단계를 설정하고 합의를 도출할 수 있을 때, 국제적 수준에
서 평화체제에 대한 합의가 가능할 것이다. 따라서 한반도 평화의 길
을 둘러싼 국내에서의 담론투쟁이 가지는 파급효과를 고려해야 한다.
무엇을 할 것인가는 세 수준에서 생각해 볼 수 있다. 지구적 수준과
동북아 수준과 남북한 수준이다. 각 수준을 관통하는 실현가능한 연대
의 원칙으로 우리가 제시할 수 있는 것은 두 가지다. 하나는, '반전·반
핵·평화의 원칙'이다. 다른 하나는, '평화적 방법에 의한 평화'의 원칙
이다. 소극적 평화의 원천인 반전의 원칙과 더불어 우리는 사람의 삶
의 질을 향상시킬 수 있는 적극적 평화의 의제를 제기해야 한다.
첫째, 한미일의 동맹강화를 핵심으로 하는 미국의 재균형정책과 미
중이 서로의 핵심이익을 존중하며 협력해야 한다는 중국의 신형대국
관계가 맞서고 있는 동북아에서 역설적이지만 비핵화를 매개로 한 한
반도 평화체제는 미중의 협력은 물론 동북아 다자안보협력을 도출할
수 있는 의제다.
둘째, 한반도의 평화를 위해 남한의 국가와 시민사회는 현실주의적
세력균형론에 얽매어 있는 두 대안인 자주냐 동맹이냐를 넘어서서 동
북아 수준에서 냉전체제의 해체를 유도하고 동북아 군축과 비핵지대

화를 실현할 수 있는 동북아 다자간 안보협력체의 건설을 의제화할 수 있어야 한다. 동북아 다자간 안보협력은 한반도 평화체제의 구축을 위한 국제적 조건이다. 한반도 핵문제의 해결을 위한 6자회담은 동북아 수준에서 다자간 안보협력을 구축할 수 있는 기회로 활용되어야 한다.

셋째, 남북관계 수준에서는 이른바 6.15담론에 대한 비판적 성찰이 필요하다. 남북의 경제협력이 한반도에서 일하는 평화체제의 건설을 위한 토대가 될 수 있지만, 기능주의적 접근이 자동적으로 정치군사적 협력을 결과하지 않을 수 있다는 점을 생각해야 한다. 북한의 핵실험 은 기능적 접근의 한계를 보여주고 있다. 다른 하나는 보다 근본적인 것으로 남북관계의 화해와 협력이 진행될수록 남한은 비용을 북한은 체제의 붕괴를 고민할 수밖에 없다는 것이다. 달리 표현하면 통일을 이야기하면 할수록 누가 통일의 주체가 되어야 하는가라는 문제가 발생하게 된다는 것이다. 남북관계의 딜레마를 극복하는 한 방향이 한반도 평화체제의 구축이다.

평화체제 구축 이후에 대해서는 두 견해가 있을 수 있다. 첫째, 평화체제의 구축을 통일과정의 한 구성요소로 생각할 수 있다. 둘째, 평화체제가 남한과 북한이 국가 대 국가의 관계로 참여하는 국제레짐으로 정의된다면, 평화체제 이후의 남북관계는 열린 상태가 될 수 있다. 평화체제 이후의 남북관계가 통일지향적일 수도 있고,[61] 두 국가로서 공존을 지향할 수도 있다는 것이다.[62] 두 선택 모두 한반도의 미래일 수

---

[61] 예를 들어, 평화·통일연구소(2010)는 "외국의 간섭 없이 자주적이고 평화적인 방식으로" 통일에 합의하는 것을, 한반도 평화협정의 한 조문으로 설정하고 있다.

[62] 통일이 불가피하게 야기할 수밖에 없는 강행적 동질화와 그 과정에서 발생할 수밖에 없는 권력투쟁의 문제를 제기하면서 통일을 담론과 실천의 영역에서 추방하려는 정치사회세력 또는 통일이 남한식 신자유주의의 수출이 될 수도 있다는 점에서 통일을 반대하는 정치사회세력이 등장할 수도 있다.

있다. 평화체제 구축 이후, 서론에서 지적한 것처럼, 북한의 급변사태가 발생한다면, 흡수통일이 대안으로 부상할 것이다. 그러나 평화체제의 구축 이후 한반도가 안정화된다면, 남한과 북한이 서로를 설득하고 합의를 도출하는 방식으로 한반도의 미래를 결정하게 될 것이다.

평화체제의 구축이 동북아 수준에서 미국과 중국을 비롯한 주변국의 동의 없이 이루어지기 어렵다고 할 때, 평화체제 구축 이후 통일은 남한과 북한의 국내적 수준과 한반도 수준의 변수에 의해 그 향방이 결정될 것이다. 미국과 중국이 분단의 평화적 관리를 선호한다고 할지라도 남한과 북한이 국내적 수준에서 통일에 대한 합의를 도출하고 그것을 기초로 서로 협력할 수 있다면, 통일의 가능성은 높아질 것이다. 즉 남한과 북한 내부에서 통일에 대한 선호가 높아지고,[63] 그 선호를 형성하게 하는 통일담론을 가진 정치사회세력이 남한과 북한에 형성되고, 서로 협력할 수 있을 때, 평화체제는 통일의 길의 기초가 될 수 있을 것이다. 통일에 대한 동의가 이루어질지라도, 통일국가의 형태는 선험적으로 결정되지 않을 것이다. 통일국가의 형태로 단일민족국가, 복합국가, 네트워크 지식국가 등의 다양한 대안들이 경쟁하게 될 것이다.[64]

마지막으로 지속가능한 한반도 평화를 위해서는 남북한 각 국가 내부의 체제전환이 필수적임을 다시 강조한다. 평화국가론은 이 지점에 주목한다. 남북한 두 국가가 군비증강을 중단하고 적극적 평화를 실현할 수 있어야 한다는 것이다. 북한의 핵무장은 북한 주민의 삶의 질을

---

[63] 서울대 통일평화연구소의 2010 통일의식 조사에 따르면, 통일의 필요성과 기대감은 높아지고 있지만, 현실주의적 접근태도도 뚜렷하다고 한다. 통일이 필요하고 통일이 남한에 이익이 된다는 비율은 50%를 넘고 있지만, 통일이 자신에게 이익이 된다는 응답은 약 24%였다고 한다.

[64] 전재성, "한반도 통일에 관한 이론적 고찰,"『통일과 평화』창간호, (2009).

악화시키는 행위다. 가용한 자원의 배분에서의 우선성 문제만을 지적하는 것이 아니다. 북한의 핵무장은 주민의 평화와 녹색에 대한 감수성을 심각하게 훼손한다. 뿐만 아니라 억지의 상호작용을 통해 만들어지는 군사적 긴장은 한반도를 포함한 동북아에서 군산복합체의 입지를 강화하고, 평화지향적 세력의 입지는 약화시킨다. 남한에서는 무엇보다도 평화와 녹색 그리고 복지를 연계하는 정치적 기획이 필요할 것이다. 복지와 녹색을 실현하는 국가 만들기는 한반도에서 적극적 평화를 담지한 평화국가 만들기의 원천이다. 또한 평화국가 만들기가 없는 복지국가 만들기는 보수세력의 기획이 될 수밖에 없을 것이다. 남북한의 체제전환을 기초로 그리고 남북한 각자의 체제전환에 영향을 미칠 수 있는 남북한의 기능적 교류에서, 그리고 북한에 대한 개발지원에서 복지·녹색·평화의 가치를 공유할 수 있는 길을 모색해야 한다.

강상중(姜尙中) 저, 이경덕 · 임성모 역. 『오리엔탈리즘을 넘어서』 (서울: 이산, 1997).

강충희, 원영수. 『6.15자주통일시대』 (평양: 평양출판사, 2005).

고부응 편. 『탈식민주의: 이론과 쟁점』 (서울: 문학과지성사, 2003).

공제민. 『고려민주련방공화국 창립방안』 (평양: 사회과학출판사, 1989).

구갑우. 『비판적 평화연구와 한반도』 (서울: 후마니타스, 2007).

_____. 『국제관계학 비판: 국제관계의 민주화와 평화』 (서울: 후마니타스, 2008).

_____. "녹색 · 평화국가론과 한반도 평화체제." 『통일과 평화』 제2권 제1호, (2010).

_____. "탈식민적 분단국가의 재생산: 남북한과 아일랜드 − 북아일랜드의 사회적 장벽 비교." 『한국과 국제정치』 제28권 제3호, (2012).

구갑우, 안정식. "북한 위협의 상수화와 신자유주의 본격화." 『역사비평』 편집위원회, 『갈등하는 동맹』 (서울: 역사비평사, 2010).

김용호. "대북정책과 국제관계이론: 4자회담과 햇볕정책을 중심으로 한 비판적 고찰." 『국제정치논총』 제36집 제3호, (2002).

김일성. "조선로동당 제5차대회에서 한 중앙위원회사업총화보고." 『조선중앙년감 1971』 (평양: 조선중앙통신사, 1971).

_____. "조선민주주의인민공화국의 당면한 정치, 경제 정책들과 몇가지 국제문제에 대하여: 일본 ≪요미우리신붕≫기자들이 제기한 질문에 대한 대답." 『조선중앙년감 1973』 (평양: 조선중앙통신사, 1973).

김종엽. "분단체제와 87년체제." 김종엽 엮음, 『87년체제론: 민주화 이후 한국사회의 인식과 새 전망』 (파주: 창비, 2009).

김철우. 『김정일장군의 선군정치』 (평양: 평양출판사, 2000).

김치욱. "국제정치의 분석단위로서 중견국가: 그 개념화와 시사점." 『국제정치논총』 제49집 제1호, (2009).

마루야마 마사오(丸山眞男)·가토 슈이치(加藤周一), 임성모 옮김. 『번역과 일본의 근대』 (서울: 이산, 2000).

박세일. "한반도 위기의 본질과 선진화포용 통일론." 『전환기에 선 한반도, 통일과 평화의 새로운 모색』 화해상생마당 자료집, (2009).

박영호. "4자회담의 전개과정과 평가." 김학성 외, 『한반도 평화전략』 (서울: 통일연구원, 2000).

박정희. 『박정희 대통령 연설문집 11』 (서울: 대통령비서실, 1975).

박지향. 『슬픈 아일랜드』 (서울: 기파랑, 2008).

박종철. "한반도 비핵화와 평화체제 전환." 『한국과 국제정치』 제22권 제1호, (2006).

박철언. 『바른 역사를 위한 증언 1, 2』 (서울: 랜덤하우스, 2005).

백낙청. 『백낙청 회화록 2』 (파주: 창비, 2007).

_____. "포용정책 2.0버전이 필요하다." 『전환기에 선 한반도, 통일과 평화의 새로운 모색』 화해상생마당 자료집, (2009).

백창재. 『미국 패권 연구』 (고양: 인간사랑, 2009).

이경원. "탈식민주의의 계보와 정체성." 고부응, 『탈식민주의』 (2003).

_____. 『검은 역사 하얀 이론: 탈식민주의의 계보와 정체성』 (파주: 한길사, 2011).

이근욱. "국제정치와 외교정책." 김계동 외, 『현대외교정책론』 (서울: 명인문화사, 2007).

이수형. "노무현 정부의 동맹재조정정책: 배경, 과정, 결과." 이수훈 편, 『조정기의 한미동맹』 (서울: 경남대 극동문제연구소, 2009).

이승환. "문익환, 김주석을 설득하다." 『창작과비평』 제143호, (2009).

이만열. 『한국기독교와 민족통일운동』 (서울: 한국기독교역사연구소, 2001).

이정철. "북핵의 진실 게임과 사즉생의 선군정치." 경남대 북한대학원 엮음, 『북한 연구의 성찰』 (서울: 한울, 2005).

임동원. 『피스메이커』 (서울: 중앙북스, 2008).

윤해동. 『식민지 근대의 패러독스』(서울: 휴머니스트, 2007).

장달중, 이정철, 임수호. 『북미 대립: 탈냉전 속의 냉전 대립』(서울: 서울대학교 출판문화원, 2011).

장 석. 『김정일장군 조국통일론 연구』(평양: 평양출판사, 2002).

전재성. "한반도 통일에 관한 이론적 고찰." 『통일과 평화』 창간호, (2009).

정태욱. 『한반도 평화와 북한인권: 법철학적 기록』(파주: 한울, 2009).

조선중앙통신사. 『조선중앙년감 1985』(평양: 조선중앙통신사, 1985).

조한혜정, 이우영. 『탈분단 시대를 열며』(서울: 삼인, 2000).

평화·통일연구소. 『전쟁과 분단을 끝내는 한반도 평화협정』(서울: 한울, 2010).

허 담. "조선에서 긴장상태를 가시며 조국의 자주적 평화통일을 촉진시키기 위한 전제를 마련할데 대하여." 『북한최고인민회의자료집(제III집: 4기1차회의-5기7차회의』(서울: 국토통일원, 1988).

허문영 외. 『한반도 평화체제: 자료와 해제』(서울: 통일연구원, 2007).

Acharya, A. and J. Boutin. "The Southeast Asia Nuclear Weapon-Free Zone Treay." *Security Dialogue*, Vol. 29, No. 2, 1998.

Brydon, Diana, ed. *Postcolonialism: Critical Concepts*. London: Routledge, 2000.

Cleary, Joe. *Literature, Partition and the Nation State*. Cambridge: Cambridge University Press, 2002.

Gandi, Leela 저, 이영욱 역. 『포스트식민주의란 무엇인가』(서울: 현실문화연구, 2000).

Kim, Samuel. "North Korea's Nuclear Strategy and the Interface between International and Domestic Politics." *Asian Perspective*, Vol. 34, No. 1, 2010.

Koo, Kab Woo. "Gone but Not Dead, Sprouting but Not Yet Blossoming: Transitions in the System of Division." *Korea Journal*, Vol. 49, No. 2, 2009.

_____. "Civil Society and Unification Movements in South Korea." *Journal of Peace and Unification*, Vol. 1, No. 1, 2011.

Krasner, S., ed.. *International Regime*. Ithaca: Cornell University Press, 1983.

Mitrany, D.. *A Working Peace System*. London: RIIA, 1943.

Park, Kun Young. "Preparing a Peace Process in the Korean Peninsula." *Asian Perspective*, Vol. 33, No. 3, 2009.

Redick, J.. "The Tlatelolco Regime and Nonproliferation in Latin America." *International Organization*, Vol. 35, No. 1, 1981.

Young, R.. *Postcolonialism: An Historical Introduction*. Oxford: Blackwell, 2001.

Waterman, Stanley. "Partition and Modern Nationalism." in C. H. Williams and E. Kofman, eds. *Community Conflict, Partition and Nationalism*. London: Routledge, 1989.